国家治理比较研究丛书
Series on Comparative Studies of State Governance

国家财政可持续的全球治理经验

黄严 马骏／主编

Global Governance Experience of National Financial Sustainability

中央编译出版社
Central Compilation & Translation Press

图书在版编目（CIP）数据

国家财政可持续的全球治理经验/黄严，马骏主编. —北京：中央编译出版社，2017.6
ISBN 978-7-5117-3338-2

Ⅰ.①国⋯
Ⅱ.①黄⋯ ②马
Ⅲ.①国家财政-研究-世界
Ⅳ.①F811

中国版本图书馆 CIP 数据核字（2017）第 128717 号

国家财政可持续的全球治理经验

出 版 人	葛海彦
出版统筹	贾宇琰
责任编辑	李媛媛
责任印制	刘　慧
出版发行	中央编译出版社
地　　址	北京西城区车公庄大街乙 5 号鸿儒大厦 B 座（100044）
电　　话	（010）52612345（总编室）　　　（010）52612335（编辑室） （010）52612316（发行部）　　　（010）52612346（馆配部）
传　　真	（010）66515838
经　　销	全国新华书店
印　　刷	北京中兴印刷有限公司
开　　本	787 毫米×1092 毫米　1/16
字　　数	267 千字
印　　张	20.25
版　　次	2017 年 6 月第 1 版
印　　次	2017 年 6 月第 1 次印刷
定　　价	80.00 元

网　　址：www.cctphome.com　　　邮　箱：cctp@cctphome.com
新浪微博：@中央编译出版社　　　微　信：中央编译出版社（ID: cctphome）
淘宝店铺：中央编译出版社直销店（http://shop108367160.taobao.com）
　　　　　（010）55626985

本社常年法律顾问：北京市吴栾赵阎律师事务所律师　　闫军　　梁勤
凡有印装质量问题，本社负责调换，电话：（010）55626985

序

经济学家汉娜·波拉克娃·布雷克斯（Hana Polackova Brixi）与公共预算专家艾伦·希克（Allen Schick）于2002年共同编辑了《风险中的政府：或有负债与财政风险》一书，对全球范围内存在的政府债务风险进行了分析和预警，并提出了一些控制财政风险的政策建议。实际上，自19世纪末至今，全球各国政府债务一直存在，且在战争和经济或石油危机期间会爆发式增长，形成危机，严重时可能违约，使得国家财政可持续性受到严重挑战。经过数次危机后，从20世纪80年代开始，许多国家开始采取一系列措施来防范与控制财政风险，包括：建立中期支出框架，实施财政总额控制，运用财政规则来约束预算和政策制定，改革政府会计体系，引入权责发生制会计并编制权责发生制预算等。然而，2008年美国次级贷款危机的爆发引发了全球经济危机后，全球多国政府债务迅速飙升，2011年发生了欧洲主权债务危机。但在危机期间进行政府债务的削减和财政风险的控制是一项非常艰巨的任务，增加财政收入或削减福利支出通常面临巨大的政治与社会阻力，而用通胀等金融手段会损害国家的经济健康且这种损害长时期都难以恢复。

面对这一难题，2008年经济危机发生后，已有大量研究分析了陷入危机的各国形成债务风险的原因，但更重要的是，面对经济危机，在大部分国家陷入政府债务泥潭之时，有一小部分国家却能平稳度过危机的冲击并依然保持长期良好稳定的财政可持续，这些国家的经验更值得重视,这正是我们编辑本书的初衷。这些国家包括智利、新西兰、澳大利亚、波兰、瑞典、卢森堡、韩国,以上国家都是因其在2008年之前所经历过的大大小小的各类经济、金融危机中早已持续性地建立和完善了各自用以抵御政府债务风险的正式制度,才得以平稳应对2008年全球性危机,并没有陷入政府债务泥潭,反而保持了其国家财政的稳健。

中期预算框架是国家保持财政可持续的重要预算制度之一,主要目的是建立三至五年的滚动式预算预测与控制机制,将国家重大战略政策的决策和执行与预算决策和执行联结起来,并在长期实施过程中进行有效控制,保障政策与预算的一致与契合,保持国家财政可持续。其具体内容一般包括进行经济与财政收支的滚动式宏观预测、中期预算总额控制、根据政策重点对支出进行优先性排序、通过以结果为导向的评估方式改善收支绩效。本书选择了韩国、英国、法国和德国等四个国家的经验进行介绍,韩国是亚洲国家中期预算框架启动较早和做得最好的国家,英国中期预算框架发展最为成熟,法国通过新一轮的绩效预算改革和中期预算框架改革将政策过程与预算过程紧密结合,德国的社会支出比重较大,以上四个国家的经验对于我国都具有重要且独特的借鉴意义。

目前,我国地方政府债务中的直接债务规模虽然并未超过国际通行的危机比例,但全口径债务却具有隐蔽、制度外、不透明等鲜明特征,尽管债务置换政策延迟了地方政府债务还款期限,为政府度过债务偿还高峰争取了时间,暂时缓解了债务风险,但存量债务仍需偿还,增量债务仍在继续增加,潜在危机并未从根本上移除,因此,尽快构建起保障国家财政可持续的正式预算制度,如建立中期预算框架、进行总额控制、增加预算决策与执行透明度、有序建立公民参与预算、健全政府预算会计制度,是我国中央与地方政府必须重视的关键课题,而以上这些国家保持财政可持续的一系列预算制度构建和中期预算框架改革为我国进一步深入预算改革提供了非常宝贵的经验。因此,在中山大学政治与公共事务管理学院、中山大学中国公共管理研究中心、中山大学国家治理研究院的支持下，本书编者希望能将上述国家进行财政可持续制度建设的经验与各位学者和读者分享，以期共同推动我国财政可持续预算制度的进一步深入改革。

编者

2016年12月

目 录

国家财政可持续性的治理经验 ………………………………… 1

从财政危机走向财政可持续:智利是如何做到的? 马 骏 …… 3

预算制度改革与财政的可持续性:新西兰的经验 张 光 …… 39

澳大利亚政府预算改革与财政可持续性 赵早早 ……………… 67

转型国家的财政可持续:波兰的故事 於 莉 杨雪非 ……… 91

临"危"不惧:瑞典如何保持长期良好的财政

  可持续性 黄 严 张培培 ………………………………… 124

覆巢之下亦有完卵:析卢森堡公共财政可持续性及其

  对中国的启示 黄 严 ……………………………………… 147

后危机时代中的韩国预算改革:通往财政可持续之路 张 岔 … 173

国家中期预算规划的构建经验 ………………………………… 207

危机后的击进:韩国国家财政管理计划改革

  始末与启发 石 慧 吴幸泽 毛万磊 ……………………… 209

英国中期财政规划:公共政策转型下的预算

  改革 牛美丽 崔学昭 ……………………………………… 239

法国中期预算规划改革:"政策导向型"预算模式 黄 严 … 266

德国中期财政规划改革经验及启示:综合协同型

  预算模式 邝艳华 …………………………………………… 294

国家财政可持续性的治理经验

从财政危机走向财政可持续：
智利是如何做到的？[*]

马 骏[**]

内容摘要：20世纪80年代，与其他的拉美国家一样，在国际债务危机的冲击下，智利财政不仅羸弱不堪，而且陷入财政危机。从80年代末开始，智利政府开始进行艰难的结构调整，并逐步改革预算管理制度。尤其是在2001年，智利建立了著名的结构性平衡规则并不断完善。正是由于这些改革，尤其是结构性平衡规则的实施，在2008年国际金融危机爆发时，智利财政非常稳健。更值得一提的是，依靠其雄厚的财力，智利政府实施了规模庞大的反周期财政政策，既减少了经济波动，又通过平滑财政支出的波动，确保公共政策持续性，进而确保了社会稳定。智利的财政治理经验在国际上引起了高度的关注。同时，也对中国下一步的财政预算改革具有极高的借鉴性。

关键词：结构性平衡；结构性盈余；财政可持续；智利

在这个后金融危机的时代，如何削减赤字和债务，避免出现财政危机，已是一个极具挑战的全球性问题。在全球范围内，政府普遍债台高

---

[*] 该文已经发表于《公共行政评论》2014年第1期。
[**] 马骏，中山大学政治与公共事务管理学院教授，中山大学中国公共管理研究中心主任。

筑、赤字高企，欧洲国家甚至出现了政府债务危机。与此同时，曾在20世纪80年代深陷债务危机的拉美国家却安然无恙，其中智利的财政治理水平最为引人注目。在20世纪80年代的拉美债务危机中，像其他拉美国家一样，智利也爆发了国际债务危机，并进一步引发了严重的财政危机。然而，在20世纪90年代，智利财政每年都有当期盈余。从2000年到现在，在绝大部分年份，智利财政都实现了盈余。虽然2008年金融危机同样也对智利经济和财政造成了巨大的冲击，但智利财政很快就步入财政稳健的轨道，而且有效地通过财政政策实现经济和社会稳定。为什么智利能够从一个当年深陷债务危机的国家变成一个财政稳健的国家？在过去二十多年中，智利政府采取了哪些措施来完善财政和预算制度？这些制度如何帮助智利实现财政可持续发展？对于普遍处于财政风险中的各国政府来说，智利的财政治理经验有着巨大的启发性。在过去十多年中，尤其最近几年，智利的财政治理经验已引起国际组织（例如IMF）以及国际学术界的关注。其中，最受关注的是智利自2001年开始实施的"结构性平衡规则"（Structural Balance Rule）。这一规则比较成功地帮助智利政府实现了财政可持续。非常遗憾的是，国内学术界对于智利在这方面的经验关注很少。然而，如何实现财政可持续，已是中国预算面临的最大挑战。[①] 本文首先介绍智利自20世纪80年代以来的财政状况，尤其是90年代以来的财政治理绩效。然后，分析智利自90年代以来实行的两轮预算改革，尤其是2001年开始实行的结构性平衡规则。随后，本文将分析智利结构性平衡规则的实施情况及其效果。在最后一部分，将对智利的治理经验进行总结，并探讨其对中国预算改革的意义。

一、2008年金融危机后的拉美国家

拉美国家曾是债务危机、金融危机的重灾区。在20世纪80年代，

---

① 马骏：《中国公共预算面临的最大挑战：财政可持续》，载《国家行政学院学报》，2013年第5期，第19—30页。

由于国际市场的波动,加之拉美国家宏观经济管理的失误、财政管理制度不健全,拉美国家爆发了债务危机。当时,拉美各国金融部门负债累累,几乎处于崩溃的边缘,同时国家财政非常脆弱,很快便陷入财政危机。① 然而,当 2008 年金融危机重创全球经济和各国政府的财政和金融体系并在欧洲引发了政府债务危机之时,拉美国家却在这场危机中安然无恙。首先,金融危机爆发时,拉美国家的宏观经济都相当健康。这体现在政府债务水平较低、赤字水平低、货币政策体系可靠度较高、金融部门清偿能力较高等方面。② 如表 1 所示,在 2008 年,无论是从财政平衡还是从政府债务占 GDP 的比重来看,拉美国家的财政状况整体上都优于经济发达国家。其次,金融危机爆发后,由于财政状况良好,拉美国家基本上都实施了财政刺激计划,有的国家还同时实施了反周期的货币政策。在过去几十年中,由于拉美国家的经济结构过分依赖资源出口和外国资本,它们的经济状况也深受发达国家的经济周期的影响。现在,拉美国家的经济首次独立于发达国家宏观经济的波动。③ 最后,由于金融危机也冲击了拉美各国的经济,同时拉美国家实施了扩张性财政政策,所以在 2009—2010 年期间拉美国家的财政状况都比不上 2008 年时的状况。然而,令人惊讶的是,在金融危机之后,当绝大部分国家仍然挣扎于债务风险之时,拉美国家却很快恢复过来,并在整体上财政状况相对健康。如表 1 所示,在 2013 年,经济发达国家按总体平衡(Overall Balance)计算的政府赤字占 GDP 的比重平均为 4.7%,高于 3% 的风险

---

① L. Carranza, C. Daude, & A. Melguizo, *Public Infrastructure Investment and Fiscal Sustainability In Latin America: Incompatible Goals?*, OECD Development Centre Working Paper, No. 301, 2011.

② S. Clavijo &Vera A., *Public Sector Deficits in Latin America: An Assessment of Relative Fiscal Risks*, Asoc. Nat. Instituciones Financieras, Bogotá-Colombia Working Paper, 2010. Downloaded on January 15 from http://www.anif.co/sites/default/files/uploads/Fiscal-IMF0910.pdf.

③ S. Clavijo &Vera A., *Public Sector Deficits in Latin America: An Assessment of Relative Fiscal Risks*, Asoc. Nat. Instituciones Financieras, Bogotá-Colombia Working Paper, 2010. Downloaded on January 15 from http://www.anif.co/sites/default/files/uploads/Fiscal-IMF0910.pdf.

警戒线,即使按基本平衡(Primary Balance)计算的政府赤字占GDP的比重仍为3%。同时,政府总债务(即所有公共部门的债务,不仅包括直接债务,也包括或有负债)占GDP的比重为109.3%,不仅高于60%的风险警戒线,而且高于90%的危机警戒线;扣除公共部门金融资产后的净债务占GDP的比重仍高达78.1%。而拉美国家的情况截然相反,2013年,按总体平衡计算的政府赤字占GDP的比重仅为1.6%,低于3%的风险警戒线,按基本平衡计算更是有占GDP比重为1.6%的财政盈余。同时,政府总债务(即所有公共部门的债务,不仅包括直接债务,也包括或有负债)占GDP的比重为50.9%,低于60%的风险警戒线;扣除公共部门金融资产后的净债务占GDP的比重仅为30%。

表1 发达经济国家与拉美国家政府财政状况比较

单位:占GDP比重(%),平均百分比

		2006	2007	2008	2009	2010	2011	2012	2013
经济发达国家	总体平衡	-1.4	-1.1	**-3.5**	-9.0	-7.8	-6.6	-5.9	**-4.7**
	基本平衡	0.3	0.5	**-1.9**	-7.4	-6.2	-4.8	-4.2	**-3.0**
	总债务	76.9	74.2	**81.3**	94.9	101.5	105.5	110.2	**109.3**
	净债务	48.2	46.3	**51.9**	62.4	67.5	72.7	77.4	**78.1**
拉美国家	总体平衡	-1.4	-1.2	**-0.8**	-3.6	-2.8	-2.4	-2.5	**-1.6**
	基本平衡	3.0	2.9	**3.0**	0.2	0.9	1.6	1.0	**1.6**
	总债务	50.8	49.6	**50.5**	53.5	51.9	51.7	52.4	**50.9**
	净债务	34.8	33.3	**31.2**	34.8	33.9	32.4	31.1	**30.0**

注:总平衡:政府总收入减去总支出,是一种净借。总平衡一般不包括政策性借出(policy lending),即为实现某一公共政策目的而发生的金融资产方面的交易。在一些国家,总平衡是政府总收入加上捐赠收入再减去总支出和净借出(net lending)。基本平衡:从总平衡中再扣除政府支付的净利息支出(利息收入减去利息支出)。总债务:需要政府在将来归还本金的所有债务或责任,包括所有公共部门的债务,不仅包括直接的显性的政府债务,也包括金融或非金融的国有企业的债务、中央银行的债务,也包括担保等联系在一起的或有负债。净债务:总债务扣除所有公共部门(不仅政府)的金融资产(IMF,2013:79-80)。

数据来源:IMF(2013,Table 1,Table 4,Table 5,Table 8)。

如果将 2008 年和 2013 年的财政状况相比较，2008 年金融危机后拉美国家财政的恢复能力也比发达国家更好。如表 1 所示，金融危机爆发后，虽然拉美国家政府债务占 GDP 的比重从 2009 年也开始上升，但仅是小幅上升，而且到 2013 年，债务占 GDP 的比重已经基本下降到了 2008 年的水平。而在经济发达国家，不仅债务比重在 2008 年后节节攀升，而且债务占 GDP 比重在 2013 年仍比 2008 年高 27—28 个百分点。在财政平衡方面，金融危机爆发后，按总体平衡计算，拉美国家的确出现政府赤字上升，在 2009 年甚至上升到 3% 之上，但从 2010 年开始便逐步下降；而按基本平衡计算，拉美国家在这期间一直都有财政盈余，金融危机后，这一盈余在 2009 年出现大幅下降，但随后开始回升。而在经济发达国家，无论按总体平衡还是基本平衡计算，财政状况都是赤字，而且赤字在 2009 年后飙升到一个很高的水平。此外，虽然发达国家一直在努力削减政府赤字，但除了按基本平衡计算的赤字在 2013 年降低到 3% 外，其他年份，无论是按总体平衡还是基本平衡计算，赤字占 GDP 的比重都高于 3%。

在拉美国家中，智利和秘鲁最值得关注。如表 2 所示，无论是从总债务占 GDP 的比重还是按总体平衡计算的政府财政平衡状况来看，智利和秘鲁都是表现最好的。金融危机爆发时，两国政府债务占 GDP 的比重都非常低，而且都有财政盈余。金融危机爆发后，两国的债务都出现了上升，但仍相对非常低。此外，尽管在 2009 年和 2010 年两国财政都出现了赤字，但从 2011 年开始很快就恢复到财政盈余状态。综合起来看，智利在财政方面的表现更突出。一是智利的债务占 GDP 的比重在金融危机爆发时居然只有 5.8%，即使到 2013 年也仅为 11.1%。在这个政府普遍负债累累的时代，这简直令人难以置信。而秘鲁的债务比重要比智利高得多。二是尽管秘鲁的财政盈余比重要比智利高，但智利同样是有盈余的。

表2 拉美国家总债务和财政平衡情况（占GDP比重,%）

		2008	2009	2010	2011	2012	2013
总债务	阿根廷	58.5	58.7	49.2	44.9	44.9	42.4
	巴西	63.5	66.9	65.2	64.9	68.5	67.2
	智利	4.9	5.8	8.6	11.1	11.2	11.1
	哥伦比亚	30.9	36.1	36.5	35.8	32.8	32.0
	墨西哥	43.1	44.5	42.9	43.7	43.5	43.5
	秘鲁	25.0	28.4	24.6	22.0	19.8	17.5
总体平衡	阿根廷	-0.9	-3.6	-1.4	-3.5	-4.3	-2.7
	巴西	-1.4	-3.1	-2.7	-2.5	-2.8	-1.2
	智利	4.1	-4.1	-0.3	1.4	0.6	0.1
	哥伦比亚	-0.3	-2.8	-3.3	-2.0	0.2	-1.0
	墨西哥	-1.1	-4.7	-4.4	-3.4	-3.7	-3.1
	秘鲁	2.2	-2.1	-0.3	1.8	2.0	1.8

数据来源：IMF（2013，Table 5，Table 8）。

二、智利的财政治理绩效：20世纪80年代至今

在20世纪70年代，与其他拉美国家一样，智利的银行、非银行金融机构等充分利用全球低利率的机会，大规模举借外债。从1978年到1982年，按美元计算，智利的总外债增长了134%，占GDP的比重高达71%。在此期间，由于智利政府实施自由主义经济政策，国际资本可以自由进出智利经济。1982年，外国投资机构突然中止向拉美国家借贷，引爆了拉美债务危机。拉美债务危机爆发后，智利遭遇了20世纪30年代以来最严重的经济危机：GDP萎缩了14.3%，失业率上升到23.7%；[1] 在1979—1982年，年平均经济增长率为1.42%，到1982—

---

[1] R. Bergoeing, et. al., "A Decade Lost and Found: Mexico and Chile in the 1980s", *Review of Economic Dynamics*, Vol. 5, No. 1, 2002, pp. 166–205.

1986 年下降为 -0.37。① 为防止经济崩溃,智利政府被迫接管那些破产或处于破产边缘的私人银行和非银行金融机构。按金融部门的资产计算,智利政府当时接管了超过 55% 的金融机构,这些或有负债迅速增加了智利政府的负债。② 随着债务增加,智利政府的财政状况迅速恶化。在 1979—1982 年间,智利中央政府的财政盈余占 GDP 的比重平均为 3%,到 1983—1987 年间出现占 GDP 比重为 2.2% 的财政赤字。③ 同时,在 1982 年,中央政府债务占 GDP 的比重高达 117.7%,直到 1988 年才降到 60% 以下。④ 不过,一国的政府债务不仅仅包括财政债务,政府赤字也不仅仅包括财政赤字。对于由金融危机引起的债务和赤字来说,需要将金融危机后中央银行的赤字考虑进来。如此,智利的政府赤字就会大幅上升。根据一项研究,拉美债务危机爆发后,从 1982 到 1985 年间,智利中央银行的准财政赤字平均每年都超过 GDP 的 10%,是传统财政赤字的两倍。⑤

政府债务危机通常与金融危机相伴相随,或者是金融危机导致政府债务危机,或者是政府债务危机导致金融危机,或者两者同时爆发。⑥

---

① B. Eichengreen & R. Portes, *Dealing with the Debts*: *1930s to 1980s*, NBER Working Paper Series, No. 2867, 1989.

② R. Bergoeing, et. al. , "A Decade Lost and Found: Mexico and Chile in the 1980s", *Review of Economic Dynamics*, Vol. 5, No. 1, 2002, pp. 166 – 205.

③ B. Eichengreen & R. Portes, *Dealing with the Debts*: *1930s to 1980s*, NBER Working Paper Series, No. 2867, 1989.

④ IADB (Inter-America Development Bank), *Public Debt around the World*: *A New Dataset of Central Government Debt*, 2006, Downloaded on Dec. 30, 2013 from http://www.iadb.org/en/research-and-data/publication-details, 3169. html? pub_id = DBA-005.

⑤ W. Easterly & K. Schmidt-Hebbel, "Fiscal Adjustment and Macroeconomic Performance: A Synthesis", in Easterly, W. Rodríguez, C. A. & Schmidt-Hebbel, K. (eds), *Public Sector Deficits and Macroeconomic Performance*, Cambridge: Oxford University Press, 1995.

⑥ C. M. Reinhart & K. C. Rogoff, *From Financial Crisis to Debt Crisis*, NEBR Working Paper 15795, 2010.

20世纪80年代拉美的情况是金融危机导致政府财政状况恶化,并进一步导致了财政危机。这对拉美各国的经济和社会发展构成了致命的打击。由于深陷财政危机,拉美各国政府既无力实施反周期的财政政策来刺激经济,也无力保障公共政策尤其是社会政策的持续性。恰恰相反,为了防止政府或国家彻底破产,各国政府还被迫进行痛苦的结构调整,包括稳定收入、削减财政支出等。例如,各国都开始削减在基础设施方面的政府投资。在80年代,拉美各国的政府投资平均占GDP的2.9%,但是经过80年代中后期以及90年代的结构调整,到2000—2007年间下降到0.9%。在政府投资萎缩后,除了哥伦比亚和智利之外,其他拉美国家也未能有效地刺激私人部门投资基础设施。财政危机所造成的结果便是,大部分拉美国家的基础设施投资非常落后。在80年代,拉美国家的基础设施总投资平均占GDP的3.3%,但到2000—2006年间,已下降到2%,远远低于支撑经济高速发展所需的水平。①

在经受了80年代的债务危机重创后,智利开始逐步启动财政改革,建立审慎、负责的预算制度。从1987年建立铜稳定基金开始,经过90年代的以加强财政责任为核心的财政预算改革,再到2001年建立结构性平衡规则,经过二十多年的努力,智利终于建立起了比较稳健的财政预算制度。如表3所示,在1992年,智利政府总债务占GDP的比重已下降到风险警戒线之下,并在其后逐年下降。1998年亚洲金融危机也对智利经济造成了冲击,使得智利政府的总债务从1999年开始上升,债务占GDP的比重也从2000年开始上升。不过值得注意的是,一方面债务水平总体而言上升比较缓慢,另一方面债务占GDP的比重最高也只达到15.1%。从2005年开始,债务水平开始下降,债务占GDP的比重甚至下降到个位数。2008年金融危机爆发时,智利政府债务占GDP的比

---

① L. Carranza, C. Daude, & A. Melguizo, *Public Infrastructure Investment and Fiscal Sustainability In Latin America: Incompatible Goals?*, OECD Development Centre Working Paper, No. 301, 2011.

表3 智利中央政府的债务：1992—2013年

单位：百万（美元）

	总债务		净债务	
	总额	占GDP比重	总额	占GDP比重
1992	13,385	31.1%	6,505	15.3%
1993	13,075	28.5%	6,238	13.8%
1994	13,498	22.9%	4,796	8.3%
1995	12,435	17.5%	2,803	4.0%
1996	11,117	14.7%	1,099	1.5%
1997	10,445	12.9%	-352	-0.4%
1998	9,651	12.2%	-219	-0.3%
1999	9,677	13.3%	1,186	1.7%
2000	9,690	13.2%	2,264	3.2%
2001	9,929	14.4%	3,856	5.8%
2002	10,228	15.1%	5,153	7.9%
2003	11,095	12.6%	5,727	6.5%
2004	11,126	10.3%	4,305	4.0%
2005	9,373	7.0%	-72	-0.1%
2006	7,666	5.0%	-10,176	-6.6%
2007	7,094	3.9%	-23,649	-13.0%
2008	7,335	4.9%	-28,745	-19.3%
2009	11,096	5.8%	-20,089	-10.5%
2010	20,358	8.6%	-16,651	-7.1%
2011	25,927	11.1%	-22,909	-8,7%
2012	32,423	11.9%	-18,387	-6,7%
Jun-13	31,913	12.0%	-18,230	-6,8%

数据来源：General Treasury of the Republic, Chile。2013年12月24日下载自http://www.hacienda.cl/english/public-debt-office/auctions/historic-debt.html。其中，总债务和资产都分别包括按本国货币和美元计的债务和资产。此数据与IMF（2013）的数据稍有出入，但基本一致。

重仅为 4.9%。同时，如图 1 所示，由于 1998 年亚洲金融危机的影响，智利财政在 2000—2003 年间出现赤字；但从 2004 年开始，智利政府的财政状况就开始好转。在 2008 年金融危机爆发时，智利财政不仅没有赤字，而且还拥有占 GDP 比重为 4.51% 的财政盈余。当然，对于防范和应对财政风险来说，不仅需要考虑政府债务，还应考虑政府资产。表 3 同样表明，从 20 世纪 90 年代开始，智利政府的资产负债表一直在迅速改善。从 1992 年开始直到 1998 年，智利政府的净债务（政府债务扣除政府资产）一直在下降，在 1997—1998 年资产开始大于债务。结合同期的总债务情况，这一方面应归功于智利政府在这一时期对债务规模进行了有效的控制，另一方面，净债务的下降也表明，在这一时期，智利政府的资产负债管理能力迅速提高。1999 年亚洲金融危机使得智利政府的资产缩水，从 1999 年到 2003 年，智利政府的净债务一直在上升。然而，从 2005 年开始，智利政府的资产负债情况很快改善：不仅净债务开始变为负值，而且，从 2006 年开始，资产都远远高于负债。2008 年金融危机爆发时，智利政府拥有占 GDP 比重为 19.3% 的净资产。

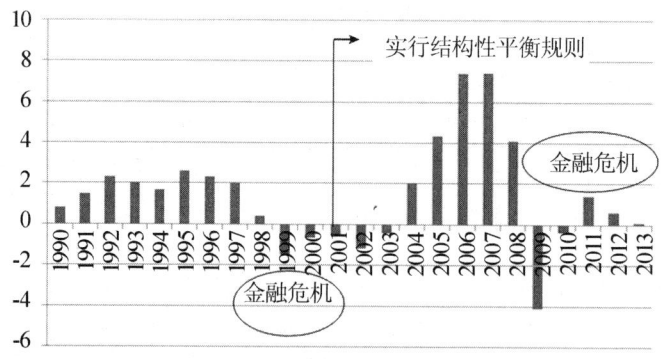

图 1　智利总体财政盈余/赤字（占 GDP 比重，%）：2000—2011 年

数据来源：2000—2011 年数据 2013 年 12 月 31 日下载自世界银行 http://data.worldbank.org/indicator/GC.BAL.CASH.GD.ZS/countries。此数据在 2006—2011 年期间与 IMF（2013）的数据稍有出入，但基本接近。2006—2011 年的数据按 IMF（2013）调整，2012—2013 年用 IMF（2013）数据。1990—1999 年数据来自 Marcel & Tokman（2002：42, Table 1）。

在 2008 年金融危机爆发时，智利政府已不再像 80 年代那样弱不禁风，甚至称得上家底殷实、财力雄厚。在雄厚的财力的支持下，2008 年金融危机爆发后，智利政府迅速于 2009 年 1 月推出全球第四大规模的 40 亿美元财政刺激计划：（1）7 亿美元用于公共设施投资；（2）大约 10 亿美元用于对智利最大的国有企业进行资本重组；（3）1 亿美元用于注资发展机构，以提高其信用担保能力；（4）其他资金则用于刺激内需或以现金形式直接补贴低收入家庭、对投资实行税收减免、对培训和雇佣年轻人进行专项补贴，等等。① 这个刺激计划不仅包括经济刺激项目，也包括社会保护项目。雪上加霜的是，2010 年 2 月智利遭遇了大地震，经济损失高达 300 亿美元，其中灾后重建支出需要 80 亿美元。② 由于既要应对金融危机的冲击又要应对重大自然灾害造成的破坏，2008 年之后，智利政府的债务迅速上升到一个较高水平，而且是 20 世纪 90 年代以来的最高水平。2008 年，智利政府总债务为 73.35 亿美元，2012 年飙升为 324.23 亿美元，相应地债务占 GDP 的比重也从 2008 年的 4.9% 上升到 2012 年的 11.9%（见表 3）。然而，一方面这个比重仍是非常低的，远远低于 60% 的财政风险警戒线，另一方面，在同时应对两大冲击——金融危机和重大自然灾害——之后，政府债务占 GDP 之比仅为 11.9%，这简直是一个奇迹。在这个后金融危机时代，绝大部分国家政府债务占 GDP 之比都在 60% 以上。还需一提的是，金融危机之后，智利财政不仅安然无恙，而且居然实现了规模巨大的负值的净债务，即规模相当可观的净资产（见表 3）。

同时，智利政府的财政平衡情况也比较理想。从 2004 年到 2008 年，

---

① J. Díaz, *Chile reaps the rewards of prudence*, 2012, Downloaded on Jan. 25, 2014 from http://www.policy-network.net/pno_detail.aspx?ID=4117&title=Chile+reaps+the+rewards+of+prudence.

② Ministry of Finance of Chile, *Annual Report of Sovereign Wealth Fund*, 2010, Ministry of Finance's web site: http://www.hacienda.cl/english/sovereign-wealth-funds.html.

智利财政一直都有较高的财政盈余，2007年财政盈余占GDP之比甚至超过8%。2008年金融危机爆发时，智利政府仍有超过4%的财政盈余。2009年启动财政刺激计划后，当年的财政出现赤字，而且是占GDP比重超过4%的赤字。2010年，由于大地震的影响，智利政府不得不继续增加支出。然而，这并没有进一步增大智利政府的赤字。恰恰相反，尽管财政在2010年仍为赤字，但与2009年相比已大幅下降，而且开始接近收支平衡。2011年，智利财政不仅很快走出赤字状态，而且实现了占GDP比重为1.4%的财政盈余（见表2，图1）。在同时应对金融危机和大地震冲击后的短短三年里，智利政府居然能很快实现财政盈余，其理财能力之高不得不令人钦佩。在这个后金融危机的时代，很少有政府能做到这一点。

三、预算改革：20世纪80年代后期以来

20世纪80年代债务危机之后，大部分拉美各国都启动了艰难的结构调整，改革财政预算制度，建立财政约束规则，强化财经纪律。根据OECD在2006年组织的问卷调查，在2008年金融危机爆发前，除了哥斯达黎加和危地马拉之外，其他拉美国家都建立起财政约束规则，而且大多数都设置了两种以上的财政约束规则。[①] 在各种财政约束规则中，使用得最多的是直接对年度赤字和盈余进行限制（10个国家）、对支出进行限制（8个国家）、对公共部门持有的债务进行限制（6个国家）（见表4）。在一定程度上，拉美国家之所以能在此次金融危机之后表现突出，应与它们建立和实施了这些财政约束规则有关。

---

① T. Curristine & M. Bas, "Budgeting in Latin America: Results of the 2006 OECD Survey", *OECD Journal of Budgeting*, Vol. 7, No. 1, 2008.

表 4　拉美各国实施的财政约束规则

	对公共部门持有债务的限制	对整体政府部门债务的限制	对支出的限制	对年度赤字和盈余的限制	黄金法则	对名义支出的限制	对实际支出的限制	其他规则	采用多少种财政规则
阿根廷	否	否	是	是	否	是	否	-	3
玻利维亚	是	是	是	是	否	是	否	否	5
巴西	是	是	否	是	否	是	否	-	4
智利	否	否	否	是	否	否	否	是	2
哥伦比亚	是	否	是	否	否	否	是	-	3
厄瓜多尔	是	是	是	是	是	-	是	-	6
墨西哥	是	否	否	是	是	否	否	是	4
巴拉圭	-	-	是	是	否	否	否	否	2
秘鲁	否	否	是	是	否	否	是	否	3
乌拉圭	是	是	是	是	否	是	是	否	7
委内瑞拉	否	否	是	是	是	-	否	是	3
哥斯达黎加	否	否	否	否	否	否	否	否	0
危地马拉	否	否	否	否	否	否	否	否	0
实行的国家数	6	4	8	10	4	3	4	3	

资料来源：Curristine & Bas（2008：96）。

不过，如表4所示的，在拉美国家中，智利实施的财政约束规则相对较少，只有两种财政约束规则，一是对年度赤字和盈余设置了限制，二是其他规则。智利实施的这些"其他规则"是什么？显然，智利实施的这些其他规则并未引起克蕾斯汀和巴斯[①]足够的重视。根据最近几年国际学术界对智利财政的研究，这些"其他规则"显然包括智利独具特色的

---

① T. Curristine & M. Bas, "Budgeting in Latin America: Results of the 2006 OECD Survey", *OECD Journal of Budgeting*, Vol. 7, No. 1, 2008.

"结构性平衡规则",而对年度赤字和盈余的限制也是结构性平衡规则的一部分。在著名预算专家希克①教授看来,结构性平衡规则不仅是智利财政治理模式的关键,而且代表着总额控制或财政规则未来的发展方向。

20世纪80年代的财政危机使得智利各阶层深刻地认识到,如果政府支出不受约束,政府债台高筑,在经济衰退时,政府将既无力实施反周期财政政策来刺激经济,也不能确保它在社会福利方面的承诺。更为严重的是,一旦出现经济衰退,政府财政将很容易陷入危机,进而拖累经济和社会发展。总之,80年代的财政危机给智利各阶层留下惨痛的教训。从80年代后期,尤其是90年代开始,不仅信奉财政保守主义的政治势力支持审慎、负责的财政预算管理,而且偏左和中左的政治团体也开始认识到,只有确保财政可持续,他们期望的社会政策才具有可行性,也才是可持续的。② 在这种社会氛围下,智利政府开始逐步建立财政约束规则。在这个过程中,智利改革者需要面对一些比较复杂和难度较大的问题。首先,需要通过预算制度来约束政治家的支出冲动,或者说,需要将预算和政策整合起来,使得预算制度能约束政治家的政策制定。随着智利政治体制在20世纪90年代转型为民主政治,这更变成一个迫在眉睫的问题。③ 其次,需要考虑周期性因素和结构性因素对财政状况的不同影响,在中长期时间框架内确保财政可持续。由于现代预算制度承担着维护宏观经济稳定的政策功能,这一方面要求对总额(赤字、债务等)的管理和控制必须具备中长期的时间框架,另一方面要求在总额管理中必须有效控制各种外部因素对总额控制目标的冲击。自20

---

① A. Schick, "Post-Crisis Fiscal Rules: Stabilising Public Finance while Responding to Economic Aftershocks", *OECD Journal on Budgeting*, Vol. 2, 2010, pp. 1 – 17.

② M. Marcel & M. Tokman, "Building a Consensus for Fiscal Reform: The Chilean Case", *OECD Journal of Budgeting*, Vol. 2, No. 3, 2002, pp. 35 – 56.

③ M. Marcel & M. Tokman, "Building a Consensus for Fiscal Reform: The Chilean Case", *OECD Journal of Budgeting*, Vol. 2, No. 3, 2002, pp. 35 – 56.

世纪 50 年代世界各国实施凯恩斯主义治国以来,财政政策一直是政府在商业周期中维持经济稳定的重要政策手段。实施财政政策会影响政府的财政状况。在现实中,实际的财政平衡(Actual Balance)既受周期性因素的影响,也受结构性因素的影响。前者的影响是暂时性的,后者是持久性的。如果不能区分这两种因素对预算平衡的影响,在预算过程中,财政政策的反应要么会过度、要么不够分量。然而,传统的预算会计一般不区分这两类因素对财政状况的影响。① 同时,在实践中,为了实现其政治目的,政治家非常容易,也非常喜欢对凯恩斯理论进行曲解。凯恩斯的确主张在经济萧条时运用扩张性财政政策来刺激经济,但他同时也主张一旦经济恢复正常、财政收入开始增加后,政府应削减支出,压缩债务和赤字水平。但在实践中,政治家在经济萧条时一般都会是忠诚的凯恩斯主义者,但在经济复苏后就不一定会是凯恩斯主义者。这就使得财政政策缺乏反周期性,甚至常常是顺周期性的,从而不能在中长期确保财政可持续。② 从 20 世纪 80 年代后期开始,尤其是在 90 年代,刚刚走出财政危机的智利政府痛定思痛,开始改革预算制度,解决这些问题,以确保财政可持续。

第一轮预算改革:20 世纪 80 年代后期与 90 年代

智利目前的预算制度框架是在 1972 年《国家财政管理法案》和 1980 年《宪法》的基础上建立起来。这是一个高度层级制的传统预算制度。它强调预算的完整性或全面性,即所有政府部门和机构以及法院和议会的预算都应整合进国家预算,且应包括所有的收入和支出。在政府内部,预算和财政管理权高度集中于财政部。不过,在政府和议会的

---

① N. Fiess, Chile's Fiscal Rule, 2002. Downloaded on January 31, 2013 from http://econpapers.repec.org/paper/ecmlatm04/348.htm.

② [德]哈诺·贝克、阿吕斯·佩里兹:《国家为什么也会破产》,中国电力出版社 2010 年版。J. C. Berganza, "Fiscal Rule in Latin America: A Survey", The Banco de España Occasional Discussion Paper 1208, 2012. Downloaded on February 1, 2014 from http://www.bde.es.

关系上，智利议会的预算权力相对较小，它只能削减非法定的分项列支的支出预算。在预算执行中，政府有非常高的灵活性。对于议会通过的支出项目，如果实际的支出超过批准的预算，自动就可以追加资金。财政部也可以自由地进行预算调整。最能体现这种灵活性的做法是，在预算中设置一个所谓的中央应急储备基金（Central Contingency Reserve），用于为预算执行中通过的法律以及其他未遇见的紧急事项提供资金。当然，80年代的《宪法》也在财政管理方面建立了一些约束，例如，严格禁止从央行透支和从专项税收借支、对国企提供补贴需要获得专门的法律授权、关于税收、社会保障和财政管理的永久性立法只能由政府提议等。①

然而，80年代的财政危机充分表明，这个预算制度不足以确保财政稳健，更遑论财政可持续。1987年，智利政府建立铜稳定基金，以控制外部因素对智利财政收入的冲击。这标志着智利政府开始启动预算改革。智利政府的财政收入高度依赖于铜的生产和出口，每当国际市场上铜价发生波动，智利的财政收入就会随之波动。在1987年以前，智利政府的财政平衡状况总是随着铜价波动而变动：铜价上升时，财政收入会上升，支出也会增加，财政也可以平衡。然而，若铜价下降，尽管财政收入会下降，但支出很难下降，就会出现财政赤字。铜稳定基金的建立大大地降低了铜价波动对财政平衡的冲击，无论铜价如何波动，智利政府都将财政状况稳定在一个介于财政平衡和财政盈余之间的水平。同时，财政支出也获得了一个中期内的稳定性。当铜价上涨时，某些收入被储蓄起来，财政支出的增长就不会超过中期的可持续水平；若铜价下降，就可从这个基金中动用资金，在不出现赤字的情况下，确保支出的持续性。这就使得智利的财政政策开始具备了反周期性。此外，在经济状况良好时，储蓄在这个基金中的资金可以用来偿还国外债务。这有助

---

① M. Marcel & M. Tokman, "Building a Consensus for Fiscal Reform: The Chilean Case", *OECD Journal of Budgeting*, Vol. 2, No. 3, 2002, pp. 35-56.

于削减政府的债务水平，减少政府在经济状况不佳时的利息支出，进而提高了政府可以腾挪的财政空间。①

进入90年代，智利在更大范围内启动预算改革，以提高智利的财政治理水平和财政政策质量。改革的重点是提高资源的配置效率和支出绩效，提高预算透明度和负责程度，以及限制政府首脑在资金使用方面的自由度。多年来，只要手头有钱，政府就可以超过国会批准的预算增加支出。在90年代早期，智利国会开始批评和反对这种做法。随后，政府和国会在这个问题上达成共识，通过在《预算法》中引入一个特别条款，双方都同意对政府的这一权力进行限制。具体地，这一条款对日常支出和资本性支出设置了一个总额的现金限制。在这个新规则下，政府可以在各个支出科目之间进行预算调整，但既不能增加支出总额，也不能将支出从资本性支出调整到日常支出。② 显然地，这有助于加强总额控制。在过去二十多年中，许多国家都建立起总额控制机制。但是，由于在预算执行过程中不能坚守总额控制，最后使得支出失控，例如意大利就是最典型的例子。同时，为了解决财政支出随意性大的问题，提高支出效果，在90年代，智利政府开始关注支出绩效问题。1994年，智利政府开始在预算编制时尝试对各个机构的绩效进行测量。1996年，为了提高各个支出项目的效果，建立政府项目评估体系，由外部专家对支出项目进行独立的事后评估。进入21世纪后，智利政府进一步完善这一体系，转向绩效预算。③

---

① M. Marcel & M. Tokman, "Building a Consensus for Fiscal Reform: The Chilean Case", *OECD Journal of Budgeting*, Vol. 2, No. 3, 2002, pp. 35 – 56; J. P. Arellano, "Structural Change in Chile: From Fiscal Deficits to Surpluses", in OECD, (eds.), *Challenge of Fiscal Adjustment in Latin America: The Cases of Argentina, Brazil, Chile and Mexico*, Paris: OECD, 2006.

② M. Marcel & M. Tokman, "Building a Consensus for Fiscal Reform: The Chilean Case", *OECD Journal of Budgeting*, Vol. 2, No. 3, 2002, pp. 35 – 56.

③ M. Marcel & M. Tokman, "Building a Consensus for Fiscal Reform: The Chilean Case", *OECD Journal of Budgeting*, Vol. 2, No. 3, 2002, pp. 35 – 56.

第二轮预算改革：2001年以来

经过80年代末尤其是90年代的预算改革，智利成为新兴市场国家中预算制度最完善的国家。[①] 然而，1998年亚洲金融危机仍然对智利的财政构成了巨大的冲击。如图1所示，从1990年直到1998年，智利逐步走出80年代的财政危机，财政每年都有盈余，债务占GDP的比重也逐步下降，从1990年的47.2%[②]下降到1998年的12.2%。然而，在1998年亚洲金融危机的冲击之下，智利的财政状况迅速恶化。1999年，出现了占GDP比重为1.5%的赤字。直到2003年，智利的财政状况都处于赤字状态。这使得智利的改革者意识到，90年代建立起来的预算制度仍不足以确保财政稳健和财政可持续。具体地说，90年代建立起来的预算制度仍然只是一个以投入控制为主要特征的传统预算模式。在传统预算模式下，由于预算平衡管理只能对周期性的因素进行反应，不能将结构性因素考虑进去，因此，财政状况常常随经济周期同步波动，不能实现结构性平衡。1998年亚洲金融危机的冲击成分暴露了传统预算模式的这一缺陷。从2001年开始，智利进一步完善其预算制度。2001年，智利政府建立起一个以结构性平衡规则为核心的财政政策的制度框架。在这个财政约束规则下，财政支出是按结构性收入而非当年实际收入来确定的。这就有助于确保财政支出在中长期的稳定性。2006年，智利国会通过《财政责任法》，将结构性平衡规则制度化，同时设置两个主权财富基金来管理实施结构性平衡规则后形成的储蓄，并确保财政支出在中长期的稳定性。[③]

[①] M. Marcel & M. Tokman, "Building a Consensus for Fiscal Reform: The Chilean Case", *OECD Journal of Budgeting*, Vol. 2, No. 3, 2002, pp. 35–56.

[②] M. Marcel & M. Tokman, "Building a Consensus for Fiscal Reform: The Chilean Case", *OECD Journal of Budgeting*, Vol. 2, No. 3, 2002, pp. 35–56.

[③] Ministry of Finance of Chile, *Annual Report of Sovereign Wealth Fund*, 2008, Ministry of Finance's web site: http://www.hacienda.cl/english/sovereign-wealth-funds.html.

2001年，借鉴了IMF和OECD倡导的结构性预算平衡理念和测算方法，同时也是为了完善20世纪80年代建立起来的铜稳定基金，智利政府建立结构性平衡规则。① 该规则适用于中央政府的预算平衡，不包括公有企业、地方政府和公立大学的财政平衡，而且不计算基本结构平衡。② 智利的结构性平衡规则包括三大步骤：（1）经过周期性调节的收入（R），即建立在对经济增长趋势和长期铜价趋势预测基础上的财政收入；（2）设定经过周期性调节的预算平衡政策目标（$S*$），实质上是一个结构性盈余目标；（3）确定政府财政支出（G）。一旦结构性盈余的政策目标确定后，结构性平衡规则就可以发挥自动稳定功能，财政支出就可以按以下方式予以确定，其中，$G, R, S*$ 皆表示为某年（t 年）占GDP的百分比③：

$$Gt = Rt - St*$$

智利实行结构性平衡规则的主要目的是，将财政支出的安排与周期性因素（尤其是经济增长和铜价波动）的影响分离开来，将财政支出计划建立在结构性收入而不是当年的实际收入之上，从而在实际的预算平衡管理中将周期性因素的影响分离出来，以更好地指导财政政策的制定。④ 80年代建立起来的铜稳定基金也是有此目的。随着铜稳定基金的建立，智利政府的财政支出开始与可持续的铜矿收入保持一致，而铜收入是根据铜价的长期趋势进行预测的。然而，铜收入只是财政收入的一

---

① T. Dabán, *Strengthening Chile's Rule-Based Fiscal Framework*, IMF Working Paper, WP/11/17, 2010.
② J. C. Berganza, "Fiscal Rule in Latin America: A Survey", *The Banco de España Occasional Discussion Paper* 1208, 2012, Downloaded on February 1, 2014 from http://www.bde.es.
③ J. C. Berganza, "Fiscal Rule in Latin America: A Survey", *The Banco de España Occasional Discussion Paper* 1208, 2012, Downloaded on February 1, 2014 from http://www.bde.es.
④ N. Fiess, *Chile's Fiscal Rule*, 2002, Downloaded on January 31, 2013 from http://econpapers.repec.org/paper/ecmlatm04/348.htm.; J. C. Berganza, "Fiscal Rule in Latin America: A Survey", *The Banco de España Occasional Discussion Paper* 1208, 2012, Downloaded on February 1, 2014 from http://www.bde.es.

部分，智利政府的财政收入同时还受经济情况以及其他矿产价格的影响。2001 年的结构性平衡规则对此进行了完善。在测算财政收入时，将所有重要的结构性因素都考虑进来，重点关注三个因素对财政收入的周期性影响：经济情况、铜价、钼价。智利的结构平衡规则之所以如此关注铜、钼价格变化在中长期对财政收入的影响，是因为它的财政收入高度依赖这两种矿产资源的生产和出口。于是，结构性平衡规则将中央政府的结构性平衡界定为根据潜在的产出和长期铜价估算的中央政府平衡。2002 年，智利成立一个专家委员会，为政府提供独立的关于潜在产出和铜价的技术预测。2004 年，进一步改善其结构性平衡规则的财政会计方式，用权责发生制会计取代传统的现金制会计。①

同时，实施结构性平衡规则后，每年政府都会根据对经济增长和铜价趋势的预测，设置一个结构性平衡目标（target），一方面促使政府在中长期内进行储蓄，积累净政府资产，另一方面减少财政支出的顺周期性。2001 年建立结构性平衡规则时，智利政府明确设置了一个占 GDP 比重为 1% 的结构性盈余的政策目标（policy target），即每年政府至少都要将占上一年 GDP 比重为 1% 的财政收入储蓄起来。从 2001 年开始，这个政策目标已成为智利财政政策体系中非常关键的一个组成部分，并成为一个约束财政政策制定的财政规则。② 结构性盈余的计算方式是结构性收入加上政府净资产的利息收入，再减去政府在商品、服务和转移支付方面的实际支出。结构性收入是经济在潜在的而不是实际的产出水平下运行时政府能够征收的税收收入，以及铜价处于长期趋势而非实际

---

① J. C. Rodriguez, C. R. Tolman & A. C. Vega, "Structural Balance Policy in Chile", *OECD Journal of Budgeting*, Vol. 7, No. 2, 2007, pp. 59 – 92; T. Dabán, *Strengthening Chile's Rule-Based Fiscal Framework*, IMF Working Paper, WP/11/17, 2010.

② J. C. Rodriguez, C. R. Tolman & A. C. Vega, "Structural Balance Policy in Chile", *OECD Journal of Budgeting*, Vol. 7, No. 2, 2007, pp. 59 – 92; T. Dabán, *Strengthening Chile's Rule-Based Fiscal Framework*, IMF Working Paper, WP/11/17, 2010.

价格时可产生的来自铜生产和出口的收入。当然，如果出现未预计到的经济状况等情况时，政府可以调整结构性盈余的目标。例如，尽管已确定2006—2010年期间结构性盈余目标是GDP的1%，但在全球金融危机爆发后，智利政府将2008年的结构性盈余目标调低到GDP的0.5%，2009年和2010年再调低到零。① 当然，智利政府之所以在结构性平衡规则中明确设置结构性盈余目标还因为，它清醒地认识到，在未来政府将面临巨大的支出责任，若不未雨绸缪，届时政府将难堪重压。这些支出责任体现在规模比较庞大的或有负债，尤其是政府在社会福利方面的承诺。首先，智利政府有规模比较大的或有负债。这些或有负债包括：（1）20世纪80年代养老金私有化后政府认可的债券；（2）国有企业借债的政府担保；（3）公私合作伙伴协议中的最低收入和汇率担保；（4）银行存款担保；（5）司法诉讼；（6）2008年引入的最低养老金担保；（7）对商业银行学生贷款和小微企业贷款提供的担保。按最大风险水平估算，2009年，智利政府的或有负债占GDP比重为12.8%。② 其次，由于在20世纪80年代帮助私营银行体系摆脱债务危机以及在90年代积累了大量的国际储备，智利中央银行一直存在着结构性赤字，而且净资产呈负值。此外，智利的公共债务存在着货币错误搭配，故而也面临着较大的债务偿还成本上升的风险。③

---

① J. C. Rodriguez, C. R. Tolman & A. C. Vega, "Structural Balance Policy in Chile", *OECD Journal of Budgeting*, Vol. 7, No. 2, 2007, pp. 59 – 92; Ministry of Finance of Chile, *Annual Report of Sovereign Wealth Fund*, 2008, Ministry of Finance's web site: http://www.hacienda.cl/english/sovereign-wealth-funds.html.; J. C. Berganza, "Fiscal Rule in Latin America: A Survey", *The Banco de España Occasional Discussion Paper* 1208, 2012, Downloaded on February 1, 2014 from http://www.bde.es.

② T. Dabán, *Strengthening Chile's Rule-Based Fiscal Framework*, IMF Working Paper, WP/11/17, 2010.

③ J. C. Rodriguez, C. R. Tolman & A. C. Vega, "Structural Balance Policy in Chile", *OECD Journal of Budgeting*, Vol. 7, No. 2, 2007, pp. 59 – 92.

总之，与传统财政平衡不同，结构性平衡规则关注的不是当前的财政状况，而是中期财政状况，它致力于将公共财政与经济周期的影响隔离开来，对财政状况进行中长期管理。在结构性平衡框架中，收入估计的重点是剔出经济周期影响之后政府可能获得的净收入（即独立于经济周期的阶段性影响的可获收入），支出也要与这个收入水平相一致。在经济状况良好、财政收入增加，或者财政收入只是临时性收入时，政府就必须将某些收入存储起来，当财政收入下滑时，政府就动用这些储蓄起来的收入。通过运用结构性平衡规则，智利政府就能够将政策决定导致的财政状况方面的变化与周期性因素（经济、矿产价格）对财政状况的影响区别开来，并将财政支出建立在结构性收入之上。总之，结构性平衡反映的就是这样一种财政平衡：如果经济按照估计的趋势运行，同时铜、钼价格也处于估计的长期趋势水平，中央政府在计划期内某一年能够实现的财政状况。①

智利政府 2001 年建立结构性平衡规则的背景是，在 1998 年亚洲金融危机的冲击之下，1999 年智利政府出现了赤字，而且是 90 年代的首次赤字。这为智利在 2001 年实行结构性平衡规则提供了强大的社会支持。然而，这也意味着支撑这一规则的是一种缺乏持久性的政治承诺。为了将结构性平衡规则制度化，2006 年，智利国会通过了《财政责任法》，以法律的形式支持结构性平衡规则。长期以来，在智利的预算制度中，财经纪律的实施主要依赖于以总统和行政部门为主的一小群官员在总额控制方面的承诺。为了加强总额控制规则对总统和行政部门的约束，《财政责任法》规定，总统必须在就职 90 天内以法令的形式陈述本届政府在财政方面的基本思路及其对结构性平衡的影响。该法律还明确界定了结构性平衡，并规定结构性平衡仅适用于中央政府的财政状况，

---

① J. C. Rodriguez, C. R. Tolman & A. C. Vega, "Structural Balance Policy in Chile", *OECD Journal of Budgeting*, Vol. 7, No. 2, 2007, pp. 59 – 92.

而不包括中央银行和国有企业的财务状况。同时,在估算中央政府的结构性平衡时,还考虑了政府的利息支出以及政府资产的利息收入。当然,这些做法从 2001 年以来就已实施,《财政责任法》的意义在于将这些实践以法律的形式明确下来。不过,《财政责任法》并未明确规定结构性平衡规则的制度目标,而将重点放在结构性盈余上。同时,该法授权财政部在 2006—2011 年期间,在中央政府总体上存在盈余的条件下,每年可安排占 GDP 比重 0.5% 的财政收入帮助中央银行进行资本重组。①

更为重要的是,《财政责任法》成立了两个主权财富基金。一是养老储备基金(Pension Reserve Fund)。这实质上是一个储蓄基金,其目的是在代际间转移财富,确保政府能够在中长期兑现其在养老和社会保障方面对社会的承诺,尤其是最低养老水平承诺。据估计,到 2016 年,智利政府在养老方面的开支将会大幅上升。在 2006 年成立时,该基金一次性获得了 6 亿美元的启动资金。同时,按照法律规定,每年将根据政府总体预算盈余的情况,向该基金存入占上一年 GDP 比重在 0.2%—0.5% 之间的财政收入。即使财政出现赤字,也必须存入占上一年 GDP 比重 0.2% 的财政收入;若财政盈余情况超过这个比重,存入的财政收入可以提高为占上一年 GDP 的 0.5%。作为一种储蓄基金,该基金主要投资于风险比较高的资产,投资的品种也比较广泛,以获取更高的收益。法律规定,该基金将在未来专款用于支持老年人和残疾人互助基本养老金以及低收入投保者互助养老金。同时,至少在十年内,政府不得动用该基金,直到该基金的资产达到 9 亿 UF(Unidades de Fomento),大约 383.85 亿美元。② 二是经济

---

① T. Dabán, *Strengthening Chile's Rule-Based Fiscal Framework*, IMF Working Paper, WP/11/17, 2010.
② 智利发展单位(Unidad de Fomento,简称 UF)创立于 1967 年 1 月 20 日,由中央银行根据消费者价格指数变化情况定期对 UF 进行调整,旨在调整因通货膨胀而造成的货币价值变动。1967 年最初确定的 1UF 相当于 100 盾(当时智利货币单位),每季度进行调整。1975 年 10 月,智利货币改为比索,UF 单位也相应改为比索,并每月进行调整。1977 年 8 月,UF 价格每天进行调整(以上信息转引自 http://en.wikipedia.org/wiki/Unidades_de_fomento)。根据 http://www.CoinMill.com 货币转换,2014 年 1 月 31 日,1 UF 相当于 23435.87 比索,相当于 42.65 美元。

与社会稳定基金（Economic and Social Stabilization Fund）。2007年，智利建立经济与社会稳定基金，以取代原来的铜稳定基金。该基金成立之日，政府注入了25.8亿美元的资产，其中25.6亿美元是直接从铜稳定基金中划转过来的。这是一个稳定基金，其设置目的是维持宏观经济稳定。在经济状况良好以及铜价上升时，将一部分财政收入储蓄起来，当经济状况不佳或铜价下跌时，就动用该基金来平滑财政支出。如此，在经济状况良好或铜价上升时，财政支出就不会大幅增加；在经济状况变差或者铜价下降时，财政支出也不会被削减，政府也不必大幅举债，甚至不用举债。此外，在经济状况良好时，政府可动用该基金来偿还债务。作为一种稳定基金，该基金的投资政策相对比较保守，一般倾向于从事低风险而且流动性较高的投资。该基金成立之时，智利财政部就确立了多元化的投资政策。2007年，15%的基金投资到各种收入资产，20%投资到固定收入公司票据。同时，政府开始逐步调整该基金的资产构成，增加流动性较强的资产。根据法律规定，智利政府每年都必须将占GDP比重1%及以上的财政盈余优先划拨给养老储备基金或用于中央银行资产重组，其余部分则存入经济与社会稳定基金。当政府财政出现赤字时，政府可从经济与社会稳定基金向养老储备基金调入资金。[1]

实行结构性平衡规则后，政府在确定每年可安排的财政支出时，就必须考虑结构性收入（考虑GDP增长趋势、铜价变化趋势等），考虑政府资产负债、利率、结构性盈余目标，而不是当年的实际财政收入。其结果，财政支出既不会因为当年实际财政收入的增加而同比例增加——因为政府必须储蓄至少占GDP比重为1%的财政收入，也不会因为当年实际财政收入下滑而同比例下滑——因为政府现在可以动用储蓄在经济与社会稳定基金的财政收入。于是，结构性平衡规则就可以在中期时间

---

[1] 同时参见智利财政部网站上关于这两个基金的信息：http://www.hacienda.cl/english/sovereign-wealth-funds/economic-and-social-stabilization-fund.html，以及主权基金研究机构的网站：http://swfinstitute.org/fund/chile.php（2012年12月28日下载）。

框架内平滑财政支出,进而确保公共政策具有连续性,并使得财政政策具有反经济周期的特点。① 此外,由于设置了结构性盈余的政策目标,政府在经济状况良好时进行了储蓄,并进行投资,当经济状况恶化,财政收入下滑时,政府也就不必大规模举债来弥补赤字。这就减少了智利政府的利息支出,使得政府在经济状况不佳时手头仍有较多的可支配资金。例如,在 1991 年,政府公共支出的 14% 是用于支付利息,而在 2007 年,这一比例仅为 2%。②

四、结构性平衡规则的实施情况与效果

目前,智利政府已实施结构性平衡规则十余年。在此期间,智利政府基本上严格实施了这一规则,这一规则也变成一个能有效地约束政策制定的预算制度,并成为智利财政政策制定的基本制度框架。尽管智利的结构性平衡规则并未明确规定,如果出现偏离预期政策目标的情况,应通过何种机制来进行处理或纠正。不过,在实施的过程中,如果出现这种情况,政府一般通过在年末调整预算来确保政府在事后实现预先设定的预算盈余的政策目标。③ 通过这种方式,在每个预算年度结束时,智利政府的结构性平衡情况与预期的政策目标相比只有细小的差别。在过去十多年中,在结构性规则实施的每个周期,实际财政平衡的平均值与结构性平衡的平均值基本一致。如表 5 所示,在实施结构性平衡规则的第一个周期(2001—2005 年),尽管由于周期性因素的影响,每年实

---

① M. Kumhof & D. Laxton, *Chile's Structural Fiscal Surplus Rule*: *A Model-Based Evaluation*, IMF Working Paper, No. 09/88, 2010, Ministry of Finance of Chile, *Annual Report of Sovereign Wealth Fund*, 2008, Ministry of Finance's web site: http://www.hacienda.cl/english/sovereign-wealth-funds.html.

② J. C. Rodriguez, C. R. Tolman & A. C. Vega, "Structural Balance Policy in Chile", *OECD Journal of Budgeting*, Vol. 7, No. 2, 2007, pp. 59 – 92.

③ T. Dabán, *Strengthening Chile's Rule-Based Fiscal Framework*, IMF Working Paper, WP/11/17, 2010.

际的财政平衡情况有差异,但是,智利政府的结构性平衡情况基本上都接近预期的政策目标——占 GDP 比重 1% 的结构性盈余。此外,在整个周期中,实际财政平衡和结构性平衡的均值相同,占 GDP 的比重都是 0.9%。[1] 这也就是说,通过实行结构性平衡规则,政府在一个中期时间框架内消化了周期性因素的影响,并将其降低为零。

表 5 财政平衡情况 (2001 年—2005 年)

单位:%

	真实 GDP 增长率	实际财政平衡/GDP	周期性成分/GDP	结构性平衡/GDP
2001	3.3	-0.6	-1.5	0.9
2002	2.2	-1.2	-2.0	0.9
2003	4.0	-0.6	-1.4	0.8
2004	6.0	2.2	1.1	1.0
2005	5.6	4.7	3.7	1.0
五年均值	4.2	0.9	0.0	0.9

数据来源:财政平衡的数据转引自 Rodriguez, Tolman & Vega (2007: Table 1),经济增长率数据引自 OECD (2010)。

在金融危机爆发前的三年中,智利政府通过结构性平衡管理体系,充分利用国际大宗商品价格攀升的机会,将经济增长尤其是铜矿出口获得的收入储蓄起来。在 2008 年,智利政府两个主权财富基金的市值为 227.18 亿美元,实现了 7.62% 的年收益率。从成立之日到 2008 年底,这两个基金的投资所得已达 23.67 亿美元,其中,2008 年的净投资所得为 13.9 亿美元。[2] 当然,在此期间,随着国际铜价飙升,政府财政收入

---

[1] J. C. Rodriguez, C. R. Tolman & A. C. Vega, "Structural Balance Policy in Chile", *OECD Journal of Budgeting*, Vol. 7, No. 2, 2007, pp. 59–92.

[2] Ministry of Finance of Chile, *Annual Report of Sovereign Wealth Fund*, 2008, Ministry of Finance's web site: http://www.hacienda.cl/english/sovereign-wealth-funds.html.

也随之大幅增加，国内要求政府增加支出的要求也逐步上升。但是，独立专家小组给政府的建议是，铜价的上涨是暂时性的，政府应将这些意外的收入储蓄起来。智利政府采纳了这个建议，在2008年继续严格实施结构性盈余的政策目标。而这样做的代价是，2008年6月Bachelet总统和财政部长Andres Velasco获得的政治支持下降到智利实行民主政治以来所有总统和财政部长都没有过的最低水平。然而，残酷的现实很快就证明，政府这样做是正确的。因为，铜价很快在2008年开始大幅下跌，金融危机对智利经济和财政的影响开始迅速加深。然而，由于政府从2001—2008年一直在储蓄，并在2008年将政府债务占GDP的比重下降到超低的4.9%，并持有占GDP比重为19.3%的政府净资产，智利政府现在有充足的实力应对这场危机，实施反周期的财政政策，并确保社会福利支出水平不仅不会出现下降，而且有所增加。2009年6月，Bachelet总统和Velasco部长的政治支持戏剧性地上升到民主化以来的最高水平。[①]

  同时，智利政府对主权财富基金的管理也非常杰出。自成立以来，智利养老储备金的市值一直在稳步上升。首先，智利政府每年都向养老储备金中注入资金。即使在金融危机影响最重的2008年和2009年，甚至大地震冲击智利财政的2010年，智利政府都在向该基金注入资金。其次，除受金融危机影响的2009和2010年外，该基金其他年份的投资收益率都是比较好的。最后，迄今为止，智利政府也未动用该基金中的一分钱，即使在金融危机和大地震冲击的情况下也是如此。这表明，智利政府不仅在严格实施结构性平衡规则，而且在养老金管理方面非常负责，具有长远的战略眼光。经济与社会稳定基金的情形稍有不同。这主要是因为它的设置目的是维护宏观经济稳定。在经济情况良好的年份，

---

① J. Frankels, *Achieving Long-Term Fiscal Discipline: A Lesson from Chile*, 2010, Downloaded on Feb. 5, 2014 from http://content.ksg.harvard.edu/blog/jeff_frankels_weblog/2010/01/31/a-chieving-long-term-fiscal-discipline-a-lesson-from-chile/.

智利政府都在向该基金注入资金。即使 2010 年发生大地震,智利政府也在向该基金存入资金,在动用 1.5 亿美元的同时,存入 13.623 亿美元。此外,除受金融危机影响的 2009 和 2010 年外,该基金在其他年份都实现了比较好的投资收益率。在 2009 年和 2010 年,为了应对金融危机和地震灾害的冲击,智利政府从该基金中动用了不同数额的资金。其中,2009 年动用的数额最大。2009 年,为了刺激经济,实施反周期财政政策,智利政府从该基金中动用了 92.777 亿美元。这使得该基金的市值从 2008 年 202.11 亿美元锐减为 112.85 亿美元。2011 年,政府既未存入也未动用资金。不过,从 2012 年开始,随着经济好转,智利又开始向该基金存入资金。截至 2013 年 11 月,智利政府的两个主权财富基金市值为 229.109 亿美元。加上现金投资,这两个基金的资产应超过 351 亿美元(见表 6 和表 7)。

表 6 主权财富基金市值和投资收益率

单位:百万美元

	真实 GDP 增长率(%)	养老储备金		经济和社会稳定基金	
		市值	投资收益率(%)	市值	投资收益率
2006	5.7	605	—		
2007	5.2	1466	8.86	14033	8.89
2008	3.3	2507	7.59	20211	7.63
2009	-1.0	3421	2.28	11285 ↓	2.47
2010	5.8	3837	1.81	12720	1.83
2011	5.9	4406	3.41	13157	3.41
2012	5.6	—	5.01	—	5.07
2013（截至 11 月）		7,354.40	—	15,556.50	

数据来源:2006—2012 年数据来自 Ministry of Finance of Chile (2011: 8)。2013 年数据来自智利财政部网站 http://www.hacienda.cl/english/sovereign-wealth-funds.html,具体见两个基金的"财务状况"栏目。经济增长率数据引自 OECD (2013)。

表7　主权财富基金的资金注入与动用

单位：百万美元

	真实GDP增长率（%）	经济与社会稳定基金		养老储备基金	
		注入资金	动用资金	注入资金	动用资金
2006	5.7			604.50	0
2007	5.2	13,100.00	0	736.40	0
2008	3.3	5,000.00	0	909.10	0
2009	-1.0	0	9,277.70	836.70	0
2010	5.8	1,362.30	150	337.30	0
2011	5.9	0	0	443.30	0
2012	5.6	1,700.00	0	1,197.40	0
2013	5.0	603.400	0	1,376.80	0
Total		21,765.70	9,427.70	6,441.40	0

数据来源：智利财政部网站 http：//www.hacienda.cl/english/sovereign-wealth-funds.html，具体见两个基金的"财务状况"栏目。经济增长率数据引自 OECD（2013）。

实施结构性平衡规则不仅显著地提高了智利财政的稳健性和可持续性，而且对智利经济和社会发展产生了积极的影响。首先，它使得智利政府能够实施反周期的财政政策，对经济波动进行微调，减少经济运行的不确定性。在经济情况良好时，削减赤字，压缩债务，并进行储蓄；在经济情况不佳、甚至显著地低于潜在水平时，就动用以前储蓄的财政盈余，也可适当出现赤字，而不必大幅削减支出，并可在不大规模举债的条件下增加财政支出。于是，政府财政就能对国家的经济运行发挥积极的促进作用。[1] 其次，由于结构性平衡规则将财政支出的安排建立在结构性收入而不是波动较大的当年实际财政收入之上，而且设置了结构性盈余的政策目标，这就有助于提高公共政策的可持续性，尤其是在社会政策领域进行长期计划和预算，确保民生福利水平不会因为经济波动

---

[1] J. C. Rodriguez, C. R. Tolman & A. C. Vega, "Structural Balance Policy in Chile", *OECD Journal of Budgeting*, Vol. 7, No. 2, 2007, pp. 59–92.

而受影响。在20世纪80年代后期至90年代初的这一段时期,在债务危机的冲击之下,智利政府不得不大幅削减社会支出,1987年社会支出占GDP的比重为15.7%,1990年下降到12.7%。实施结构性平衡规则后,即使经济波动,也不需要进行如此巨大的支出调整。实际上,即使在结构性平衡规则实施之初,这种效果就已非常明显。2002年,智利经济增长率下降到仅为2.2%,同时国际铜价也下降到每磅0.7美元。在此背景下,财政收入仅增长了0.7%。但是,财政支出不仅没有削减,反而增长了4.2%,社会支出更是增长了3.8%。[1] 其实,智利实施结构性盈余政策目标的一个主要目的就是确保政府能够在将来兑现社会政策方面的承诺。在这个意义上,智利的结构性平衡规则不仅提高了智利政府实施反周期财政政策的能力,同时也在发挥着提高了政府的社会保护功能。[2] 这最充分地体现在2008年金融危机爆发后,智利政府不仅没有削减社会福利支出,反而提高了社会福利支出(见图2)。第三,通过实施结构性平衡规则,智利政府在经济增长时期进行储蓄,这有助于防止智利的货币升值,从而保障智利出口部门具有国际竞争力。第四,实施结构性平衡规则减少了智利经济对外国资本的需要,同时也提高了智利政府在国际债券市场上的信誉。[3] 2011年,惠普国际(Fitch)将智利的主权债务评级从A提升到A+(按外国货币计),从A+提升到AA-(按本国货币计算)。同年,智利在国际债务市场上以拉美国家有史以来最低利息率发行了债券。[4]

---

[1] J. C. Rodriguez, C. R. Tolman & A. C. Vega, "Structural Balance Policy in Chile", *OECD Journal of Budgeting*, Vol. 7, No. 2, 2007, pp. 59 – 92.

[2] A. A. de Mesa & J. G. Cox, "Fiscal Policy and Social Protection in Chile", *CEPAL Review*, No. 81, 2003, pp. 119 – 136.

[3] J. C. Rodriguez, C. R. Tolman & A. C. Vega, "Structural Balance Policy in Chile", *OECD Journal of Budgeting*, Vol. 7, No. 2, 2007, pp. 59 – 92.

[4] Ministry of Finance of Chile, *Annual Report of Sovereign Wealth Fund*, 2011, Ministry of Finance's web site: http://www.hacienda.cl/english/sovereign-wealth-funds.html.

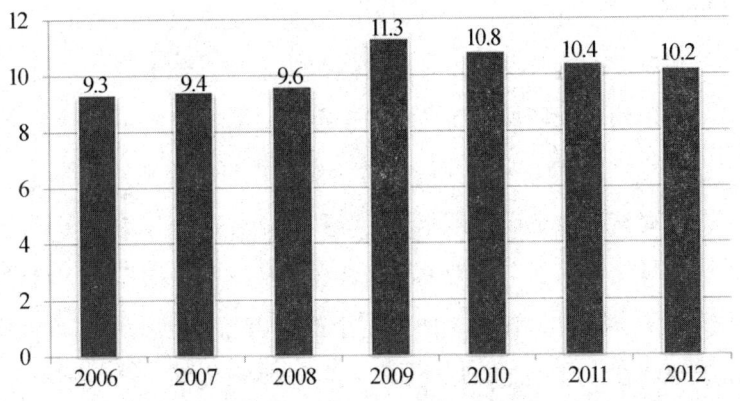

图 2　政府社会支出占 GDP 比重（%）

数据来源：2014 年 2 月 1 日下载自 Social expenditure: Aggregated data, OECD, Social Expenditure Statistics（database, 2013 年 12 月 23 日更新数）。

五、总结与讨论

经过二十多年的改革，智利终于从一个当年深陷财政危机中的政府变成一个全球财政学者普遍推崇的财政治理水平高的国家。从 1987 年建立铜稳定基金开始，到 20 世纪 90 年代提高资源的配置效率和支出绩效，提高预算透明度和负责程度，以及限制政府首脑在支出方面的自由度，再到 2001 年开始建立结构性平衡规则，智利已建立起一种能够在中长期时间框架内考虑财政收支的审慎、负责的预算治理机制，并能比较有效地约束政策制定和预算分配乃至预算执行。

对于实现总额控制、维护财经纪律这一目标来说，2001 年开始实行的结构性平衡规则无疑是最重要的预算机制。结构性平衡规则将财政支出计划建立在结构性收入的基础上，剔除了周期性因素（经济增长、铜价波动）对财政收入的影响，同时明确要求政府在经济状况良好时必须将一定比例的财政收入储蓄起来，然后在经济状况不佳时运用这些储蓄来。这不仅使得财政政策具备反周期性，也使得政府可以在中期内平滑财政支出，确保公共政策（尤其是社会政策）的持续性。同时，经济状况良好时强制政府进行储蓄，并且将储蓄用来偿还债务，这不仅有助于减少财政支出的顺周期性，而且有助于提高政府在经济不佳时期可以腾挪的"财政空间"（Fiscal Space）。作为结构性平衡规则的一部分，智利的两个主权财富基金也设置得非常独特和巧妙，一个是为未来长期性的支出责任进行储蓄，一个是为了稳定宏观经济以及在中期内平滑财政支出而进行储蓄。同时，智利这两个基金的投资策略也有可圈可点之处。正是由于智利在十余年前就开始实行结构性平衡规则，此次金融危机爆发后智利才有能力实施经济刺激，确保社会承诺稳定，从而实现了经济和社会双稳定。

当然，智利的结构性平衡规则不是完美的。例如，对于偏离结构性盈余的政策目标，它缺乏一个事后调节的条款；结构性平衡的计算公式太过复杂；结构性平衡规则的透明度仍应进一步提高；在结构性平衡管理中，只考虑了结构性收入，没有同时考虑支出，而支出同样也会影响结构性平衡；反周期的财政政策仍未很好地整合进结构性平衡，等等。[①] 此外，尽管比较有效地应对了2008年金融危机的冲击，但智利也为此耗资不菲，而且结构性平衡规则也受到很严重的冲击。金融危机之后，智利继续完善它的结构性平衡规则。2011年，智利财政部成立了一个正式的财政理事会（Fiscal Council），以确保提供给政府的结构性变量的预测的独立性以及审核和确认关于结构性平衡的预测。同时，进一步改进计算结构性平衡的方法，主要是涉及在决定结构性收入时进行周期性调整的方法，例如取消了对短期性税收措施、原来制度中"其他收入"以

---

① J. C. Rodriguez, C. R. Tolman & A. C. Vega, "Structural Balance Policy in Chile", *OECD Journal of Budgeting*, Vol. 7, No. 2, 2007, pp. 59 – 92; T. Dabán, *Strengthening Chile's Rule-Based Fiscal Framework*, IMF Working Paper, WP/11/17, 2010; J. C. Berganza, "Fiscal Rule in Latin America: A Survey", *The Banco de Espa? A Occasional Discussion Paper* 1208, 2012, Downloaded on February 1, 2014 from http://www.bde.es.

及财政部拥有的金融资产利息收入的周期性调整。2011年，智利还开始进一步提高主权财富基金的透明度。例如，按国际财务报告准则（International Financial Reporting Standards）准备的关于主权财富基金的财务报告，而且，该报告经著名的德勤（Deloitte）会计事务所审计后，向社会公布。所有关于主权财富基金的分析和报告全部在网上公布，不仅智利公民可以了解，而且外国投资者也可了解。这使得智利的主权财富基金获得了全球最高的透明度。此外，智利也开始进一步完善主权财富基金的投资政策。对经济与社会稳定基金，智利政府继续维持投资币种不变，即50%为美元，40%为欧元，10%为日元，但是，从2011年5月开始，为规避欧元区的经济风险，将欧元投资限制在德国债券的范围内。①

目前，中国政府面临的财政风险正在积累，并越来越令人不安。同时，中国在未来能够保持财政可持续也是一个越来越具挑战性的问题。②在这方面，中国可以从智利的经验中借鉴很多做法。中国应借鉴智利的经验，在一个中期时间框架内建立财政约束规则。中国应像智利那样在实行结构性平衡规则，将支出建立在结构性收入之上，而且应在结构性平衡规则中明确要求每届政府都应在经济状况良好时进行储蓄。此外，中国更需要通过法律的形式将这个结构性平衡规则包括结构性盈余的要求。在结构性盈余方面，中国可要求每届政府在任期内将占GDP比重3%—4%的收入储蓄起来，政府可在某一年有赤字，或不进行储蓄，但在整个届期内必须实现这个储蓄率。如果不以法律和制度的方式明确要求政府进行储蓄，可以想象，没有任何官员会主动储蓄。只有通过法律和制度才有可能约束政府官员以及立法机构的支出冲动，也才能有效防范和控制财政风险。试想，如果中国从1994年出现数额越来越大的超

---

① Ministry of Finance of Chile, *Annual Report of Sovereign Wealth Fund*, 2011, Ministry of Finance's web site: http://www.hacienda.cl/english/sovereign-wealth-funds.html.
② 马骏：《中国公共预算面临的最大挑战：财政可持续》，载《国家行政学院学报》，2013年第5期，第19—30页。

收收入时,就开始将这些超收收入储蓄起来,那么,在 2008 年金融危机爆发后,中国各级政府就不需要如此大规模地举债来刺激经济。此外,中国应借鉴智利设置和管理两个主权财富基金的模式,建立和完善中国的主权财富基金。目前中国的两个基金与智利的这两个基金颇为相似。一个是全国社会保障基金,另一个是 2006 年中央政府建立的预算稳定调节基金。中国应借鉴智利的经验以法律的形式完善这两个基金的制度框架、管理模式、问责机制等。

【参考文献】

[德]哈诺·贝克、阿吕斯·佩里兹:《国家为什么也会破产》,中国电力出版社 2010 年版。

马骏:《中国公共预算面临的最大挑战:财政可持续》,载《国家行政学院学报》,2013 年第 5 期,第 19—30 页。

A. A. de Mesa & J. G. Cox, "Fiscal Policy and Social Protection in Chile", *CEPAL Review*, No. 81, 2003, pp. 119 – 136.

A. Schick, "Post-Crisis fiscal rules: Stabilising Public Finance while Responding to Economic Aftershocks", *OECD Journal on Budgeting*, Vol. 2, 2010, pp. 1 – 17.

B. Eichengreen & R. Portes, *Dealing with the Debts: 1930s to 1980s*, NBER Working Paper Series, No. 2867, 1989.

C. M. Reinhart & K. C. Rogoff, *From Financial Crisis to Debt Crisis*, NEBR Working Paper 15795, 2010.

L. Carranza, C. Daude & A. Melguizo, *Public Infrastructure Investment and Fiscal Sustainability In Latin America: Incompatible Goals?*, OECD Development Centre Working Paper No. 301, 2011.

M. Kumhof & D. Laxton, *Chile's Structural Fiscal Surplus Rule: A Model-Based Evaluation*, IMF Working Paper, No. 09/88, 2010.

M. Marcel & M. Tokman, "Building a Consensus for Fiscal Reform: The Chilean Case", *OECD Journal of Budgeting*, Vol. 2, No. 3, 2002, pp. 35 – 56.

Ministry of Finance of Chile, *Annual Report of Sovereign Wealth Fund*, 2008, Ministry of Finance's web site: http://www.hacienda.cl/english/sovereign-wealth-funds.html.

Ministry of Finance of Chile, *Annual Report of Sovereign Wealth Fund*, 2010, Ministry of Finance's web site: http://www.hacienda.cl/english/sovereign-wealth-funds.html.

Ministry of Finance of Chile, *Annual Report of Sovereign Wealth Fund*, 2011, Ministry of Finance's web site: http://www.hacienda.cl/english/sovereign-wealth-funds.html.

N. Fiess, *Chile's Fiscal Rule*, 2002, Downloaded on January 31, 2013 from http://econpapers.repec.org/paper/ecmlatm04/348.htm.

IMF, *Fiscal Monitor*, Washington D.C.: IMF, 2013.

IADB (Inter-America Development Bank), *Public Debt around the World: A New Dataset of Central Government Debt*, 2006, Downloaded on Dec. 30, 2013 from http://www.iadb.org/en/research-and-data/publication-details,3169.html?pub_id = DBA - 005.

J. C. Berganza, "Fiscal Rule in Latin America: A Survey", *The Banco de España Occasional Discussion Paper* 1208, 2012, Downloaded on February 1, 2014 from http://www.bde.es.

J. C. Rodriguez, C. R. Tolman & A. C. Vega, "Structural Balance Policy in Chile", *OECD Journal of Budgeting*, Vol. 7, No. 2, 2007, pp. 59 – 92.

J. Díaz, *Chile reaps the rewards of prudence*, 2012, Downloaded on Jan. 25, 2014 from http://www.policy-network.net/pno_detail.aspx?ID = 4117&title = Chile + reaps + the + rewards + of + prudence.

J. Frankels, *Achieving Long-Term Fiscal Discipline: A Lesson from Chile*, 2010, Downloaded on Feb. 5, 2014 from http://content.ksg.harvard.edu/blog/jeff_frankels_weblog/2010/01/31/achieving-long-term-fiscal-discipline-a-lesson-from-chile/.

J. P. Arellano, "Structural Change in Chile: From Fiscal Deficits to Surpluses", in OECD, (eds.), *Challenge of Fiscal Adjustment in Latin America: The Cases of Argentina, Brazil, Chile and Mexico*, Paris: OECD, 2006.

OECD, *Country Statistical Profile: Chile*. Paris: OECD, 2010.

OECD, *Country Statistical Profile: Chile*. Paris: OECD, 2013.

R. Bergoeing, et. al., "A Decade Lost and Found: Mexico and Chile in the 1980s",

Review of Economic Dynamics, Vol. 5, No. 1, 2002, pp. 166 – 205.

S. Clavijo &Vera A., P*ublic Sector Deficits in Latin America: An Assessment of Relative Fiscal Risks*, Asoc. Nat. Instituciones Financieras, Bogotá-Colombia Working Paper, 2010., Downloaded on January 15 from http://www.anif.co/sites/default/files/uploads/Fiscal-IMF0910.pdf.

T. Curristine & M. Bas, "Budgeting in Latin America: Results of the 2006 OECD Survey", *OECD Journal of Budgeting*, Vol. 7, No. 1, 2008.

T. Dabán, *Strengthening Chile's Rule-Based Fiscal Framework*, IMF Working Paper, WP/11/17, 2010.

W. Easterly & K. Schmidt-Hebbel, "Fiscal Adjustment and Macroeconomic Performance: A Synthesis", in Easterly, W. Rodríguez, C. A. & Schmidt-Hebbel, K. (eds), *Public Sector Deficits and Macroeconomic Performance*, Cambridge: Oxford University Press, 1995.

预算制度改革与财政的可持续性：
新西兰的经验[*]

张 光[**]

内容摘要：2008年全球金融危机对各国财政的可持续性提出了严峻的挑战。新西兰是能够以较好的财政状况应对这一挑战的少许发达国家之一，并可望在2014—2015财年恢复财政收支盈余。新西兰之所以能够做到这一点，是由于它自20世纪80年代中叶以来持之不懈的以财政可持续性、稳定性为目的的政府和财政预算制度改革。本文回顾了这些改革的成因、内容、执行和效果，着重讨论了新西兰的《公共财政法》（1989）和《财政责任法》（1994）所规定的政府财政责任原则及其配套的政府会计和财务报告制度改革，以及新西兰政府自1990年代初依次使用的三种控制财政支出的预算方法。新西兰的改革，对于在保持财政可持续性上面临越来越大挑战的中国，具有重要的借鉴意义。

关键词：新西兰；金融危机；财政可持续；预算；支出控制

2008年的全球金融危机，向众多国家的财政可持续性提出了严重的挑战。所谓财政的可持续性，可定义为"政府满足其当前和未来财政责任的能力。而政府的财政责任则是由它在税收、支出和借债上的决策所

---

[*] 该文已经发表于《公共行政评论》2014年第3期。
[**] 张光，厦门大学公共事务学院教授。

决定的。因此，财政可持续性指的是政府能否在将来不做重大调整的情况下维持其现行政策，或者，其政策将导致过度的累积债务，除非政府采取行动改变政策"①。发端于美国的2008年的金融危机，通过贸易和金融的渠道，传导到其他国家，幸免者几乎没有。随着发达国家为了做平资产负债平衡表纷纷撤回流动性资金，众多新兴市场和发展中国家遭遇严重的资金外流危机。许多国家采取了积极的应对政策，最重要的包括宽松的货币政策，金融体系再注资，对私人和企业部门资金进行救助，发动积极的财政刺激项目。② 这些政策措施，或直接或间接地影响了众多国家的财政可持续地位。如表1所示，就整体而言，发达国家在2008年金融危机后财政状况急剧恶化。尽管金融危机对新兴市场国家的财政状况的影响要远远低于对发达国家的影响，但2008年的金融危机也致使它们的财政收支从盈余转向赤字，国家债务水平显著上升。

表1 财政状况：新西兰、发达经济和新兴市场国家（2006—2013）

单位：占GDP比重（%），年平均百分比

		2006	2007	2008	2009	2010	2011	2012	2013
经济发达国家	总体平衡	-1.4	-1.1	-3.5	-9.0	-7.8	-6.6	-5.9	-4.7
	基本平衡	0.3	0.5	-1.9	-7.4	-6.2	-4.8	-4.2	-3.0
	总债务	76.9	74.2	81.3	94.9	101.5	105.5	110.2	109.3
	净债务	48.2	46.3	51.9	62.4	67.5	72.7	77.4	78.1

---

① R. A. Buckle & Amy A. Cruickshank, "The Requirements for Long-run Fiscal Sustainability", New Zealand Treasury Working Paper 13/20, 2013, p.3; F. C. Barker & Robert A. Buckle, "Roles of Fiscal Policy in New Zealand", NZ Treasury Working Paper, 08/02, 2008. （对财政可持续性做了数学化定义）

② C. Primo Braga & G. A. Vincelette, "Introduction", in C. Primo Braga, & G. A. Vincelette, (eds.), *Sovereign Debt and the Financial Crisis: Is This Time Different?*, Washington, DC: The World Bank, 2011.

(续表)

		2006	2007	2008	2009	2010	2011	2012	2013
新兴市场国家	总体平衡	0.4	0.3	0.0	-4.6	-3.1	-1.7	-2.1	-2.2
	基本平衡	2.9	2.5	1.9	-2.5	-1.1	0.4	-0.2	-0.4
	总债务	36.9	35.4	33.5	36.0	40.3	36.7	35.2	34.3
	净债务	30.5	26.9	23.2	27.9	28.1	26.7	24.7	23.6
新西兰	总体平衡	4.1	3.2	1.5	-1.5	-5.1	-4.9	-2.6	-1.9
	基本平衡	3.7	3.0	1.2	-2.0	-5.5	-4.8	-2.4	-1.8
	总债务	19.3	17.2	20.1	25.9	32.0	37.2	38.2	38.3
	净债务	8.8	6.5	7.4	11.7	17.0	22.2	26.4	28.8

资料来源：IMF（2013，Table 1，Table 4，Table 5，Table 8）。

注：总体平衡：政府总收入减去总支出，是一种净借。总体平衡一般不包括政策性借出（policy lending），即为实现某一公共政策目的而发生的金融资产方面的交易。在一些国家，总平衡是政府总收入加上捐赠收入再减去总支出和净借出（net lending）。基本平衡：从总体平衡中再扣除政府支付的净利息支出（利息收入减去利息支出）。总债务：需要政府在将来归还本金的所有债务或责任，包括所有公共部门的债务，不仅包括直接的显性的政府债务，也包括金融或非金融的国有企业的债务、中央银行的债务，也包括担保等联系在一起的或有负债。净债务：总债务扣除所有公共部门（不仅政府）的金融资产（IMF，2013：79—80）。

与20世纪80年代的债务危机和90年代的亚洲金融危机等的主要受害者是发展中国家不同，2008年的全球金融危机中受创最大的是西方特别是美国和欧洲发达国家。然而，在西方发达国家之中，仍然有少许国家的财政表现与众不同。新西兰就是这少许国家之一。如表1所示，与西方发达国家的一般状况相比较，新西兰是以较好的财政状况迎来2008年金融危机的。而后，尽管金融危机也使新西兰财政运行从2008年的盈余转为2009年的赤字，债务水平显著上升，但同经济发达国家的平均水平相比较，新西兰的境况要好得多，它在危机后的财政可持续性能力恢复上也做得更好。单就财政赤字和债务规模这两个数据看，新西兰在金融危机前后的表现，与新兴市场国家相近。

冰冻三尺非一日之寒。新西兰财政在应对2008年金融危机上的较好表现,与该国从20世纪80年代中叶开始、90年代中叶深化并持续至21世纪前10年的经济改革特别是公共预算改革密切相关。从1994年实施《财政责任法》开始,直到2008年,新西兰财政运行年年保持平衡或盈余。怀普罗斯[①]通过比较包括日本在内的20个西方发达国从1960年到2011年的财政运行状况,认为新西兰和瑞典、丹麦一道属于政府财政纪律较好的国家。三个国家都把财政赤字年数控制在半数以下,其余国家则除了挪威和芬兰的例外,大抵每5年有4年财政赤字,最甚者为葡萄牙和意大利无一年不是赤字年。而法国、希腊和奥地利三国最近出现的财政平衡或盈余年竟然在1970年代石油危机之前。(见表2)。

表2 西方发达国家财政赤字年所占比重(%),1960—2011

国家	赤字年占%	最后的盈余年	国家	赤字年占%	最后的盈余年
澳大利亚	80	2008	希腊	80	1972
奥地利	82	1974	爱尔兰	80	2007
比利时	96	2006	意大利	100	
加拿大	76	2007	日本	68	1992
德国	78	2008	荷兰	88	2008
丹麦	48	2008	挪威	4	2011
西班牙	78	2007	新西兰	46	2008
芬兰	20	2008	葡萄牙	100	
法国	90	1974	瑞典	42	2008
英国	84	2001	美国	92	2000

资料来源:Wyplosy(2013:496)。

---

① C. Wyplosy, "Fiscal Rules: Theoretical Issues and Historical Experiences", in A. Alesina & F. Giavazzi, *Fiscal Policy after the Financial Crisis*, Chicago: The University of Chicago Press, 2013.

怀特①在其近来发表的一项研究中，把新西兰宏观经济发展分为四个阶段：改革之前（1984年之前）；改革阶段（1984年到20世纪90年代初）；宏观经济状况大改善阶段（20世纪90年代初到2007年）；金融危机至今阶段（2008年到2013年）（见图1）。本文将分四节来讨论新西兰的财政可持续性发展问题。第一、二节分别讨论经济改革前和改革时期的相关发展，与怀特的第一和第二阶段相对应。第三节覆盖怀特的第三和第四阶段。第四节对新西兰的经验教训做一总结，并指出它们对我们思考金融危机后的中国财政可持续性问题的启发和借鉴。

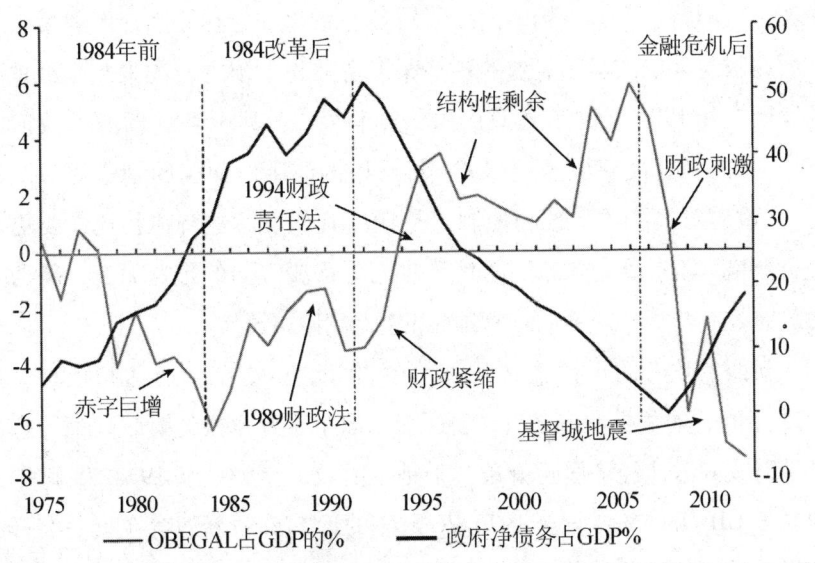

图1　新西兰财政平衡状况，1975—2013

资料来源：White，2013：47。

注：OBEGAL系Operating Balance Before Gains and Losses（不计收益和损失之前的营运收支平衡）的缩写。最重要的收益和损失来自于金融资产和金融负债的公允价值（fair value）变动。OBEGAL排除了波动性很大的金融资产和负债的收益和损失，能够比一般的营运收支平衡更好地反映政府的财政收支状况。

---

① B. White, "Macroeconomic Policy in New Zealand: From the Great Inflation to the Global Financial Crisis", New Zealand Treasury Working Paper 13/30, 2013.

一

新西兰是从 1984 年开始对其公共部门进行市场导向改革的。新西兰财政在 20 世纪 80 年代上半叶所呈现的不可持续性，构成这一改革的主要背景之一。在 20 世纪 50 年代和 60 年代，西方国家经济普遍持续稳步增长，唯独新西兰的表现欠佳。1955 年，新西兰的人均 GDP 仅低于美国和加拿大，在西方发达国家中位列第三；1982 年却降至第十五位。[①] 第新西兰经济的相对衰落，固然有主要贸易对象英国加入欧盟从而失去欧洲特惠出口市场、国际贸易条件恶化等外在原因，但战后新西兰历届政府采取的极其强烈的贸易保护主义和干预主义政策乃是最重要的原因。如 1984 年的工党政府财长斯科特[②]在其所著《新西兰政府改革》一书中所言，新西兰于 1984 年开始的改革所面临的是这样一个局面，"政府对经济的干预和控制，与任何其他发达经济体相比，要更广泛更严格。就政府对价格、工资等收入等重要方面的影响而言，新西兰的政府控制与那个时期的东欧国家的控制相去不远。"

新西兰政府的干预主义政策，在 20 世纪 80 年代初达到顶点。在 1973 年的石油危机冲击之后，新西兰采取了十分宽松的财政政策，意欲通过财政刺激使经济摆脱萧条。于是，财政赤字顿然从 1974/75 财年的相当于 GDP 的 4% 激增至 1975/76 财年的近 11%。新西兰在第一次石油危机后做出的财政刺激反应，在当时深受凯恩斯宏观经济理论影响的经济合作与发展组织国家中并非罕见。然而，当 70 年代后半叶、80 年代初英美等发达国家开始实行紧缩的财政政策时，新西兰为了应对第二次石油危机带来的通货膨胀、贸易赤字和经济下滑等问题，实行了干预力度更大的经济政策，扩张性更强的财政政策。"1982 年 7 月实施了工资、

[①] P. Massey, *New Zealand: Market Liberalization in a Developed Economy*, London: St. Martin's Press, 1995.

[②] G. C. Scott, *Government Reform in New Zealand*, Washington DC: IMF, 1996, p.5.

价格、利率和汇率全面冻结"① 的政策。从 1979 年到 1984 年，财政年年赤字，到 1984 年 3 月财政赤字达到 GDP 的 9% 的水平。梅西②的研究表明，从 1973 年到 1984 年，在经济合作与发展组织国家中，新西兰是结构性财政赤字（按占 GDP 比测量）增长最快、波动也最大的前三位国家之一（另两个国家为爱尔兰和瑞典）。波动大，意味着同其他大多数国家相比较，新西兰财政赤字规模的变动，更多地受到决策者的随意裁量的影响。新西兰宽松的财政政策导致其累计债务水平急剧上升，从 1975 年的占 GDP 的 41% 升至 1984 年的 64%。③（见图 1）

为什么新西兰财政在 1973—1984 年期间，朝着赤字财政不可持续的道路越走越远呢？原因之一是 20 世纪 70 年代的新西兰政府和其他诸多西方政府一样，相信凯恩斯主义的反循环理论，即在经济衰退时，政府应当通过赤字财政保持总需求以维持充分就业。此外，在 70 年代，福利国家在西方发达国家已经是根深蒂固的存在。经济衰退自然会增加国家在福利方面（如失业救济）的开支，而这也是符合凯恩斯主义的反循环理论的。然而，因为反循环和福利国家的赋权支出所增加的财政支出，并不能解释新西兰在 20 世纪 80 年代上半叶所经历的财政赤字规模和不可持续性现象。证据之一是在控制了商业循环因素后，新西兰财政收支在 1977 年、1978 年接近平衡，然后从 1979 年到 1984 年转为年年赤字，1984 年调整循环因素后结构性的财政赤字高达 GDP 的 7%。显然，除了反循环和福利国家的责任兑现外，还有其他原因导致新西兰于 80 年代上半叶陷入财政不可持续的困境。其中最重要的是执政党国家党

---

① B. White, "Macroeconomic Policy in New Zealand: From the Great Inflation to the Global Financial Crisis", New Zealand Treasury Working Paper 13/30, 2013, p. 3.

② P. Massey, *New Zealand: Market Liberalization in a Developed Economy*, London: St. Martin's Press, 1995.

③ P. Massey, *New Zealand: Market Liberalization in a Developed Economy*, London: St. Martin's Press, 1995.。

政府于 20 世纪 80 年代初推出"做大"（Think Big）投资项目。国家党政府推出这个投资项目所声称的主要理由有二：一是通过工业项目投资，以达到进口替代，减少进口，平衡国际贸易的目的；二是通过投资及其建设项目的运营，增加国内就业。"做大"项目以国家向国际市场借债的方式解决融资问题。它在借用和耗费大量的资金后，非但没有解决反而加剧了国际收支不平衡和失业问题。新西兰 1982 年中实施的工资、价格、利率和汇率全面冻结政策就是在"做大"项目失败后才不得已导入的。

20 世纪 70 年代末和 80 年代上半叶新西兰政府的积极干预经济和扩张财政政策，虽然使该国经济增长率勉强维持在年均 2% 的水平，但却导致财政赤字和国家债务高企，恶化了国际收支、通货膨胀和就业状况。这段期间，新西兰的年均通货膨胀率高达 12.2%。1984 年，新西兰的国际收支赤字接近 GDP 的 10%；登记失业人数从 1974 年的不足 1000 人增至 1983 年的 76000 人（见表 3）。新西兰的主权债务标准普尔评级从 AAA 下降为 1983 年的 AA+、1986 年的 AA 级和 1991 年的 AA- 级。

表 3　新西兰宏观经济变动（1978—2012）

	1978—1984	1985—1992	1993—2007	2008—2012	1978—2012
失业率 （占劳动力%）	2.8	7.1	5.8	6.2	5.6
CPI 膨胀率 （年平均%）	12.2	6.3	2.4	2.4	5.6
痛苦指数 （通胀+失业率）	15.0	13.4	8.2	8.6	11.2
经常收支赤字 （占 GDP%）	-5.1	-4.3	-5.2	-4.7	-4.9
财政赤字 （占 GDP%）	-3.9	-2.7	2.4	-3.4	-3.0
真实 GDP 增长 （年平均%）	2.2	1.2	3.7	0.8	2.4

资料来源：White, 2013：45

在上述现象发生的时候,新西兰的预算和政府会计制度与 1984 年改革后的相关制度有很大的区别。政府会计依靠的是现金收付制,而非后来采用的权责发生制。宏观财政分析主要集中在政府行为对总需求的短期影响。20 世纪 70 年代新西兰政府及其部门常常进行小预算操作。所谓小预算操作指的是在年度预算之间或之外,政府及其部门往往还提出新增的小型预算,对原有的预算予以这样或那样的修正。这种小预算的存在使得各政府部门只关注自身的预算规模的增减,而对于政府项目的中长期效果以及它们对国家财政可持续性的影响则兴趣阙如。[①]

二

1984 年,随着工党取代国家党执政,新西兰开始了一系列的激进的市场导向公共部门改革。这些改革集中反映在自 1980 年代中叶以来通过并实施的几部重要的法律上。它们是:《国有企业法》(1986)、《国家部门法》(1988)、《储备银行法》(1989)、《公共财政法》(1989) 和《财政责任法》(1994)。这些法律及其实施,对新西兰的财政可持续性产生了直接或间接的重要影响。

《国有企业法》要求在政府服务和商品的提供可以以商业的方式进行的情况下,政府应通过建立与私人企业相似的组织形式来提供这些商品和服务。这意味着,既存的国有企业所承担的非商业性功能必须从它们那里剥离,转由其他政府机构承担。然后,所有的国有企业都必须按照私人公司的方式加以管理,与私人部门平等竞争,自负盈亏;或者私有化。这一改革,使得新西兰政府对国有企业的长期巨额补贴成为不必要,根据时任财政部长 Roger Douglas 在 1986 年的一次谈话,在过去的 20 年间,新西兰政府使用纳税人的钱,向国有企业注入了 50 亿新西兰元(1986 年价格)的资金。国有企业的商业化改革据称收到了良好的效果。OECD 对新西兰的调研报告指出,到 1989 年,政府对国有企

---

① P. Massey, *New Zealand: Market Liberalization in a Developed Economy*, London: St. Martin's Press, 1995.

业的补贴，除了铁路的例外，已经几乎完全消失，而大部分国有企业均有盈利。① 斯科特②指出，在国企改革之前政府从高达200亿新元的国有资产那里没有获得任何财政收益。而在1992年，国有企业向国家提供了5.37亿新元的分红，相当于当年国家货物贸易税收入的10%。同时，国有企业还向国家缴纳了相同规模的税收收入。

国有企业私有化也是新西兰国企改革的一个重要方式。从1987年开始，包括新西兰航空、电信和国家保险公司等在内的国企被私有化。新西兰的私有化当时被公认为在西方国家中是最彻底的。《经济学者》杂志于1993年7月报告，过去5年中，新西兰的国有企业出售额相当于GDP的3%，而普遍被视为鼓吹私有化最厉害的英国政府的相对应数据不过1%。根据梅西（Massey）③提供的1988年3月到1993年12月成交的国有企业资产出售价格数据。总共28次交易合计售价高达169.52亿新元，相当于这6年新西兰政府财政总收入1616.82亿新元④的7.6%。因出售国有资产而获得的收入，至少部分用于偿还政府债务等有助于财政可持续性目的的用途。

《国家部门法》和《公共财政法》主要针对国家核心公共服务（如教育、国防、健康）的提供和运作而制定的法律。前者规定，每个内阁大臣有责任向相应的部门行政首长提出该部门的公共服务所应达到的绩效目标。而如何达到绩效目标的决策权完全由部门行政首长决定。在新西兰，内阁大臣（ministers）属于政治家，随政党选举胜败而或留或走。内阁大臣通常为20人左右，以首相为首。例如，2014年1月28日在任

---

① P. Massey, *New Zealand: Market Liberalization in a Developed Economy*, London: St. Martin's Press, 1995.

② G. C. Scott, *Government Reform in New Zealand*, Washington DC: IMF, 1996, p. 24.

③ P. Massey, *New Zealand: Market Liberalization in a Developed Economy*, London: St. Martin's Press, 1995, p. 142.

④ New Zealand Treasury, *Fiscal Time Series Historical Indicators 1972 – 2013*, Update for Year End 30 June 2013, Published by the Treasury at http://www.treasury.govt.nz/government/data11 Nov 2013.

的内阁大臣共 20 人。部门行政首长（department chief executives）则属于公务员（官僚）系列。新西兰的行政部门负责政府提供的核心公共服务，基本上一类公共服务即设有一个部，其数目通常大于内阁部长人员数。因此，一个内阁大臣往往同时担任两个或两个以上的部长。例如，现任内阁成员 Hon Steven Joyce 同时担任经济发展部部长、科学和创新部部长、小企业部部长以及高等教育、技能和就业部部长；他代表政府分别与这四个部门的行政首长达成各个部门的年度公共服务的绩效指标。

《国家部门法》界定了内阁部长和行政首长的职权和责任。该法和《公共财政法》一道，规定双方需要每年达成服务绩效协议。该协议规定需要提供那些服务，预期服务质量和成本，以及为确保有效率地使用资源而确定的管理目标。《国家部门法》规定，部门行政首长不再是如以前那样为长久的政府高级雇员，而是需要与政府签订 5 年的任期合同，延期与否取决于其任职绩效。按照《国家部门法》，行政首长是其所在部门的全体雇员的法人代表，而以前他们都是新西兰政府的雇员。这一调整给予行政首长雇佣和解雇、决定雇员薪资水平和工作条件的权力。[1]（换言之，《国家部门法》的出台，使新西兰政府工作岗位不再是"铁饭碗"。如马尔根和爱默[2]所言，《国家部门法》"为公务员设定了一个与私人部门相近的雇佣框架"。

《储备银行法》赋予新西兰中央银行以更加独立、更有利于对其问责的法律地位。它规定银行的职责仅仅是制定并执行为达到宏观价格稳定目的所需要的货币政策。

《公共财政法》[3] 及其修正案和《财政责任法》一道，为新西兰的财政管理奠定了法律基础。前者对新西兰的财政管理做了全面的规定。该法总共包括 8 个部分，内容涉及财政拨款（第 1 部分）、财政责任

---

[1] G. C. Scott, *Government Reform in New Zealand*, Washington DC：IMF, 1996.
[2] G. Mulgan & P. Aimer, *Politics in New Zealand*, Auckland ：Auckland University Press, 2004.
[3] New Zealand Legislation, *Public Finance Act* 1989, 1989.

(第 2 部分)、政府及其部门的财务等信息报告和披露(第 3—5 部分)、借款、债券、衍生交易、投资、银行关联、担保等行为(第 6 部分)、信托货币(第 7 部分)以及一般规定(第 8 部分)。《公共财政法》的拨款部分规定了新西兰国会的拨款方式,并给予行政首长有关财务管理的权力和责任,要求各部门和整个政府基于目标和绩效而非投入做预算和财务报告。为此,所有的政府部门会计需要从现金收付制转为权责发生制,因为后者能够更好地反映政府各部门的服务成本和财务状况。这一部分主要着眼于财政管理的微观层面。

《公共财政法》的财政责任部分则从宏观管理的层面,规定了政府的财政责任及其行为方式。这部分内容,在 1994 年通过的《财政责任法》那里得到了重申和完善。当财政和支出选择委员会向国会提交这个法案时,它表示这个法案将是"新西兰自 1840 年以来最重要的经济和财政立法之一"。该委员会力促"国会领导"确保政府的财政收支之道是一条能够"降低债务、重振政府财政地位"的道路,而非为了眼前利益讨好选民任由财政地位恶化。正如时任财政部长理查德森后来所言,"《财政责任法》是一个地标性的立法,因为它为负责任地运行财政政策建立了一个法定框架。如世上众多议会制国家所再清楚不过地知道的那样,财政责任是一件做到很难、失掉容易的事情。《财政责任法》力图纠正预算过程中常常出现的导致财政地位恶化的扭曲"[①]。

为此,让我们继续引用理查德森的评价:这个法案之所以被提出,是为了在财政政策上达到《储备银行法》意欲在货币政策上达到的目的:一个能够促进良好的、可信的并能够抵御危及财政稳定性的政策的法律框架。为了达到这个目的,法律规定了一系列负责任的财政行为原则,并要求政府财政在高度透明的状态下运行,以确保国会和公众的知

[①] H. R. Richardson, *Opening and Balancing the Books: The New Zealand Experience*, Frontier Centre for Public Policy, 2004, http://www.fcpp.org/pdf/NZ%20Balancing%20the%20books_Ruth_Richardson.pdf

情权和监督权（见图2）。

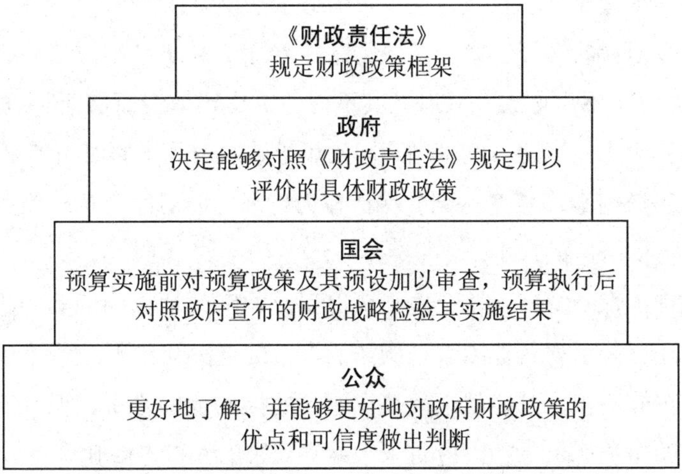

```
        《财政责任法》
        规定财政政策框架

            政府
  决定能够对照《财政责任法》规定加以
         评价的具体财政政策

             国会
 预算实施前对预算政策及其预设加以审查，预算执行后
     对照政府宣布的财政战略检验其实施结果

              公众
 更好地了解、并能够更好地对政府财政政策的
         优点和可信度做出判断
```

图2　《财政责任法》与财政政策运作

资料来源：Richardson，2004

《财政责任法》规定了5条财政责任原则，它们构成了政府在形成财政政策过程中、国会在判断政府政策之优劣时必须参照的标尺。理查德森①对各条原则的功用做了很好的解释。下面，我们结合他的解释逐一报告5个原则：

（a）削减债务至审慎之水平，以对将来可能对国家债务产生负面影响的因素提供缓冲。为此，在审慎债务水平达成之前，须保证每个财政年度的经常支出小于经常收入。

理查德森的解释：第1条原则承认当时新西兰的债务水平太高了，而为了减小经济受不利因素影响的脆弱性，必须使债务水平显著下降。为达到这一目的，应该是经常收支保持盈余。

---

① H. R. Richardson，*Opening and Balancing the Books*：*The New Zealand Experience*，Frontier Centre for Public Policy，2004，http：//www.fcpp.org/pdf/NZ%20Balancing%20the%20books_Ruth_Richardson.pdf.

(b) 一旦审慎水平达到后，须通过保证在一个合理的期间内使经常总支出不超过经常总收入，使审慎债务水平得以保持。

理查德森的解释：第2条原则意味着在债务水平削减之后，它应当（一般地说）不再增大。政府尤其不该"为支付消费而借债"。这是一个中长期目标。在短期，经济循环因素可导致政府收支暂时偏离平衡。

(c) 政府总净资产达到并保持在为将来可能对净资产产生不利影响的事件提供缓冲的水平。

理查德森的解释：这个原则认识到影响财政地位的因素，除了债务之外，还有一系列其他因素。例如，人口的老龄化给财政带来的健康和养老支持的负担，可能就不反映在通常的债务范围之中，但政府必须保持足够的净资产水平，以应对未来终将到来的人口老龄化。

(d) 审慎地管理政府面对的财政风险。

理查德森的解释：第4条原则基于财政脆弱性的视角，要求政府积极地管理与政府资产、负债和预算外事项（如担保）有关的风险。

(e) 政府制定并实施的政策，应当力求与对未来税率合理预期相一致。

理查德森的解释：第五条原则强调了税收和支出水平的稳定性对私人部门计划从而对增长的重要性。

为了履行政府的财政责任，政府预算的公开、政府财务状态的科学测量及其报告，成为政府及其部门了解自身财政状况，国会和公众对政府进行问责的必要步骤。为此，新西兰按照普遍接受的会计准则，对其政府预算会计和财务报告制度进行了大幅度的改革。按照理查德森的看法，这些政府会计和财务报告改革对新西兰的预算和财政管理带来了两大好处："它们让财政欺瞒无处藏身，并鼓励政府把注意力放在政策的长期后果上"[①]。

[①] H. R. Richardson, *Opening and Balancing the Books: The New Zealand Experience*, Frontier Centre for Public Policy, 2004, http://www.fcpp.org/pdf/NZ%20Balancing%20the%20books_Ruth_Richardson.pdf.

新西兰的政府会计和财务报告制度改革分两个阶段完成。第一阶段始于 1989 年的《公共财政法》。该法要求每一个政府部门都必须提出如下部门财务报告：财务状况报告、营运报告（收入和开支）、现金流动报告、目标报告、服务绩效报告、承诺报告、或有负债报告、未使用开支（unappropriated expenditure）报告、会计政策报告和与去年相比实际数据比较表。在这个制度下，部门首长对部门预算的制定、执行和财务报表的提供负有全部责任。各部门通常是通过从私人部门聘请会计专业人才来完成从现金收付制到权责发生制的财务报告和预算会计制度的过渡。

在各个政府部门预算会计和财务报告完成向权责发生制的过渡之后，以此为基础，新西兰政府开始按照权责发生制编制覆盖整个政府财政行为的预算和财务报告。1991 年新西兰政府预算就是按照新的会计准则编制出来的结果。1994 年的《财政责任法》则进一步要求政府在预算执行之前、执行中和执行后发表一系列财政政策报告，以表明政府的预算和财政行为符合财政可持续性原则。

首先，在每个财年开始（7 月 1 日）的 3 个月前即 3 月 31 日之前，政府必须发表《预算政策报告》。该报告必须讲明政府财政政策的长期目标，并确认这些目标与负责任的财政管理原则相符合。它还需要政府就未来三年预算的战略优先点做出规定，并指出这些战略优先点将如何指导预算的编制。此外，它还需要指出政府在未来的 3 年中，在一系列具体的财政指标如经常支出、经常盈余或赤字、总债务和净资产上的财政行为意图，并就这些意图与负责任的财政原则之间的一致性做出评价。如果这些意图有任何与负责任的财政原则不相符合的情形，报告必须说明其理由。最后，报告需要就当期的政策意图与前一年的预算政策报告所表明的政策意图是否相符做出判断。

其次，在当期财年开始的第一天，政府需要提供《财政战略报告》和《经济与财政进展》两个报告。前者必须就当前的经济与财政形势同上一年的《财政战略报告》所提供的信息与意图是否一致做出判断，如果形势发生了变化，道明新的修正了的政策意图。它需要包括对关键财政变量在未来 10 年内的变动的预测，对《预算政策报告》中宣布的长期战略目标的达到进程做出说明，对任何与此前提出的政策意图不符合之处做出解释。

《经济与财政进展》需要包括如下事项：对当前财年及其后两年的经济和财政变量预测；经济变量包括 GDP、消费价格、雇佣、失业和经常账户平衡表；财政变量包括经常支出、经常盈余或赤字、总债务和净资产等。报告还需包括所有可能对未来财政状况造成重要影响的政府决定和其他情况。

再次，政府必须在每年 12 月之前发表《半年经济与财政进展》报告；在每个财年结束之后的 6 周之内，完成并提出一套基于权责发生制的政府财务报告。除了这些定期发表的预算政策和财务报告外，政府还被要求经常性地披露政府预算和财务信息。例如，在每次大选之前，政府必须向国会提供特别的财政和经济状况报告。

总之，1989 年《公共财政法》及其修正案，和 1994 年的《财政责任法》意欲通过财政责任原则的约束，加之以预算执行前的预算和财务公开，预算执行后对财政战略的审查，来确保政府有足够的动机以一种可持续的、负责任的方式运行财政。

新西兰是在其财政最不可持续的 1980 年代中叶开始进行市场化改革的。这场改革由微观政府部门和国有企业开始，逐步而迅速地进展到财政金融等宏观领域。到 1990 年代初，尽管经济下滑达到低谷（见表 3），而改革在财政稳定和可持续性上却终见成效。例如，在 1990 年末，尽管经济尚未从 1987 年的股票市场大崩溃后带来的萧条中复苏，1990 年 11 月的小（修正）预算和 1992 年的预算均坚持财政收缩。尽管这在短期上可能使经济进一步萎缩（1992 年新西兰经济负增长），但从长远的观点看，却为新西兰经济的可持续性复苏和发展奠定了良好的财政基础。如图1所示,到1993年,新西兰的预算执行结果出现了财政结构性盈余的良好局面。

三

财政的可持续性是新西兰1984年以来的财经和政府改革的主要目标之一。1989年的《公共财政法》及其修正案和1994年的《财政责任法》,为实现财政的可持续性奠定了法律基础和基本框架。然而,新西兰政府特别是财政当局还需要通过预算控制方法,才能把两个法律规定的原则落实到实处。从1989年以来,新西兰政府依次实行了三种预算控制方法:固定名义基数法、财政规定法和财政管理方法。①

(一) 固定名义基数法(fixed nominal baselines)

在通过《公共财政法》的1989年之前,新西兰的年度预算,无论是在其制定阶段,还是在执行过程中,都常常因人力成本的变动而变动,而人力成本变动主要又是公共部门工资谈判的结果。营运预算和资本预算通常每年都要调整,以反映成本的变动。

自1990年代初始,新西兰政府引入固定名义基数法以控制预算支出规模。所谓"基数"指的是在3年的预测期内预算支出控制数额。政府支出被分成两个部分:"公式驱动型"和"固定型"(即其名义基数保持不变)。前者适用于非具体部门的福利性支出,如与通货膨胀挂钩的事业保险金、与工资水平挂钩的公共养老金,与人口因素挂钩的健康和教育支出。这些资金约占政府全部支出的83%。后者即固定型支出的的变化则需要特别的政策决定。它们的增加,需要政府相关支出部门证

---

① Tracy, Mears, Gary Blick, Tim Hampton & John Janssen, "Fiscal Institutions in New Zealand and the Question of a Spending Cap", New Zealand Treasury Working Paper 10/07, 2010.

明其生产力的增长速度低于通货膨胀率。[①] 例如，在新西兰政府对1994年到1996年的财政支出预估中，支出增长仅仅允许出现在那些可挂钩的领域里。其他领域的支出规模一律冻结。

（二）财政规定（fiscal provisions）

固定名义基数法的实施，使得真实人均经常财政支出在1990/91年到1995/96财年之间下降了12%。同时，新西兰经济从1990年代初开始步入快速增长的轨道，这意味着财政收入的增长。结果，在1990年代中叶，新西兰的财政经常收支出现了相当于4%的盈余。这些发展使新西兰政府调整了财政支出控制政策。在1997年的预算中，新西兰政府采取了一个比固定名义基数法宽松的支出控制手段，规定在1998—2000财政年度中，政府将在财政预测支出额的基础上，总共增加50亿新元的支出。这50亿新元为这3年新增支出的上限（cap）。这一为未来多年财政支出增长规定量的上限的做法被新西兰当局称为财政规定。根据这个方法，并非所有的财政支出都受到增量上限的限制。前述公式驱动型支出如因失业率增大而增加的失业保险支出就不受增量上限的限制。其他的所有支出增加，都必须受制于增量上限。支出增量上限除了适用于经常支出外，也适用于资本支出。

（三）财政管理方法（fiscal management approach）

从2002年预算开始，新西兰政府再度改变财政支出控制方法，采取了所谓财政管理方法。这个方法沿用至今。根据这个方法，新增收入和支出被命名为营运裕度（Operating Allowance）和资本裕度，前者用于经常收支中的新增部分，后者则用于资本收支中的新增部分。在这个方法下，财政收入、支出规模和资本收支规模可以以如下3种方式得以改变。

第一种方式是因当前政策环境而导致支出、收入和资本的期待值的

[①] B. Wilkinson, *Restraining Leviathan: A Review of the Fiscal Responsibility Act* 1994, Wellington, New Zealand Business Roundtable, 2004.

变动。在支出上，这类变化通常由于需求驱动项目。例如，在当前的预算支出预测中，应把新西兰养老金基金（New Zealand Superannuation）随着人口老龄化而上升的成本计入。结果，在2010年预算中，新西兰养老金基金投入在2010年为82.87亿新元，在2011年为88.22亿新元，在2014年为100.781亿新元。

第二种方式是因为政府新的政策举措被纳入营运裕度和资本裕度，从而导致支出、收入和资本规模的扩大。当政府在制定预算设置营运裕度和资本裕度时，关键问题是如何把新增的财政投入分配给政府的优先领域。此外，在预算过程中安排营运和资本裕度时，应着眼于达到政府中期营运收支平衡和债务控制目标。例如，如果政府改变新西兰养老金的支付率，或者改变享受养老金取得的资格，那么，这些政策决定对财政的影响必须被置于做决策当年规定的营运裕度内加以考虑和计量。这些新增的财政支出将被计入政府财政支出的基数之中，成为未来预估财政支出的一部分。

第三种导致支出、收入和资本规模的变动的方式，是既有的支出项目因其为需求驱动或公式驱动的性质，决定它们的支出规模变动不受政府的直接控制，从而导致对它们的支出规模的预测发生变动。例如，如果对年满65或更年长的人口的规模的预估做出修正，或者对平均工资增长率预估做出修正，那么，新西兰养老基金的成本预估则将相应发生变动。这是因为新西兰养老基金的支付水平与年龄和工资增长挂钩。新西兰养老基金的预估成本从2009年预算的82.46亿新元增至2010年预算的82.87亿新元。

从1993年到2008年金融危机发生之前，新西兰经济经历了长达14年的稳定增长，年均增长率达3.7%。也是从1993年（或者1994年，取决于测量方式）开始，直到2008年，新西兰财政无一年赤字，年年保持盈余。这一发展，固然与新西兰经济基本面转好相关，但与它在80、90年代进行的财政改革特别是《公共财政法》和《财政责任法》

及其实施高度相关。新西兰政府认识到，这些财政盈余可能具有景气循环的性质，而且也深知人口老龄化对预算带来的压力，直到2005、2006年之前，财政盈余一直被用来偿付国家债务，且从2003年开始用来充实新西兰养老基金。2004年，修订后的《公共财政法》要求财政部每4年提出一个关于未来至少40年的财政展望的报告。这些措施使得新西兰的财政稳健化。结果，新西兰政府总支出（包括中央和地方一般支出和社保支出）占GDP比重，从1990年代中叶的超过40%逐年降至2004年的36.9%（见图1）。后者为当年33个经济合作发展组织国家的最低第八名。

然而，大约从2005、2006年开始，也即新西兰的黄金增长时期行将结束之际，新西兰政府认为持续多年的财政盈余是结构性而非循环性的盈余，于是决定在扩大财政支出规模的同时减税，招致新西兰的财政盈余占GDP的比重，从2006年起一反它自1999年起逐年增长的趋势，转而走低（Parkyn，2010）（见图1）。而后，随着全球金融危机导致的大萧条到来，原先料想的结构性盈余完全落空，结果出现的是未曾预期的大幅财政赤字（见图1）。

2008年全球性金融危机的爆发，大大改变了包括新西兰在内的发达国家的经济和财政局势。财政刺激是绝大多数发达国家应对金融危机的必选动作，新西兰也不例外。而且，2011年第二大城市基督城强地震，又增加了国家财政支出的必要。

新西兰经济不可避免地受到金融危机的严重影响。如新西兰中央银行副行长斯宾塞[①]所言，"新西兰所有的是一个小的开放经济体，一个与国际金融体系高度一体化的金融体系。因此，毫不奇怪，新西兰受到全球金融危机及其带来的全球衰退的严重影响。"从2006年5月到2012年

---

① G. Spencer, "*Prudential Lessons From the Global Financial Crisis*", A speech delivered to Financial Institutions of NZ 2012 Remuneration Forum in Auckland, 2012, http://www.rbnz.govt.nz/speeches/4770342.html

11月，有52家新西兰金融公司破产，相联损失资金达31.12亿美元，相当于新西兰GDP的1.92%①。从2008年到2012年，新西兰的年均经济增长率仅为0.8%，失业率升至6.2%（见表3）。2009年，新西兰实施了一个计划额高达GDP的3.8%的财政刺激计划，其主要内容为减税，停止向新西兰养老金基金注资，并进行经济基础设施投资。根据卡提瓦达②对2009年实行财政刺激计划的32个国家的研究，按财政刺激计划额占GDP比重排序，新西兰与匈牙利同为第7名，仅次于中国（13%）、沙特（11.3%）、马来西亚（7.39%）、美国（5.6%）、墨西哥（4.7%）、阿根廷（3.9%）。结果，新西兰从1994年开始长达14年之久的年年财政盈余，终于从2009年起变成年年赤字。按占GDP比重计，2009年为2.1%，2010年为3.3%，2011年为9.3%，2012年为4.5%。这些赤字导致新西兰政府的净债务余额从2009年的相当于GDP的9.3%增至2012年的24.8%和2013年的26.2%③（参见表1、图1）。与此同时，新西兰财政支出占GDP比重从2008年的41.7%增至2010年的48.5%（见图3）。新西兰财政地位从十余年保持盈余、降低债务转向赤字与增加债务，固然可部分归咎于其于2006年开始的财政扩张政策（增加支出和减税），但金融危机及其导致的经济衰退和税基的缩小，无疑是导致新西兰财政状态恶化的主因。

---

① N. Yahanpath & M. Islam, "New Zealand's Response to its Recent Financial Crisis, from Banking, Non-Banking and Macro-Prudential Perspectives", Eastern Institute of Technology, Working paper, 2013. http：//papers.ssrn.com/sol3/papers.cfm? abstract_id = 2297177

② S. Khatiwada, *Stimulus Packages to Counter Global Economic Crisis: A Review*, Technical report, International Labor Organization Discussion Paper, 2009.

③ C. Wyplosy, "Fiscal Rules: Theoretical Issues and Historical Experiences", in A. Alesina & F. Giavazzi, *Fiscal Policy after the Financial Crisis*, Chicago: The University of Chicago Press, 2013, p. 27; New Zealand Treasury, *Fiscal Time Series Historical Indicators 1972 – 2013*, Update for Year End 30 June 2013, Published by the Treasury at http：//www.treasury.govt.nz/government/data11 Nov 2013.

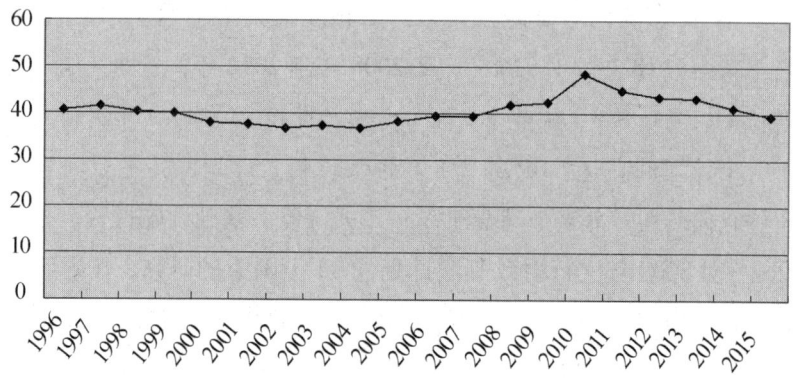

图 3　新西兰财政支出占 GDP 比重（%），1996—2015

资料来源：OECD（2014）

注：2013—15 年数据为预估数。

然而，如本文开头所言，新西兰财政和经济在 2008 年金融危机后的表现，在经济合作与发展组织国家中，仍然是最优国家之一。1980 年代中叶开始的经济改革，特别是自 1990 年代初叶开始的系统的财政可持续性改革，直到 2006 年之前，得到了锲而不舍的贯彻。结果，当 2008 年金融危机袭来之际，新西兰以当年财政收支仍旧保持盈余，净债务余额仅为 GDP 的 5.5% 所营造的良好的财政空间[1]，通过选择性的开支和财政的自动稳定器功能，转向积极的财政刺激政策。换言之，正是由于新西兰政府在金融危机到来之前的十余年坚持实施节支开源的审慎的财政政策，它才能在 2008 年—2012 年以赤字融资的方式维持国家经济的总需求。

于是，西方发达国家中，新西兰看来有望率先走出金融危机及其导致的衰退的阴影，并把财政政策的重点目标从刺激经济复苏转为长期的可持续。新西兰财政部部长英格里什（English）于 2013 年 12 月发表的

---

[1] P. Heller, "Back to Basics. Fiscal Space: What It Is and How to Get It", *Finance & Development*, Vol. 42, No. 2, 2005, Available on line http://www.imf.org/external/pubs/ft/fandd/2005/06/basics.htm.

有关2014年预算的《预算政策报告》中报告了如下的观察和预期：

- 在2013年上半年，新西兰GDP增长率达2.5%，为经合发展组织国家增长最快国家之一。而且，在这年的后半年，新西兰经济有望提速，预期在2015年3月之前年平均增长3.6%，此后年均增长率可望保持在2.3%的水平。
- 2012/13财年的实际支出比年初预期少34亿新元（1.6% GDP），政府经常收支有望在2014/15财年转为盈余，国家净债务余额在2020年前降至GDP的20%以下。

该报告中"负责任地管理政府财政"一节是以如下的语言结束的：

> 政府将致力于建设一个能够缓解近年袭击我国的经济和地质震荡的影响的财政体系。这就意味着需要让债务回归审慎的水平，并重建政府平衡表中的其他元素，包括恢复向新西兰养老基金注资，建设应对自然灾害的能力。……确保财政盈余使政府有能力选择对有效的公共服务进行投资，这些服务有利于社会进步，并减少未来的成本。

四

作为一个人口只有400万的小国，在过去的几十年间，使新西兰闻名于世的，不止有它的乳品产业和绮丽风景，还有它自1980年代以来的经济改革实践。可以毫不夸张地说，在市场导向政府体制改革方面，新西兰领先世界。新西兰也从改革中获得了巨大的收益。1980年代的新西兰，年度财政赤字超过GDP的6%，债务累积到了完全无法持续的水平。经济增长几近于零，高通胀，低消费者和投资者信心，这一切导致新西兰陷入货币危机，迫使政府于80年代中叶和90年代初进行大幅度的经济和财政改革。这些改革使得政府支出占GDP比重减少了7个百分点，使政府雇员减少一半，使总债务余额对 GDP 比从 1986 年的 72% 下降至 2006 年的不到 20%。这些表现为新西兰抵御 2008 年金融危机及其带来的萧条提供了良好的财政空间。

正如马骏①所言，目前，中国政府面临的财政风险越来越大，它在未来能够保持财政可持续成为一个越来越具挑战性的问题。包括预算内、预算外、社保基金、国有土地出让收入基金等基金以及纳入财政的国有企业经营支出等在内的财政总支出水平，按照本文作者的估算，在 2013 年已经达到 GDP 的 38.5% 的水平，已经与新西兰当前的水平相去不远。同时，根据国家审计署 2013 年的审计结果，截至 2013 年 6 月底，中国各类政府债务占 GDP 比重达 53.22%，远远高于 2013 年底新西兰的债务水平（按总额计为 37%）。考虑到中国面临的国际经济形势依然严峻、出口增长乏力、众多产业产能过剩、两位数经济增长的表现已经完全成为过去、人口老龄化已经到来的事实，中国的财政政策必须优先考虑财政稳定、财政可持续性问题。新西兰的经验值得中国重视和学习。

中共十八届三中全会通过的《中共中央关于全面深化改革若干重大问题的决定》就我国的预算管理制度改革提出了如下的方针大策："实施全面规范、公开透明的预算制度。审核预算的重点由平衡状态、赤字规模向支出预算和政策拓展。清理规范重点支出同财政收支增幅或生产总值挂钩事项，一般不采取挂钩方式。建立跨年度预算平衡机制，建立权责发生制的政府综合财务报告制度，建立规范合理的中央和地方政府债务管理及风险预警机制。"在如何具体实施这些方针的问题上，新西兰提供了可供中国参考借鉴的经验和教训。如上所述，新西兰的《财政责任法》要求政府财政在高度透明的状态下运行，其主要措施包括政府及其部门在预算准备和执行过程的各个阶段向国会和国民提交各种财政

---

① 马骏：《从财政危机走向财政可持续：智利是如何做到的？》，载《公共行政评论》，2014 年第 5 期，第 23—51 页；马骏：《中国公共预算面临的最大挑战：财政可持续》，载《国家行政学院学报》，2013 年第 5 期，第 19—30 页。

和预算报告。新西兰在财政纪律方面进行的预算制度改革不仅仅着眼于年度平衡，而且制定年度预算过程中把它们置于多年的支出框架之下，从而迫使决策者必须对其提出或采用的收入和支出政策的多年度影响做出预测和评估，世界银行于 2013 年发表的《超越年度预算：中期支出框架》中指出，中期支出框架（medium-term expenditure frameworks）已被世界各大洲诸多国家采用。[1] 而新西兰乃是最早这样做的国家之一。[2] 如上所述，1994 年的《财政责任法》要求新西兰政府在每年的《预算政策报告》对现行收支政策对未来 3 年的财政地位的影响做出评估。此外，政府每隔 4 年必须就未来 20 年的财政发展做出预测，2004 年修订的《公共财政法》把财政展望的时间推长到未来至少 40 年。新西兰的这些经验为中国"建立跨年度预算平衡机制"，预算审核重点从平衡状态、赤字规模转向支出预算和政策拓展提供了有益的借鉴。在政府会计上采用权责发生制，新西兰是世界上走得最远的国家；在它那里，权责发生制不仅用于政府财务报告会计，而且用于政府整体及其部门的预算会计。[3] 吸取新西兰在这方面的经验和教训，无疑有助于中国"建立权责发生制的政府综合财务报告制度"。

然而，如亚洲开发银行的一项研究[4]所指责、希克[5]所赞许的那样，新西兰的财政和预算改革所取得的成效，不单单是由于采用了权责发生制、绩效预算等预算工具或手段，而应当首先归功于 20 世纪 80 年代中

---

[1] World Bank, *Beyond the Annual Budget: Global Experience with Medium Term Expenditure Frameworks*, Washington D. C.: World Bank, 2013.

[2] A. Schick, *Reflections on the New Zealand Model*, The New Zealand Treasury, 2001.

[3] M. Champoux, "Accrual Accounting in New Zealand and Australia: Issues and Solutions", Briefing Paper No. 27, Harvard Law School Federal Budget Policy Seminar, 2006.

[4] S. A. Athukorala & B. Reid, *Accrual Budgeting and Accounting in Government and Its Relevance for Developing Member Countries*, Manila: Asian Development Bank, 2003.

[5] A. Schick, "Performing Budgeting and Accrual Budgeting: Decision Rules or Analytic Tools?", *OECD Journal on Budgeting*, Vol. 7, No. 2, 2007, pp. 109–137.

叶以来相继执政的新西兰历届政府的政治意志。这一点，同样也适用于中国。中国通向财政可持续性的改革能否实现，中共十八大三中全会决定中有关预算改革的方针大策能否得到具体实施，也取决于中共领导集体的政治意志。

【参考文献】

马骏：《从财政危机走向财政可持续：智利是如何做到的?》，载《公共行政评论》，2014 年第 5 期，第 23—51 页。

马骏：《中国公共预算面临的最大挑战：财政可持续》，载《国家行政学院学报》，2013 年第 5 期，第 19—30 页。

A. Schick, *Reflections on the New Zealand Model*, The New Zealand Treasury, 2001.

A. Schick, "Performing Budgeting and Accrual Budgeting: Decision Rules or Analytic Tools?", *OECD Journal on Budgeting*, Vol. 7, No. 2, 2007, pp. 109 – 137.

B. Wilkinson, *Restraining Leviathan: A Review of the Fiscal Responsibility Act 1994*, Wellington, New Zealand Business Roundtable, 2004.

B. White, "Macroeconomic Policy in New Zealand: From the Great Inflation to the Global Financial Crisis", New Zealand Treasury Working Paper 13/30, 2013.

C. Primo Braga & G. A. Vincelette, "Introduction", in C. Primo Braga & G. A. Vincelette, (eds.), *Sovereign Debt and the Financial Crisis: Is This Time Different?* Washington, D. C.: The World Bank, 2011.

C. Wyplosy, "Fiscal Rules: Theoretical Issues and Historical Experiences", in A. Alesina & F. Giavazzi, *Fiscal Policy after the Financial Crisis*, Chicago: The University of Chicago Press, 2013.

F. C. Barker & Robert A. Buckle, "Roles of Fiscal Policy in New Zealand", NZ Treasury Working Paper, 08 / 02, 2008.

G. Mulgan & P. Aimer, *Politics in New Zealand*, Auckland: Auckland University Press, 2004.

G. C. Scott, *Government Reform in New Zealand*, Washington D. C.: IMF, 1996.

G. Spencer, "*Prudential lessons from the global financial crisis*", A speech delivered to Financial Institutions of NZ 2012 Remuneration Forum in Auckland, 2012. http: // www. rbnz. govt. nz/speeches/4770342. html

H. R. Richardson, *Opening and Balancing the Books*: *The New Zealand Experience*, Frontier Centre for Public Policy, 2004. http: //www. fcpp. org/pdf/NZ% 20Balancing% 20the% 20books_Ruth_Richardson. pdf

IMF, *Fiscal Monitor*, Washington D. C. : IMF, 2013.

M. Champoux, "Accrual Accounting in New Zealand and Australia: Issues and Solutions", Briefing Paper No. 27, Harvard Law School Federal Budget Policy Seminar, 2006.

New Zealand Government, *Budget Policy* 2014 *Statement*, 2013. http: //www. treasury. govt. nz/budget/2014/bps

New Zealand Legislation, *Public Finance Act 1989*, 1989. http: //www. legislation. govt. nz/act/public/1989/0044/latest/DLM160809. html

New Zealand Treasury, *Fiscal Time Series Historical Indicators 1972 – 2013*, Update for Year End 30 June 2013. Published by the Treasury at http: //www. treasury. govt. nz/ government/data11 Nov 2013.

New Zealand Treasury, *Half Year Economic and Fiscal Update 2013*, 2013. http: // www. treasury. govt. nz/budget/forecasts/hyefu2013.

N. Yahanpath & M. Islam, "New Zealand's Response to its Recent Financial Crisis, from Banking, Non-Banking and Macro-Prudential Perspectives", Eastern Institute of Technology, Working paper, 2013. http: //papers. ssrn. com/sol3/papers. cfm? abstract _ id =2297177

OECD, *OECD Economic Outlook*, No. 1, 2014.

O. Parkyn, "Estimating New Zealand's Structural Budget Balance", New Zealand Treasury Working Paper, 10/08, November 2010.

P. Heller, "Back to Basics. Fiscal Space: What It Is and How to Get It", *Finance & Development*, Vol. 42, No. 2, 2005. Available on line http: //www. imf. org/external/ pubs/ft/fandd/2005/06/basics. htm.

P. Massey, *New Zealand*: *Market Liberalization in a Developed Economy*, London: St. Martin's Press, 1995.

R. A. Buckle & Amy A. Cruickshank, "The Requirements for Long-run Fiscal Sustainability", New Zealand Treasury Working Paper 13/20, 2013

S. A. Athukorala & B. Reid, *Accrual Budgeting and Accounting in Government and Its Relevance for Developing Member Countries*, Manila: Asian Development Bank, 2003.

S. Khatiwada, *Stimulus Packages to Counter Global Economic Crisis: A Review*, Technical report, International Labor Organization Discussion Paper, 2009.

Tracy, Mears, Gary Blick, Tim Hampton & John Janssen, "Fiscal Institutions in New Zealand and the Question of a Spending Cap", New Zealand Treasury Working Paper 10/07, 2010.

World Bank, *Beyond the Annual Budget: Global Experience with Medium Term Expenditure Frameworks*, Washington D. C.: World Bank, 2013.

澳大利亚政府预算改革与财政可持续性[*]

赵早早[**]

内容摘要：2008年金融危机之后，全球财政风险上升，个别国家还爆发了主权债务危机。这使得各国普遍认识到一国拥有严格且有效的财政纪律的重要性，尤其是强有力的财经纪律对稳定金融市场的重要性。在此次金融危机中，澳大利亚经济与财政表现稳健，广泛受到关注。这种稳健性与澳大利亚自20世纪70年代以来一直推动的财政预算改革密不可分，更是1998年《财政预算诚信章程》颁布实施后，在新的财政规则约束下积极实施中期财政框架的直接结果。澳大利亚的经验对中国具有重要的借鉴意义。

关键词：澳大利亚；预算改革；财政可持续性；多年期经济与财政框架

2008年的全球金融危机，对世界各国的经济发展和财政可持续性造成了不同程度的负面影响。在全球经济发展走势下行的当口，无论是发达国家还是发展中国家政府，都在绞尽脑汁寻找维持财政可持续性的良策。然而，在这次危机中，仍有一些国家受挫不大，在经历了短时间的

---

[*] 该文已经发表于《公共行政评论》2014年第1期。
[**] 赵早早，中国社会科学院财经战略研究院，副研究员。

低迷后迅速回升,这其中就有澳大利亚。2013年11月份经济合作与发展组织(Organization for Economic Co-operation and Development,OECD)的最新数据显示,澳大利亚的政府一般性债务占GDP的比重,即债务负担率,在2008年至2012年的五年间均保持在33%以下的合理区间。五年来,澳大利亚政府债务占GDP比重最高值出现在2013年10月,为34.4%,而同期美国该比重为104.1%,英国为107%,日本为227.2%,法国为113%,OECD国家总体债务率也已经达到110.3%。① 澳大利亚保持了良好的经济发展态势,从长期看其财政可持续性也比较好。为什么澳大利亚在此次国际金融危机中,能够维持财政可持续性和经济良性发展?财政预算制度对于维护这样的财政可持续性起到了什么样的作用?对中国的启示是什么?这些均是本文讨论的内容。

关于澳大利亚财政预算改革的研究非常多,尤其在绩效预算改革方面,早已引起经济合作与发展组织(OECD)、国际货币基金组织(International Monetary Fund,IMF)和世界银行等国际组织以及各国公共预算研究者的长期关注。② 这些研究已经观察到,澳大利亚始于20世纪60年代的财政预算改革,对维持债务规模的合理性,确保财政状况的稳定起到积极的作用。③ 还有研究指出澳大利亚适时建立规则导向性的中期预算框架,新规则下所形成的财政政策以避免结构性失衡为主要目标,

---

① OECD, *OECD Economic Outlook No. 94 database*, 2013, Available on line: http://www.oecd.org/eco/sourcesandmethods.htm.

② L. Hawke & J. Wanna, "Austraial after Budgetary Reform: a Lapsed Pioneer or Decorative Architect", in J. Wanna, L. Jensen & J. De Vries, (eds), *The Reality of Budgetary Reform in OECD Nations: Trajectories and Consequences*, Edward Elgar Publishing Limited, 2010.

③ L. Hawke & J. Wanna, "Austraial after Budgetary Reform: a Lapsed Pioneer or Decorative Architect", in J. Wanna, L. Jensen & J. De Vries, (eds), *The Reality of Budgetary Reform in OECD Nations: Trajectories and Consequences*, Edward Elgar Publishing Limited, 2010; Jacques De Larosière, *Rules-Based Fiscal Responsibility Frameworks*, Available on line: http://www.asmp.fr - Académie des Sciences morales et politiques, 2006.

更注重缓解经济周期及其对预算的影响,尽可能地避免或减少财政政策顺周期性情况的发生,使其能够起到经济稳定器的作用,同时将中期预算框架与绩效预算、预算透明度改革等密切地结合起来。① 这些制度都为澳大利亚财政免遭债务危机重创起到重要作用。本研究将从澳大利亚财政预算改革对财政可持续性的影响视角出发,主要对澳大利亚经济与财政中期框架内容及其实施效果进行深入分析,并在文末为中国今后的预算改革提供相应的政策建议。

一、预算改革历程与财政治理绩效

澳大利亚1901年成为一个民族国家,政治体制为联邦制,法律体系遵从英美法系,拥有成文宪法。经过不断改革与发展,澳大利亚联邦政府、州政府和地方政府之间的事权分工较为明确,财政体制与政府间财政关系也在较为合理和稳定的制度框架下运行。不过,澳大利亚联邦政府的财政政策和预算管理制度,仍然会不同程度地受到国内外政治和经济等因素的影响,在不同时期展现出各自的独特之处。为了应对不同时期内外部因素对澳大利亚经济发展的影响,每届政府都采取不同的战略,但是贯穿20世纪70年代至今的一项改革就是财政预算领域的改革,其目标均是为了控制政府财政支出,减少财政赤字,提高财政资金使用效益,降低政府债务规模,实现财政盈余。尤其是80年代之后,澳大利亚联邦政府所推行的强化财政规则的中期财政框架,受到广泛关注,为应对2008年的世界经济危机奠定了良好的制度基础。

(一)预算改革前20年(1976—1996)

20世纪50年代至70年代初,澳大利亚的经济发展出现一次高潮。原因有二:一是由于世界经济发展态势良好,各国经济处于高速增长

---

① Jacques De Larosière, *Rules-Based Fiscal Responsibility Frameworks*, Available on line: http://www.asmp.fr - Académie des Sciences morales et politiques, 2006.

期；二是因为澳大利亚在国际贸易、吸引国外直接投资等方面均有积极的政策引导，刺激了国内外市场的发展。这个时期，澳大利亚财政状况良好。① 从图1可以看出，70年代初至中期，澳大利亚的净债务规模一直很小甚至资产一度大于债务总规模。然而，进入20世纪70年代中期，世界主要经济体在繁荣时期所掩藏的危机集中爆发为全球性通货膨胀，这也严重影响了澳大利亚的经济发展和财政安全。与当时大多数国家一样，澳大利亚政府在经济发展进入低谷且财政收入增速减缓的时候，选择了紧缩性货币政策，并且伴随实行以增加社会福利支出的扩张性财政政策。财政收入增速迅速减少，而财政支出规模却在不断扩大，70年代以后的政府预算赤字规模不断增加，与此同时，澳大利亚联邦政府债务规模在也在不断增加。1978—1979财政年度中，联邦政府净债务占GDP的比重从之前1977—1978财年的2.8%跃增到4.2%。（见图1）

20世纪70年代的全球性经济危机，伴随澳大利亚政府债务规模的不断攀升，给澳大利亚经济发展造成了很大的负面影响，也给联邦政府财政造成很大的压力。于是，澳大利亚政府从70年代中期开始着手推进大规模的经济改革与财政改革。1975—1983年间，弗雷泽（Fraser）主政澳大利亚联邦政府时期，针对财政预算制度进行了大刀阔斧的改革。此次改革的主要任务就是抗击通货膨胀，具体措施包括强力推行自上而下的总额控制、实施公共支出的追回和全面削减计划②；并且通过减少预算支出，甚至保持预算零增长的方式来减少税收负担。③ 弗雷泽政府还推动了一次重要的机构改革，1976年明确了澳大利亚联邦政府中的经济委员会和预算委员会的职责与分工，经济

---

① 黄梅波、魏嵩寿、谢琪：《澳大利亚经济》，经济科学出版社2011年版，第27、28页。
② L. Hawke & J. Wanna, "Austraial after Budgetary Reform: a Lapsed Pioneer or Decorative Architect", in J. Wanna, L. Jensen & J. De Vries, (eds), *The Reality of Budgetary Reform in OECD Nations: Trajectories and Consequences*, Edward Elgar Publishing Limited, 2010.
③ 黄梅波、魏嵩寿、谢琪：《澳大利亚经济》，经济科学出版社2011年版。

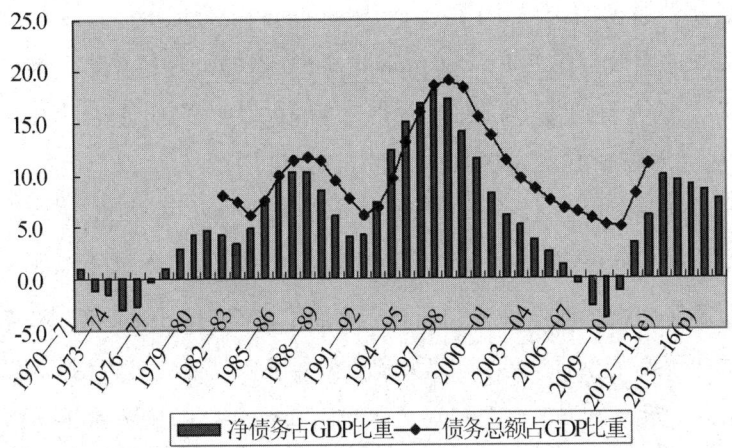

图 1　澳大利亚联邦政府净债务（1970—2016）（单位：%）

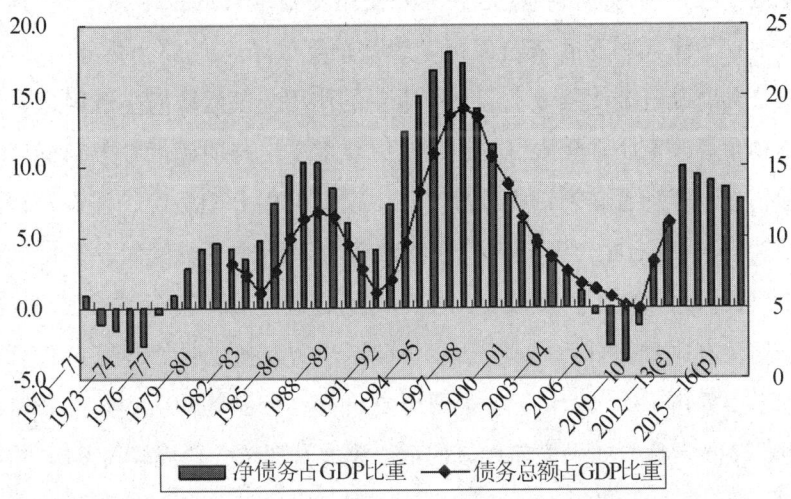

图 1（续）　债务总额（1980—2011）占 GDP 比重（单位：%）

注：按照澳大利亚政府《经济与财政中期规划（2012—2013）》中的定义，净债务（Net Debt）是指在权责发生制会计制度下，澳大利亚联邦政府所持有的部分负债或偿付责任（liabilities，包括存款、有价证券、公债、借款）总额减去被选定的资产（assets，以现金和储蓄形式存在的预付款、投资、贷款和存款等）总额之后的最终所得。其中 2012—2013 和 2013—2014 两个年度的数据是估算数，2014—2015 和 2015—2016 两个年度的数据为计划目标数。其中联邦政府净债务数据来源于（Commonwealth of Australia，2012：table D4）；联邦政府债务总额数据来源于 OECD Statistics（Total Central Government Debt % of GDP），2014。

资料来源：(Commonwealth of Australia，2012)，(OECD Statistics，2014)。

委员会就是后来的国库部门（the Department of Treasury），预算委员会就是后来的财政部门（the Department of Finance）。经过弗雷泽政府的艰苦努力，澳大利亚联邦政府债务总额占 GDP 的比重从 1980 年的 8.027%，下降到 1982—1983 年度的 6.028%。①

20 世纪 80 年代至 90 年代中期，澳大利亚经历了霍克工党政府（1983—1991 年）和基廷政府（1992—1996 年）。这两届政府都在为降低通货膨胀，减少政府债务和预算赤字而不懈努力。1984 年，霍克工党政府颁布了两个重要文件：《澳大利亚公共服务改革法案》（目前已不再适用）和《预算改革》。这两份文件为提高公共部门服务水平、效率和效果均起到积极的推动作用，尤其是《预算改革》强调更谨慎地确定预算偏好、项目的目标、科学地创立并使用衡量绩效的技术标准。② 这两份文件，为澳大利亚后来全面推动绩效预算改革，减少公共部门支出，提高公共财政资金使用效益起到了重要的作用。基廷政府主政时期也一直推动预算改革，强调限制支出增长，要求支出与明确的绩效目标紧密匹配，强调管理者必须重视管理，在中期框架内分配资源，强调预算的控制性。③ 然而，由于基廷政府在财政收入不断减少的同时，采用刺激经济增长的财政政策，财政支出并未得到有效控制，甚至增长很快。到了基廷政府执政的最后一年，即 1996 年，澳大利亚联邦政府债务总规模和净债务占 GDP 的比重均达到历史最高，分别为 19.13% 和 18.1%（见图 1）。当然，如果横向比较的话，澳大利亚债务总规模占 GDP 的比

---

① OECD, *OECD Economic Outlook No.94 database*, 2013, Available on line: http://www.oecd.org/eco/sourcesandmethods.htm.

② L. Hawke & J. Wanna, "Austraial after Budgetary Reform: a Lapsed Pioneer or Decorative Architect", in J. Wanna, L. Jensen & J. De Vries, (eds), *The Reality of Budgetary Reform in OECD Nations: Trajectories and Consequences*, Edward Elgar Publishing Limited, 2010.

③ L. Hawke & J. Wanna, "Austraial after Budgetary Reform: a Lapsed Pioneer or Decorative Architect", in J. Wanna, L. Jensen & J. De Vries, (eds), *The Reality of Budgetary Reform in OECD Nations: Trajectories and Consequences*, Edward Elgar Publishing Limited, 2010.

重还是远低于其他国家。按照 OECD 的统计，1996 年，意大利中央政府债务占 GDP 的比重是 113.616%、希腊 108.105%、日本 68.924%、加拿大 56.345%、美国 47.872%。[1] 由此可见，澳大利亚从 70 年代以来就推行的预算改革，强调限制支出总额和提高公共部门支出绩效等措施，对于维护澳大利亚财政稳定性还是起到积极的作用。

（二）财政治理绩效的黄金时期（1996—2008）

如前所述，澳大利亚联邦政府的债务总规模和净债务占 GDP 的比重一直低于同期的其他发达国家，这与澳大利亚坚持 20 多年，不懈地推动预算改革有着密切的关系。尽管如此，1996 年霍华德入主澳大利亚联邦政府时，上届政府遗留下来的大笔债务，还是给该届政府造成了不小的困扰。毕竟这个时期的债务规模已经达到了澳大利亚联邦政府历史最高峰，所以，霍华德政府必须面对并解决债务总规模居高不下的现实问题。为此，霍华德政府主政 10 年（1996—2007 年），一直推动实施严格的财政整顿和重要的预算改革，重点是建立健全的、合理的、负责任的政府预算制度，以实现在三年为一个周期的经济发展过程中实现财政预算盈余的目标。[2] 霍华德政府推动两项大的制度性改革，为澳大利亚实现财政盈余的财政治理绩效奠定了坚实的基础：一是在 1996 年成立了独立的国家审计委员会（The National Commission of Audit 1996），完善了澳大利亚国家审计委员会及其监督审查职能，并要求联邦政府预算更加公开、透明、负责任且有绩效；二是在 1998 年颁布《预算诚信章程》（Charter of Budget Honesty Act 1998，以下简称《诚信章程》），构建公

---

[1] OECD, *OECD Economic Outlook No. 94 database*, 2013, Available on line: http://www.oecd.org/eco/sourcesandmethods.htm.

[2] L. Hawke & J. Wanna, "Austraial after Budgetary Reform: a Lapsed Pioneer or Decorative Architect", in J. Wanna, L. Jensen & J. De Vries, (eds) *The Reality of Budgetary Reform in OECD Nations: Trajectories and Consequences*, Edward Elgar Publishing Limited, 2010；黄梅波、魏嵩寿、谢琪：《澳大利亚经济》，经济科学出版社 2011 年版，第 185、186 页。

开、透明、负责任且有绩效的预算管理框架。

1996 年成立的国家审计委员会要求推动政府财政信息的公开性和透明化改革,要求政府财政管理活动更负责任,并且要求设立一系列新的规则和框架以适应新的改革要求。[1] 为了回应国家审计委员会要求国家财政更具责任性、更加公开透明的要求,霍华德政府确立了两类彼此关联的预算管理框架:一是以结果为导向的绩效预算管理框架;二是预算管理的中期和长期支出框架。后者主要通过 1998 年颁布的《诚信章程》来落实的。《诚信章程》提供了一种政府财政政策的实施框架,其目的是提高财政政策的结果(outcome or effectiveness)。为了实现此目的,《诚信章程》要求澳大利亚的财政战略必须建立在合理、负责任的财政管理原则基础之上,同时促进公众对财政政策和绩效的监督。《诚信章程》还要求建立能够反映财政政策实施情况的 5 年中期预算框架和 40 年长期预算框架。澳大利亚联邦政府通过中期和长期预算框架,来预测和反映财政政策的实施效果,分析财政政策对未来经济发展产生的影响,进而适时调整财政政策以便使其更好地发挥经济稳定器的作用。配合《诚信章程》的颁布与实施,霍华德政府在 1996—1997 预算年度和 1997—1998 预算年度中,大量削减支出,总削减金额大概有 8 亿美元。与此同时,1996—2000 年,澳大利亚政府推行一系列有关资源管理领域的改革,包括成本计算方法(costing methodology)、项目和设备的外部采购制度、强制公开招标制度(compulsory competitive tendering)、预算报告制度等;1999—2000 年推动建立了全面的权责发生制预算(报告)体系,在预算拨款和预算管理中都使用预算投入与产出框架。[2]

---

[1] L. Hawke, "Performance Budgeting in Australia", *OECD Journal on Budgeting*, Vol. 7, No. 3, 2007.

[2] L. Hawke & J. Wanna, "Austraial after Budgetary Reform: a Lapsed Pioneer or Decorative Architect", in J. Wanna, L. Jensen & J. De Vries, (eds), *The Reality of Budgetary Reform in OECD Nations: Trajectories and Consequences*, Edward Elgar Publishing Limited, 2010.

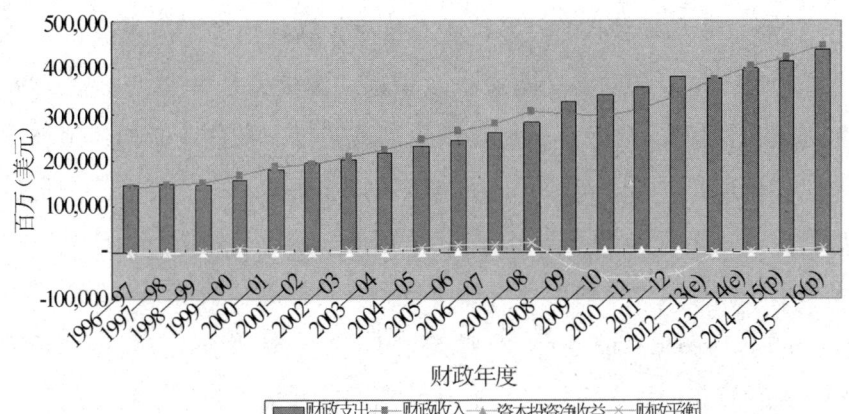

图 2　澳大利亚政府财政收支与财政平衡（1996—2016）单位：百万美元

注：2012—2013 和 2013—2014 两个年度的数据是估算数，2014—2015 和 2015—2016 两个年度的数据为计划目标数。

资料来源：Commonwealth of Australia, 2012: Table D5。

经过努力，澳大利亚联邦政府的财政状况得到持续改善，1998—1999 财政年度重新出现财政盈余，2007—2008 财政年度，财政总余额达到历史最高的 210.29 亿美元，减去 25.93 亿美元的资本净收益，该年度财政盈余达到 184.36 亿美元。① 澳大利亚联邦政府将财政盈余首先用于支付政府债务，使得净债务规模迅速下降。② 1996—1997 财年联邦政府净债务占 GDP 的比重为 17.3%，2005—2006 财年净债务完全化解且实现资产规模大于负债规模，2007—2008 财年净债务占 GDP 的比重为 -3.8%，实现了净收益。③

---

① Commonwealth of Australia, *Mid-Year Economic and Fiscal Outlook* (2012 - 2013), 2012, table D5. Available on line: http://www.budget.gov.au/2012 - 13/content/myefo/html/index.htm.

② J. R. Blöndal, D. Bergvall, I. Hawkesworth & R. Deighton-Smith, "Budgeting in Australia", *OECD Journal on Budgeting*, Vol. 8, No. 2, 2008.

③ Commonwealth of Australia, *Mid-Year Economic and Fiscal Outlook* (2012 - 2013), 2012, table D4. Available on line: http://www.budget.gov.au/2012 - 13/content/myefo/html/index.htm.

(三) 后危机时代的预算改革与债务管理状况 (2008年至今)

2007—2010年陆克文政府执政期间，继续遵从并坚持贯彻1998年《诚信章程》，同时，更加强调预算透明度。在这一时期，预算改革主要包含五方面内容：一是更加强调产出概念；二是要求政府提供项目层面的详细信息；三是要求相关预算报告或者评估更加清晰；四是要求特殊拨款项目的内容更加清晰；五是提高"代际报告"（intergenerational report）的透明度，此类报告是指包括当前预算、中期预算和长期预算在内的纵跨不同政府执政期间的预算报告，时间跨度可能长大40—50年。[①] 陆克文政府之后，吉拉德（2010—2013年）和阿博特（2013年至今）先后入住联邦政府，两任政府都遵从1998年《诚信章程》，实施更加严格的财政规则，推动中期经济和预算框架的不断完善。

经过30年持续不断的财政预算制度改革，澳大利亚从1998—1999财政年度重新出现财政预算盈余开始，到2007—2008财政年度为止，10年间一直保持财政结余，除了2001—2002财政年度出现少量财政赤字（见图2）。同时，联邦政府债务总规模和净债务占GDP的比重都在持续下降，2005—2006财年至2008—2009财年，澳大利亚联邦政府总资产超过总债务，出现净收益（见图1）。不可否认，2008年爆发的全球性主权债务危机，同样影响到澳大利亚联邦政府的财政状况和财政稳定性。2008—2009财年至2011—2012财年，四个财政年度中重新出现了财政赤字。这也是澳大利亚政府为应对经济危机，实施增加基础设施投资和削减税收等扩张性财政

[①] L. Hawke & J. Wanna, "Austraial after Budgetary Reform: a Lapsed Pioneer or Decorative Architect", in J. Wanna, L. Jensen & J. De Vries, (eds), *The Reality of Budgetary Reform in OECD Nations: Trajectories and Consequences*, Edward Elgar Publishing Limited, 2010.

政策的结果。① 但是，按照澳大利亚联邦政府的统计与测算，2012—2013 财年能够重新实现财政盈余，净债务规模也会随之减少。关键是与同期的其他主要发达国家相比，澳大利亚联邦政府的债务总规模占 GDP 的比重也低得多。根据 OECD 最新统计的 2013 年数据（见图3），澳大利亚联邦政府债务总额占 GDP 的比重为 34.4%，而日本是 227.2%，英国 107%，美国 104.1%，欧盟 15 国为 106.4%，OECD 总体债务水平是 110.3%。

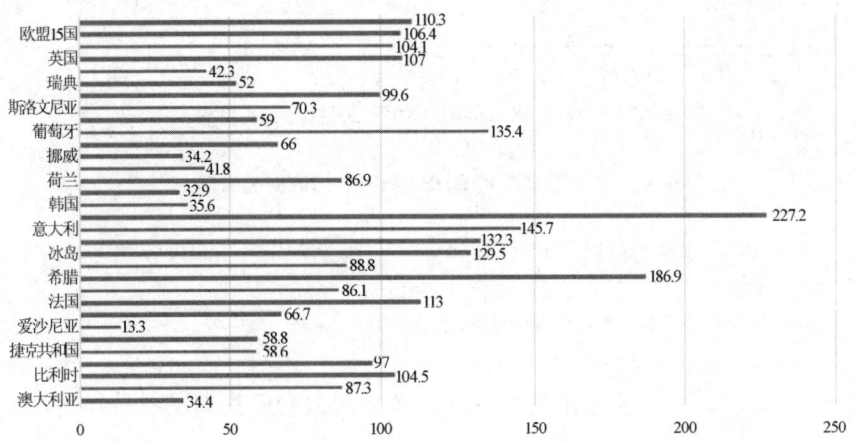

图 3　2013 年 OECD 国家政府债务占 GDP 的比重（%）

资料来源：OECD，2013：No. 94 database。

另外，根据 OECD 公布的最新统计数据显示，2008—2015 年间，澳大利亚真实 GDP 增长率平均保持在 2.6%，该增长率远远高于其他主要经济体。尤其在 2009 年，全球危机造成美国、英国、日本、意大利和欧元区等主要国家和地区的经济迅速下滑时，澳大利亚的真实 GDP 增长率还能保持在 1.5%（见图 4）。

---

① L. Hawke & J. Wanna, "Austraial after Budgetary Reform: a Lapsed Pioneer or Decorative Architect", in J. Wanna, L. Jensen & J. De Vries, (eds), *The Reality of Budgetary Reform in OECD Nations: Trajectories and Consequences*, Edward Elgar Publishing Limited, 2010.

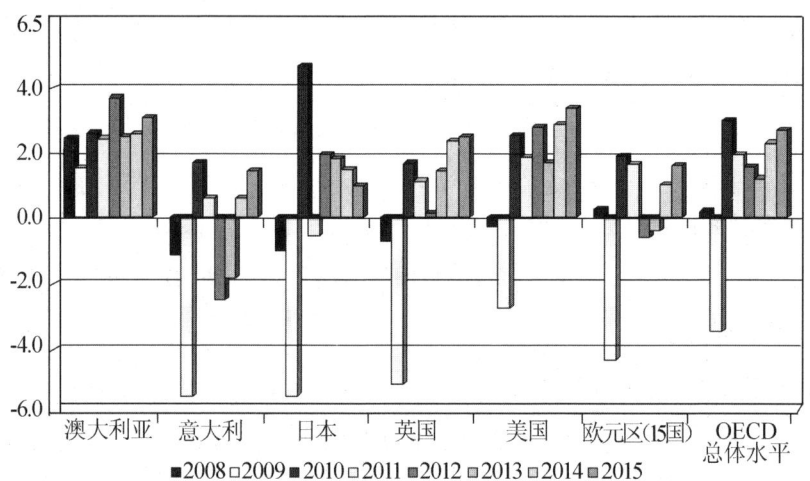

图 4　主要国家真实 GDP 增长率（2008—2015）

注：OECD 数据更新到 2013 年 11 月 20 日，其中 2013 年、2014 年和 2015 年数据为预测数。

资料来源：OECD，2013：No. 94 database。

通过 30 年持续不断的财政预算改革，澳大利亚提高了财政稳定性，尤其在 1998 年颁布《诚信章程》之后，改革成效最为显著。为什么澳大利亚能够在 2008 年全球主权债务危机中独善其身，受挫不大？这需要对该法案及其实施效果进行更加详尽的分析。

二、澳大利亚 1998 年《诚信章程》与中期财政框架

2008 年全球性主权债务危机的爆发，使各国普遍认识到一国拥有严格、有效的财政纪律（fiscal discipline）的重要性，尤其是强有力的财经纪律对稳定金融市场并给予其信心的重要性。对于澳大利亚联邦政府来讲，经历了此次危机，尚能够独善其身，主权债务等级还被世界三大评级机构评为 AAA，其背后的原因主要是公共财政

强大的稳健性。① 这种稳健性与澳大利亚自 20 世纪 70 年代以来一直推动的财政预算改革密不可分,更是 1998 年《诚信章程》颁布实施后,在新的财政规则约束下积极实施中期财政预算框架的直接结果。这是在预算的年度性原则被完全打破,而过度的公共支出严重损害到国家财政稳健性、国家经济健康发展的情况下,逐渐成长并形成的新的财政框架(fiscal framework)。② 自 1998 年《诚信章程》公布实施以来,澳大利亚严格控制公共支出规模,确保公共支出总规模不会损害到国家中期经济发展规划,它还借助严格的法律框架确保历届政府都不能偏离其中的制度要求。《诚信章程》中包含的法律框架非常复杂,该框架为制定财政政策和推动政策执行提供了法律依据,具体规定了两个方面内容:一是如何制定财政政策及其目标;二是如何报告财政目标的实施情况。③

(一) 1998 年《诚信章程》的主要内容

《诚信章程》有两个目标。第一,为政府制定财政政策提供了一个框架。明确指出澳大利亚联邦政府所制定的财政政策的基本宗旨是保持国家经济的持续繁荣和澳大利亚人民的福祉,为此财政政策必须放在一个可持续的中期框架内进行考虑和制定。这种打破了经典预算年度性原则的新规则,成为澳大利亚财政预算管理的基本原则。第二,推动财政政策产生更好的实际效果。实现目标的基础主要有两个:一是财政战略必须基于健全的(sound)财政管理原则基础上;二是促进公众对财政政策及其绩效的实际监督,为了更好地接受监督,联邦政府有责任向公

---

① Commonwealth of Australia, *Mid-Year Economic and Fiscal Outlook* (2012 – 2013), 2012, Available on line: http://www.budget.gov.au/2012 – 13/content/myefo/html/index.htm.

② Jacques De Larosière, *Rules-Based Fiscal Responsibility Frameworks*, Available on line: http://www.asmp.fr - Académie des Sciences morales et politiques, 2006.

③ J. R. Blöndal, D. Bergvall, I. Hawkesworth & R. Deighton-Smith, "Budgeting in Australia", *OECD Journal on Budgeting*, Vol. 8, No. 2, 2008.

众及时发布财政预算等相关信息。① 为此,《诚信章程》明确了健全财政管理的基本原则和三类报告的基本要求。其中,三类报告包括财政战略声明(Fiscal strategy statements)、常规财政报告(Regular fiscal reporting)、代际报告(Intergenerational reports)。

1. 健全的财政管理的基本原则

《诚信章程》规定健全的财政管理原则主要包括五方面内容②:第一,联邦政府必须审慎地管理可能遇到的财政风险,在充分考虑经济环境等影响因素的情况下,将联邦政府债务维持在一个谨慎的水平。第二,确保财政政策有助于保证国民储蓄维持在足够充沛的水平,有助于调节经济活动的周期性,或在国民经济遭受威胁时,采用逆周期方法加以调节。第三,在充分考虑税负水平的稳定性和可预见性基础上设计支出和税收政策。第四,维持完整的税制。第五,财政政策和战略的制定充分考虑了对未来可能产生的财政影响。《诚信章程》中提到的财政风险主要包括四类:一是因净债务过高而产生的风险;二是公有制企业产生的商业风险;三是税基遭受侵蚀产生的风险;四是资产和负债管理中产生的风险。

2. 财政战略声明(Fiscal strategy statements)

财政战略声明需要阐明联邦政府的财政政策及其目标,并且必须建立一个衡量和评估政府财政战略实施效果的标杆,目的之一也是为了增加公民对政府财政战略的理解。该声明的主要内容包括强调和说明短期财政政策是长期财政目标的组成部分,并且对当期财政年度和今后三个财政年度进行详细说明,需要详细说明的内容包括政府财政

---

① The Office of Parliamentary Counsel of Australia, *Charter of Budget Honesty Act 1998*, 1998, http://www.comlaw.gov.au/Details/C2013C00690/Download.

② The Office of Parliamentary Counsel of Australia, *Charter of Budget Honesty Act 1998*, 1998, http://www.comlaw.gov.au/Details/C2013C00690/Download.

目标和政策实施预期效果,并且需要对逆周期财政政策及其实施过程进行详细说明。① 在每年度常规财政报告中,该声明都会占据重要位置。

3. 常规财政报告（Regular fiscal reporting）

常规财政报告或者年度财政报告由财政部门负责,一般指每个预算年度的预算报告或者每一届政府提交的第一个预算报告。主要特点如下②：一是涵盖四年的预算信息,集中体现中期财政框架的原则和理念,不仅包括当前财政年度的信息,而且涵盖未来三年的预测信息。这些信息不仅包括财政和其他行政部门提交的预算信息,而且还包括形成预算所需的经济预测等各类信息。二是包括年度绩效评价指标及其预测结果,报告会对当期财政绩效进行评估,标杆就是涵盖本年度的财政战略声明所列示的目标,通过比较评价来判断当前财年为实现战略目标而达成的绩效。三是严格预测财政风险并做出详细说明,包括或有负债、未列入预算的公开性政府承诺、尚未形成最终结果的政府谈判内容。四是必须有一份内容详实的债务状况说明或债务情况分析报告。

4. 代际报告（Intergenerational reports）

代际报告（Intergenerational reports,IGR）以长期眼光去评估当前政府战略和政策的可持续性,一般是将当前政策放在未来 40 年的时间里进行考查,并且在评估中会考虑人口（population）、参与（participation）和生产率（productivity）的影响,简称"3P 规划"。换句话说,基于人口统计和经济预测数据之上的"3P 规划"是代际报告的基础。③ 其中,人口规划需要考虑生育率、死亡率和移民情况对拥有

---

① The Office of Parliamentary Counsel of Australia, *Charter of Budget Honesty Act 1998*, 1998, http://www.comlaw.gov.au/Details/C2013C00690/Download.
② The Office of Parliamentary Counsel of Australia, *Charter of Budget Honesty Act 1998*, 1998, http://www.comlaw.gov.au/Details/C2013C00690/Download.
③ Treasurer of the Commonwealth of Australia, *Intergenerational Report 2010 Full Report*, 2010b, Available on line: http://archive.treasury.gov.au/igr/igr2010/report/pdf/IGR_2010.pdf.

劳动能力的人口规模和性别比例的影响；参与指标主要指劳动力市场的参与度，因为人口构成会转而影响劳动力参与度与劳动时间，因为不同的年龄与性别组合对劳动力市场状况产生直接影响；未来平均生产率假设对历史情况会产生影响。[①] 澳大利亚联邦政府国库负责编制并公布此报告。1998年《诚信章程》颁布实施后，第一个代际报告应该以该法案颁布后的五年内编制完成并予以公布。随后的代际报告必须在前一个报告颁布之后的五年内编制和公布。图5以2009—2010财年为例，说明编制代际报告时所用的预测方法。

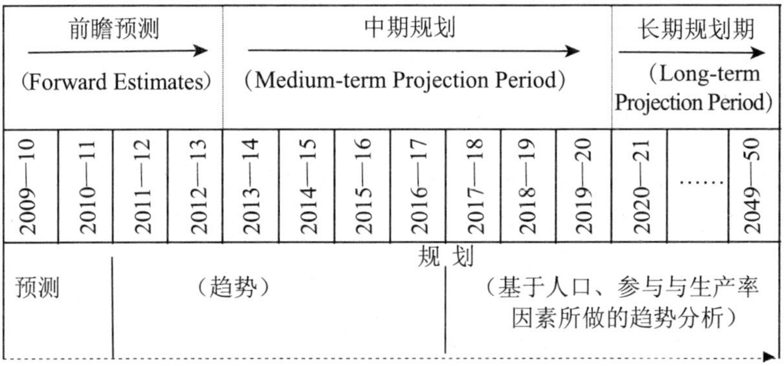

前瞻预测 (Forward Estimates)				中期规划 (Medium-term Projection Period)							长期规划期 (Long-term Projection Period)		
2009—10	2010—11	2011—12	2012—13	2013—14	2014—15	2015—16	2016—17	2017—18	2018—19	2019—20	2020—21	……	2049—50
预测	（趋势）			规划							（基于人口、参与与生产率因素所做的趋势分析）		

图5 代际报告预测方法示意图

资料来源：D. Woods, M. Farrugia & M. Pirie, "The Australian Treasury's Fiscal aggregate projection model", *Economic Round-up*, No. 3, 2009, pp. 37–46.

（二）2008—2009年中期财政框架内容与实际意义

按照1998年《诚信章程》的要求，从1998年开始，澳大利亚联邦政府年度预算报告必须按照中期财政框架的要求进行编制，涵盖当年和之后三个财年在内的四个财年预算。代际报告则是从1998财年开始，每五年编制一次，从澳大利亚国库官网可以查到2002年、2007年和

[①] Treasurer of the Commonwealth of Australia, *Intergenerational Report* 2010 *Full Report*, 2010b, Available on line: http://archive.treasury.gov.au/igr/igr2010/report/pdf/IGR_2010.pdf.

2010年编制的代际报告。为此,澳大利亚国库发展出了一套财政总预测模型(The fiscal aggregate projection model,FAPmod)用以进行中期财政预测,并以此为模版发展出了代际报告编制模型(见图6)。①

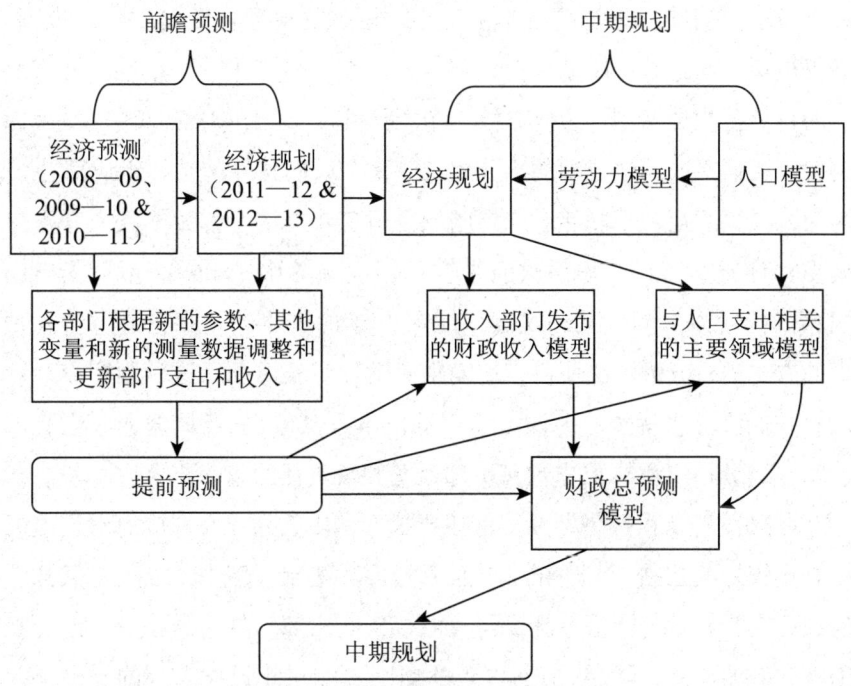

图6 澳大利亚联邦政府财政总预测模型(FAPmod)示意图

注:该示意图展示了2009—2010财年中期预算规划的形成流程。
资料来源:(Woods et al.,2009);(Treasurer of the Commonwealth of Australia,2010b)。

财政总预测模型的起点是已经公布的上期预算数据(2008—2009财年数据)和当期预算数据(2009—2010财年数据)。同时包括由财政部

---

① D. Woods, M. Farrugia & M. Pirie, "The Australian Treasury's Fiscal Aggregate Projection Model", *Economic Round-up*, No. 3, 2009, pp. 37–46; Treasurer of the Commonwealth of Australia, *Intergenerational Report* 2010 *Full Report*, 2010b, Available on line:http://archive.treasury.gov.au/igr/igr2010/report/pdf/IGR_2010.pdf.

门颁布的今后三年的财政和经济预测数据和规划数据。在财政预测基础上，再加上包括人口、社会参与和生产率在内的各类规划模型之后，就形成了代际报告。反过来，这些规划又成为各种相互独立且彼此联系的各类模型的基础。这些相互独立又彼此相关的模型包括财政收入模型、健康模型、收入补助模型、教育与培训模型、老年人看护模型、政府雇员的退休公积金模型等。[1] 其中，前瞻预测（Forward Estimates）被视为澳大利亚预算改革最成功的部分，也是整个政府预算的重要组成部分。[2] 因为，该预测反映了联邦政府当期和今后三年内的全部预算收入和支出规模。对于澳大利亚联邦政府来讲，年度预算中，80%的预算支出由"特殊的"（永久的）立法规定，仅有20%的支出才是真正通过年度预算的方式进行分配的。所以，前瞻预测就变得很重要，这种制度设计可以更好地监督"特殊的"法定支出的成本及其效果。[3] 同时，它也有助于实现《诚信章程》要求预算更加透明和负责任的基本要求。

在《诚信章程》中期预算框架要求下，澳大利亚联邦政府对支出规模有比较好的控制。首先在自上而下的预算编制程序中，加入对联邦政府预算支出总额的严格控制，同时也给各支出部门规定严格的、不能被随意突破的支出上限。[4] 前面提到的前瞻预测对于设立合理的支出上限也起到了积极作用，因为如果不能形成科学的、合理的、连续性的预算收支预测数据，支出总额的控制将成为空谈。由于澳大利亚联邦政府一直注重控制支出总额，并且注重对占支出总规模80%的法定支出进行绩

---

[1] D. Woods, M. Farrugia & M. Pirie, "The Australian Treasury's Fiscal Aggregate Projection Model", *Economic Round-up*, No. 3, 2009, pp. 37–46.

[2] J. R. Blöndal, D. Bergvall, I. Hawkesworth & R. Deighton-Smith, "Budgeting in Australia", *OECD Journal on Budgeting*, Vol. 8, No. 2, 2008.

[3] J. R. Blöndal, D. Bergvall, I. Hawkesworth & R. Deighton-Smith, "Budgeting in Australia", *OECD Journal on Budgeting*, Vol. 8, No. 2, 2008.

[4] A. Schick, "Post-Crisis Fiscal Rules: Stabilising Public Finance while Responding to Economic Aftershocks", *OECD Journal on Budgeting*, No. 2, 2010.

效监督和管理，这为十年（1998—2008 年）的财政盈余奠定了良好的基础。面对来之不易的财政盈余，澳大利亚主要采用了两个富有远见的措施：一是用盈余资金偿还债务；二是用盈余资金创建"未来基金"（Future Fund）等，这些基金有助于缓解未来养老、教育等方面的潜在支出对联邦政府造成的压力。以公务员和退伍军人的退休金为例，截至 2008 年 5 月，这笔需支付的退休金规模已经达到 1030 亿澳元①，预计 2020 年将达到 1500 亿澳元。"未来基金"为此所存放的资产足以抵消 2020 年的应付压力，因为截至 2008 年 6 月，未来基金中资产已达到 650 亿澳元。②"未来基金"最值得称道之处是，按照权责发生制会计制度规定将退休金作为应付款计入资产负债表的负债方，这有助于预测和防范风险。

面对 2008 年的全球主权债务危机，澳大利亚联邦政府公布的《中期财政框架 2008—2009》中提出了一个应对危机的新计划——"国家建设与就业计划"（Nation Building and Jobs Plan），包括创立了一个新的基金——"澳大利亚建设基金"（The Building Australia Fund）。该基金主要通过增加国内基础设施建设投资和就业培训等项目支出，拉动经济发展，创造就业岗位，缓解国际经济危机对澳大利亚造成的负面影响。该基金的资金来源于澳大利亚联邦政府 2007—2008 财年和 2008—2009 财年规划的财政盈余，政府已经为该基金注入了 200 亿澳元的资金。③

虽然澳大利亚联邦政府选择增加新的支出计划以拯救国家经济，但是没有放松在中期预算框架内严格遵守预算支出总额控制的原则。澳大利亚政府强调：即使处于不得不通过增加财政支出来推动经济发展和维护社会稳定的关键时期，也必须对财政支出的增长规模、速度和中期发

---

① 按照 2014 年 2 月 13 日的亚市早盘，澳元兑美元约为 0.9020。
② J. R. Blöndal, D. Bergvall, I. Hawkesworth & R. Deighton-Smith, "Budgeting in Australia", *OECD Journal on Budgeting*, Vol. 8, No. 2, 2008.
③ J. R. Blöndal, D. Bergvall, I. Hawkesworth & R. Deighton-Smith, "Budgeting in Australia", *OECD Journal on Budgeting*, Vol. 8, No. 2, 2008.

展做出明确的预期；因短期内推行的经济刺激计划所增加的财政支出，一定不能成为增加未来政府支出规模的基础。① 换句话说，短期的支出增长不能成为政府及其各部门增加支出基数的借口和依据。随着经济的恢复，短期增加的投资规模必须随之减少。为了配合"国家建设与就业计划"的实施，澳大利亚联邦政府及时制定了中期财政框架，一方面确保财政长期的稳定性，另一方面保证财政具有一定的灵活性以便应对随时可能变化的经济环境。为此，2008—2009 财年中期财政战略的三大主要内容包括：一是在一个经济周期中，实现预算盈余，根据预测将在 2012—2013 财年重新实现财政盈余；二是将税收占 GDP 的比重保持在 2007—2008 财年的平均水平（23.7%）以下；三是通过中期规划提高政府财政收益。② 与此同时，澳大利亚联邦政府还决定从 2008—2009 财年开始，每年从政府支出中结余一部分资金作为储蓄（savings），以便应对未来难以预测的风险。③ 这种做法也符合澳大利亚联邦政府自 20 世纪 80 年代以来的财政改革宗旨，即为了维护财政稳定性，政府财政必须有一定的结余或储蓄，而不能过分依赖企业储蓄。

从 2008—2009 财年制定了"通过逐年缩减支出而增加未来储蓄"的中期财政框架目标以来，截至 2012—2013 财年，澳大利亚联邦政府已经从七大类措施中为未来赢得了财政盈余④：一是逐步提高退休年龄，到 2023 年将退休年龄提高至 67 岁；二是改革家庭支付系统；三是推动健康保险折扣（Public health insurance，PHI）改革，比如从 2013 年 7 月 1 日

---

① Commonwealth of Australia, *Updated Economic and Fiscal Outlook* (2008 - 2009), 2009a, Available on line: http://www.budget.gov.au/2008 - 09/.

② Commonwealth of Australia, *Updated Economic and Fiscal Outlook* (2008 - 2009), 2009a, Available on line: http://www.budget.gov.au/2008 - 09/.

③ Commonwealth of Australia, *Updated Economic and Fiscal Outlook* (2008 - 2009), 2009a, Available on line: http://www.budget.gov.au/2008 - 09/.

④ Commonwealth of Australia, *Budget Overview* (2013 - 2014), 2013, Available on line: http://www.treasury.gov.au/Policy-Topics/BudgetingAndExpenditure.

开始，取消健康保险中一项名为"生命健康保险项目"的保险折扣，通过2013—2015 年三年时间减少支付奖金 3.9 亿美元；四是改革个税抵消相关政策，比如网上医疗税费用抵消和扶养配偶的税收减免；五是附加福利费改革，包括对汽车补贴和对远离家乡补贴的改革；六是对养老金优惠政策的调整；七是对申请看护服务的老年人的情况使用更科学的甄别方法和系统。这些改革措施为澳大利亚未来财政状况的可持续性奠定了良好的基础，根据测算，澳大利亚联邦政府在 2020—2021 财年将重新实现净债务为 0 的目标。根据 2012—2013 财年中期财政框架的预测，到 2012—2013 财年，澳大利亚联邦政府可以从缩减开支中获得 16.4 亿美元的储蓄额度。[1]

三、讨论与启示

澳大利亚持续 30 年的财政预算改革，其精华集中体现在中期预算框架中，突出表现为相互关联的三个方面：一是"自上而下"的预算编制规则和管理制度；二是预算支出总额控制制度；三是以结果为导向的公共支出绩效管理制度。"自上而下"的预算管理制度是澳大利亚联邦政府最早确立的基本制度，该制度体现出明显的集权特点，有利于政府首脑和核心预算部门进行支出控制，更有利于将政府首脑的政策偏好落实到预算上来。[2] 与自上而下预算编制制度相匹配的预算支出总额控制制度，可以分为两个部分：一是对政府支出总额或支出上限的预测与控制；二是对政府各部门支出上限的控制。[3] 支出总额控制的基本目标是在确保财政政策目标能够实现的前提下，尽可能地控制财政支出总额，并且通过中期预算框架为未来发展预留一定的财政空间。需要特别注意的是，无论是支出总额，还是财政预算部门为各部门下达的支出上限，

---

[1] Commonwealth of Australia, *Budget Overview* (2013-2014), 2013, Available on line: http://www.treasury.gov.au/Policy-Topics/BudgetingAndExpenditure.
[2] 马骏、赵早早：《公共预算：比较研究》，中央编译出版社 2010 年版，第 47、48 页。
[3] A. Schick, "Budgeting for Fiscal Space", *OECD Journal on Budgeting*, No. 2, 2009.

在中期预算框架中一旦确定下来就不能随意改变，必须在预算执行过程中严格执行。① 当然，随着实际情况的发展，在编制年度预算的同时，也可以对中期预算框架的预测指标进行合理的调整。为了确保中期预算框架中财政目标能够顺利实现，并且为预测指标的调整提供可供参考的数据和信息，澳大利亚联邦政府坚持推动绩效预算改革。澳大利亚联邦政府的绩效预算改革早于中期预算框架制度改革，如今已经构建起一套评价财政目标实施效果的绩效评价制度体系。

另外，澳大利亚联邦政府科学合理利用财政盈余资金的方法，给危机中财政政策的调整预留了足够的财政空间，也为维护财政稳定性奠定了基础。澳大利亚联邦政府在经济发展和财政持续盈余时期，没有一味地将盈余资金用于扩大当年或下年的财政支出，而是将其作为"稳定器"化解债务规模和投入潜在债务风险基金中。这种做法一方面减少了国家整体的债务压力，同时通过变相扩大政府储蓄的方式，将资金存入未来支付账户中，为未来收支平衡奠定良好的基础。这是财政预算"逆周期"运作的典型案例。2008年危机以后，澳大利亚联邦政府利用之前的财政盈余进行大规模的固定资产投资，不仅避免了过度的借债发展，而且为推动经济发展和缓解就业压力都起到了积极作用。

澳大利亚在此次全球主权债务危机中所展示出的维持经济稳定和财政稳健的能力，对处在改革关键期的中国来讲也具有积极的借鉴意义。十八届三中全会明确指出：预算管理制度改革中，需要建立跨年度预算平衡机制，建立权责发生制的政府综合财务报告制度。这些改革目标均可以通过构建中期预算框架制度得以逐步实现。首先，必须加强中期预算框架下的支出总额控制，即使对于已经形成的法定支出也必须报以怀疑的态度，加以严格的监督和管理。任何支出都必须有谨慎的、严格的、科学的政策目标设计和确立过程，针对任何支出的监督与管理，都

---

① A. Schick, "Budgeting for Fiscal Space", *OECD Journal on Budgeting*, No. 2, 2009.

必须将支出与目标对照分析评估，防止公共资金的滥用、误用或低效使用。第二，我国过去五年均有财政盈余或者财政超收收入，但是，由于没有长期预测和发展的战略框架，这些超收收入都被当年或下年快速消化了。如果我国好好地利用这些盈余或超收资金，面对2008年危机，就不用大量举债进行各类建设。第三，我国还应该注重科学合理的预算收支预测系统建设，包括经济、财政、人口统计等多领域数据信息的搜集和数据库建设，不断发展和完善中期经济和财政框架模型与方法。这是构建中期预算框架的信息和技术基础，也有助于及时预测未来发展，维护财政稳定性和可持续性。第四，尽快完善权责发生制政府会计制度改革，基于权责发生制会计基础而记录的各类财务信息，对于保证信息的真实性、准确性、及时性将非常关键，这是保证财政预测模型有效的前提。

【参考文献】

黄梅波、魏嵩寿、谢琪：《澳大利亚经济》，经济科学出版社2011年版。

马骏、赵早早：《公共预算：比较研究》，中央编译出版社2010年版。

J. R. Blöndal, D. Bergvall, I. Hawkesworth & R. Deighton-Smith, "Budgeting in Australia", *OECD Journal on Budgeting*, Vol. 8, No. 2, 2008.

Commonwealth of Australia, *Updated Economic and Fiscal Outlook*（2008 – 2009）, 2009a, Available on line：http：//www. budget. gov. au/2008 – 09/.

Commonwealth of Australia, *Budget Overview*（2009 – 2010）, 2009b, Available on line：http：//www. budget. gov. au/2009 – 10/.

Commonwealth of Australia, *Mid-Year Economic and Fiscal Outlook*（2012 – 2013）, 2012, Available on line：http：//www. budget. gov. au/2012 – 13/content/myefo/html/index. htm.

Commonwealth of Australia, *Budget Overview*（2013 – 2014）, 2013, Available on line：http：//www. treasury. gov. au/Policy-Topics/BudgetingAndExpenditure.

Jacques De Larosière, *Rules-Based Fiscal Responsibility Frameworks*, Available on line: http://www.asmp.fr -Académie des Sciences morales et politiques, 2006.

L. Hawke, "Performance Budgeting in Australia", *OECD Journal on Budgeting*, Vol. 7, No. 3, 2007.

L. Hawke & J. Wanna, "Austraial after Budgetary Reform: a Lapsed Pioneer or Decorative architect", in J. Wanna, L. Jensen & J. De Vries, (eds), *The Reality of Budgetary Reform in OECD Nations: Trajectories and Consequences*, Edward Elgar Publishing Limited, 2010

OECD, *OECD Economic Outlook No. 94 database*, 2013, Available on line: http://www.oecd.org/eco/sourcesandmethods.htm.

A. Schick, "Budgeting for Fiscal Space", *OECD Journal on Budgeting*, No. 2, 2009.

A. Schick, "Post-Crisis Fiscal Rules: Stabilising Public Finance while Responding to Economic Aftershocks", *OECD Journal on Budgeting*, No. 2, 2010.

The Office of Parliamentary Counsel of Australia, *Charter of Budget Honesty Act 1998*, 1998, http://www.comlaw.gov.au/Details/C2013C00690/Download.

Treasurer of the Commonwealth of Australia, *Australia to 2050: Future Challenges-The 2010 Intergenerational Report Overview*, 2010, Available on line: http://archive.treasury.gov.au/igr/igr2010/Overview/pdf/IGR_2010_Overview.pdf.

Treasurer of the Commonwealth of Australia, *Intergenerational Report 2010 Full Report*, 2010b, Available on line: http://archive.treasury.gov.au/igr/igr2010/report/pdf/IGR_2010.pdf.

D. Woods, M. Farrugia & M. Pirie, "The Australian Treasury's Fiscal Aggregate Projection Model", *Economic Round-up*, No. 3, 2009, pp. 37 – 46.

转型国家的财政可持续：波兰的故事[*]

於 莉 杨雪非[**]

内容摘要：作为欧洲转型国家的成功典范，波兰在此次欧洲主权债务危机中又经受住考验，成为欧盟中唯一保持经济增长的国家。然而，有鉴于其自20世纪90年代以来一直未有真正解决财政赤字问题以及近年来债务负担率不断增加的问题，拥有傲人经济成绩单的波兰似乎又不能被完全归为财政状况稳健的国家。与此同时，作为欧洲乃至世界范围内为数不多的几个从宪法层面设计政府债务约束的国家，波兰却又一直没有相对全面完整的财政规则体系，并且一直对紧缩政策抱以谨慎态度甚至采取避重就轻的做法。此外，作为转型国家以及欧盟的成员国，波兰的财政可持续性不可避免地受到来自国内和国际两方面的影响。所有这些都使得波兰成为危机发生以来有关财政可持续性的讨论中一个不可缺少的有趣"故事"。

关键词：财政可持续；财政规则；转型国家；波兰

---

[*] 该文已经发表于《公共行政评论》2014年第1期。基金项目：教育部人文社会科学青年基金项目（12YJC630275），广州市哲学社会科学发展"十二五"规划2013年度共建课题（13G56）。

[**] 於莉，华南师范大学公共管理学院副教授；杨雪非，华南师范大学公共管理学院硕士研究生。

金融危机后，自由裁量的财政刺激措施、自动财政稳定机制、与资产价格泡沫有关的超常财政收入的逆转以及政府为扶持处境艰难的金融机构所花的费用，无不加剧了全球绝大多数国家的财政状况的恶化。[1] 2013 年发达经济体的政府财政赤字从 2007 年占 GDP 的 1.1% 上升至 4.5%，即使按基本平衡（Primary Balance）计算的赤字占 GDP 的比重也由 0.5% 上升至 2.7%，政府总债务从 2007 年占 GDP 的 72.9% 上升至 107.7%。[2] 在欧洲，财政问题更是以主权债务危机的形式突显出来。2009 年当债务危机向中东欧蔓延时，中东欧转型国家中最大的经济体——波兰也同样在经历过度财政赤字和债务不断增加的考验。但从 2009 年波兰交出的经济发展成绩单——欧盟中唯一保持经济增长的国家——来看，其公共财政具有一定的韧性。2009 年也是波兰保持经济持续增长纪录的第 18 个年头。如果说财政可持续是一个与经济增长有着千丝万缕联系的主题，那么波兰可能提供了一个很好的故事，但因此而认为关于波兰的财政可持续故事的线索就是经济增长，那么故事中其他重要情节就可能被错过。

本文首先介绍波兰自 20 世纪 80 年代末转型以来的财政治理绩效。然后，描述和分析转型初期的波兰的稳定政策和财政调整；转型以来的公共财政改革以及财政可持续性的政治；以及欧盟对波兰财政政策变迁的影响。最后是讨论与结论。

一、波兰的财政治理绩效：20 世纪 90 年代至今

在经过 20 世纪 90 年代初"休克疗法"的"阵痛"后，波兰很快进入经济恢复增长轨道，1992 年便实现了 2.6% 的经济增长速度，成为东

---

[1] Tomasz Jedrzejowicz & Witold Kozinski, "A Framework for Fiscal Vulnerability Assessment and Its Application to Poland", in Bank for International Settlements, *Fiscal Policy, Public Debt and Monetary Policy in Emerging Market Economies*, BIS Papers, No. 67, 2012, p. 285.

[2] 国际货币基金组织（IMF），World Economic Outlook Database，2013 年 10 月。

欧地区经济最早恢复增长的国家。1995年至2000年，波兰国内生产总值年平均增长率为5.6%。与同一时期也保持经济持续增长的斯洛文尼亚、斯洛伐克和匈牙利相比，年均增长率分别高出0.8、1.5和2.8个百分点（见图1-1）。

经济增长并不是国际社会评判东欧国家完成转型过渡的唯一标准，因为一个国家经济的长期稳定发展不可避免地牵涉到财政可持续问题。作为1989年东欧转型国家中最大的经济体，波兰的财政状况是相对稳健的，尽管和其他东欧转型国家一样，较高的财政赤字比率一直到加入欧盟之前都没有完全得以解决。除1990年外，转型后的波兰财政平衡未有盈余，且1991年至2000年间有8年财政赤字[1]占GDP比重都超过了3%的风险警戒线。但是，10年间财政赤字比率的两次波动表明波兰当局并未放任财政赤字过度发展。尤其是1996年之后财政赤字比率连续三年降低，1999年降低到2.3%。1995年至2000年间波兰财政赤字比率均值为3.9%，同期匈牙利和捷克的财政赤字比率均值都超过5%，斯洛伐克更是超过7%（见图1-2）。债务方面，这一时期波兰政府总债务占GDP比重始终控制在50%以下，且在1995年至1998年负债率连续三年走低，1998年降至38.9%。1999年虽小幅上升但仍保持在40%以内，比同样有着加入欧盟诉求的匈牙利的负债率低了20个百分点（见图1-3）

进入新世纪后，波兰经济在2001年和2002年经历了一段低迷时期，尽管波兰仍然保持着经济持续增长的记录，但受经济放缓以及1999年公共行政、医疗和社会保障领域的结构性改革的影响，财政赤字快速增

---

[1] 本文所引波兰财政赤字/盈余相关数据是根据《马斯特里赫特条约》之相关定义，即基于欧盟国民账户体系（European System of National Accounts，简称ESA 95）的广义政府净借/贷（general government net borrowing/lending），为补充欧盟统计局缺失数据而采用IMF的相关财政赤字/盈余数据也为广义政府净借/贷。

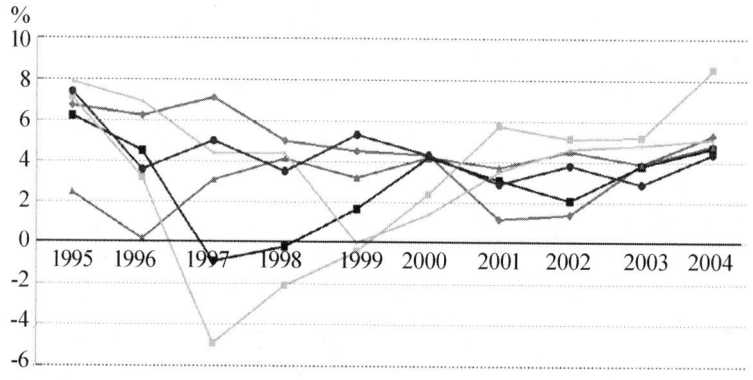

图1-1 东欧六国1995—2004年经济增长情况(%)

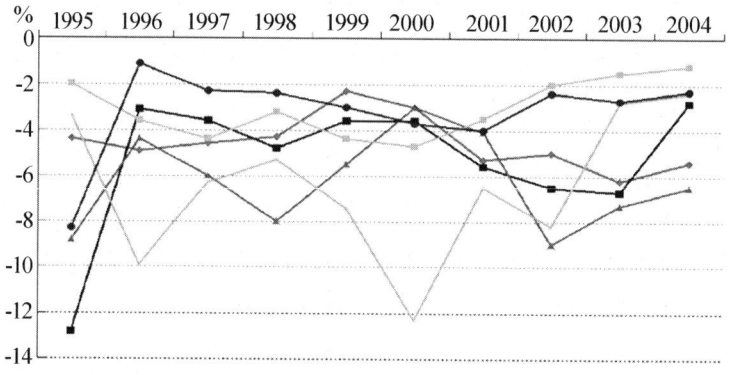

图1-2 东欧六国1995—2004年财政平衡情况(%)

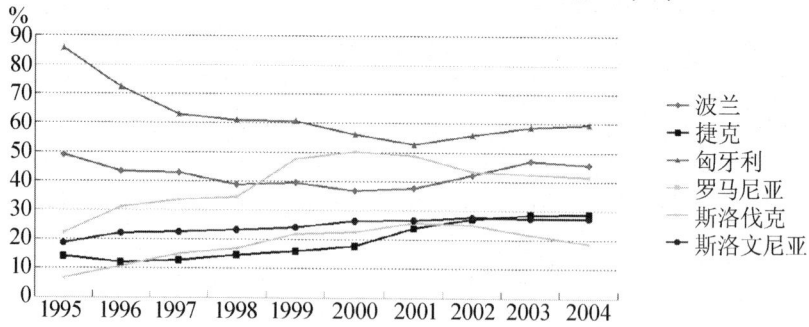

图1-3 东欧六国1995—2004年债务情况(%)

注：(1) 由于欧盟统计局数据库未录入匈牙利和波兰1995年GDP增长率，用IMF的World Economic Outlook Database (2013) 相关数据补录。(2) 捷克1996年GDP相关数据存在时间序列断裂点。

数据来源：欧盟统计局"GDP and main components-volumes"（2014年2月6日更新）、"Government deficit/surplus, debt and associated data"（2014年1月8日更新）。

长。① 2001 年和 2002 年波兰财政赤字占 GDP 比重分别为 5.3% 和 5%，较之前一年增长了 2 百分点。值得注意的是，新世纪最初的两三年里，无论是同样面临经济增长减速的捷克，还是经济增长有起有伏的匈牙利，又或经济增长加速的斯洛伐克，都和波兰一样面临过度财政赤字的问题，甚至更甚（见图 1-2）。2003 年，随着财政收入的下滑和财政支出的增加，与此同时农业部门和社会保障基金出现的赤字，财政赤字达到了 118.674 亿欧元，比 2002 年的财政赤字增加了 14 亿多欧元，财政赤字占 GDP 比重进一步扩大到 6.2%，即使基本赤字占 GDP 的比重仍为 3.2%。但财政赤字问题并未进一步恶化。加入欧盟后，波兰连续四年压缩财政赤字，2005 年财政赤字已降到 100 亿欧元以下，2007 年波兰成功的将财政赤字压缩至 GDP 的 1.88%，成为 1992 年经济恢复增长以来财政赤字比率最低的一年（见图 2）。如果扣除国债利息支出，财政基本平衡面上甚至实现了盈余。与此同时，幸运的是，正是 2007 年财政赤

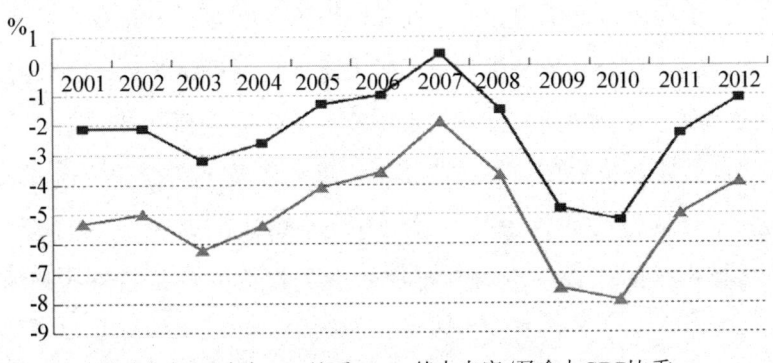

图 2　2001—2012 年波兰财政平衡与财政基本平衡情况（%）

数据来源：欧盟统计局"Government deficit/surplus, debt and associated data"（2014 年 1 月 8 日更新）。

① Convergence Programme 2004 Update, 14.

字的削减，为欧债危机期间波兰实施刺激经济增长的财政政策提前释放了施政空间。

与南欧和东欧的欧盟成员国实行紧缩政策不同，波兰一直对紧缩政策报以谨慎态度甚至采取避重就轻的做法，甚至当欧债危机发生后也是如此。应该说，扩大政府支出尤其是增加公共投资在抵御欧债危机带来的严重影响方面是一定作用的。但是在税收收入因为经济增长减缓和失业率再次缓慢增长而有所减少的情况下，这样的财政政策安排也极有可能带来财政赤字方面的困扰。2008年波兰的财政赤字未能守住2007年的成果，增加至3.68%，2009年更是一下飙升至7.41%。在经历了2010年财政赤字比率小幅上扬后，2011年财政赤字占GDP的比重已经控制在了5%。2012年，在前一年的基础上波兰财政赤字再次降低，为GDP的3.93%，虽然仍然高于3%的预警线，但却低于本世纪初12年来的平均水平4.96%（见图2）。

应该说在欧盟范围内，波兰在控制财政赤字方面的成绩并不理想。相比较而言，在公共债务管理方面则表现得可圈可点。自90年代初期开始波兰政府在公共债务方面的定位就开始从"偿债"向"管理"转变。历届政府在公共债务方面的政策连贯性以及不断提升的债务管理能力，不仅使得波兰顶住了一直没有完全解决的财政赤字问题给财政可持续带来的压力，更为其抵御欧洲主权债务危机打下了坚实的基础。

自2002年开始波兰债务占GDP比重超过了40%，2003年更是达到47.1%。对此，波兰方面的解释是，主要为中央政府财政赤字所累[①]，而欧盟委员会则认为主要是因为私有化收入实际执行结果仅为之前预期

---

① Convergence Programme 2004：22.

的40%所致。① 其后债务占GDP比重略有波动，但是直到2008年，广义政府总债务占GDP比重都没有超过50%，净债务占GDP比重没有超过20%（见图3）。2001年至2007年波兰总债务占GDP比重均值为44.6%，而同期欧盟27国平均水平为61.2%。波兰公共债务占GDP比重突破50%是在2009年，并在2011年达到56.2%，但也仍未突破欧盟的债务率警戒线以及波兰《宪法》规定的债务上限。2012年波兰债务占GDP比重略减，降为55.6%。这一结果低于欧盟27国负债率平均水平近30个百分点。就2008年至2012年政府债务占GDP比重的累积增长情况来看，波兰仅为10.5%，低于欧盟27国平均水平近16个百分点（见图4-1，4-2）。

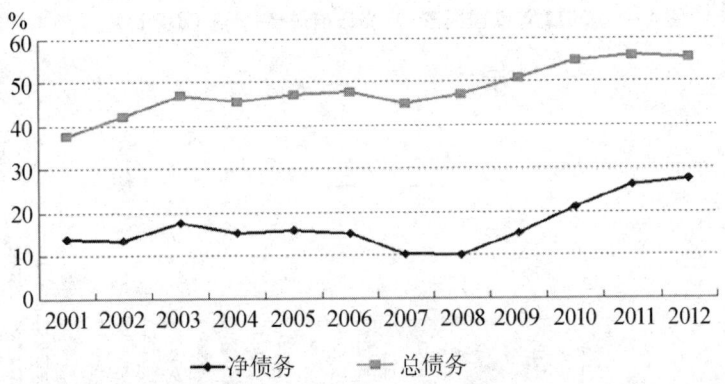

图3 2000—2012年波兰广义政府总债务和净债务占GDP比重（%）

数据来源：波兰广义政府总债务占GDP比重数据来自欧盟统计局统计"Government deficit/surplus, debt and associated data"（2014年1月8日更新）；波兰广义政府净债务占GDP比重数据来自IMF, World Economic Outlook Database（2013年10月）。

---

① Commission of the European Communities, *Excessive Deficit in Poland*, Report prepared in accordance with article 104 (3) of the Treaty SEC (2004) 576, 2004, p.7.

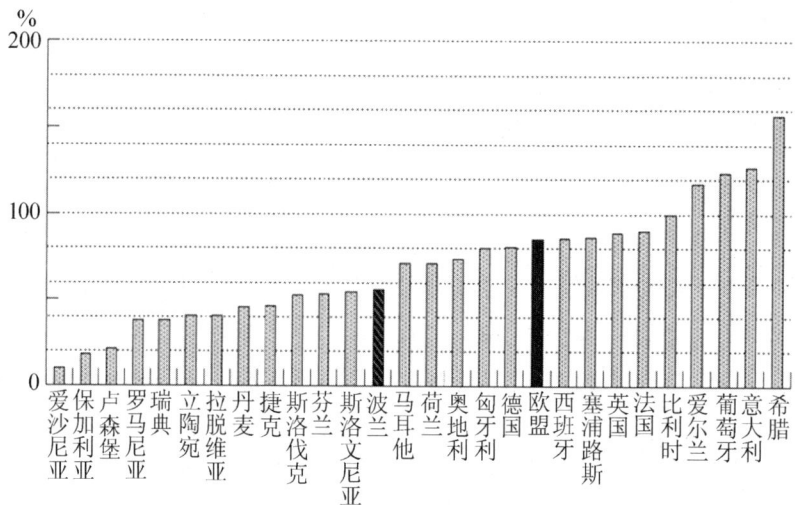

图 4-1　2012 年欧盟国家*广义政府总债务 占 GDP 比重（%）

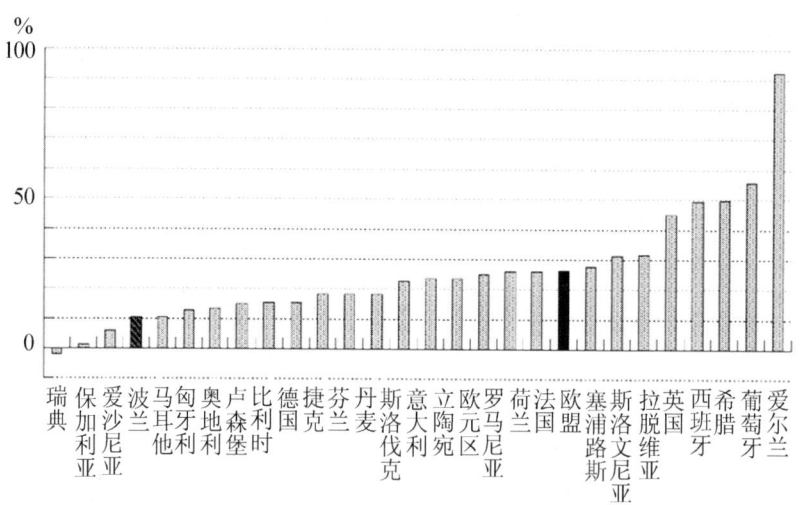

**图 4-2　2008—2012 年欧盟国家*广义政府总债务
占 GDP 比重的累积增长情况（%）**

注：本图所描述欧盟国家共 27 个，不包括 2013 年 7 月刚加入的克罗地亚。

数据来源：根据欧盟统计局统计 "Government deficit/surplus, debt and associated data"（2014 年 1 月 8 日更新）整理而得。

二、转型初期:稳定政策与财政调整

80年代初期以来不成功的经济体制改革,不仅没有扭转经济增长潜力日趋耗尽的局面,反而为80年代末期商品和物资的短缺与通货膨胀埋下伏笔。同时,狭窄的税基致使国家财力增长动力不足,加之财政补贴与社会性支出的控制不力,80年代后期财政状况日趋严峻。但是直到1988年,政府财政尚能维持基本平衡。1989年波兰的经济形势和财政状况急转直下。不成功的工资和价格改革引燃了通货膨胀。1989年CPI通货膨胀率由1988年的60.2%骤升至251.1%。与此同时,随着经济形势的恶化,企业所得税等税收收入锐减,1989年政府总收入占GDP比重较前一年下滑近6%,虽然政府总支出也有所减少,但还是难以改变财政出现严重不平衡的结果。广义政府的财政赤字已超过GDP的7%(见表1)。

表1　1987—1990年波兰经济、财政状况(%)

	1987	1988	1989	1990
GDP增长率	2.3	3.3	3.8	-7.2
CPI通货膨胀率	25.23	60.2	251.1	585.8
广义政府赤字/盈余占GDP比重	-0.8	-0.0	-7.1	2.7
政府预算赤字/盈余占GDP比重	-3.5	-1.4	-5.9	0.6
总收入占GDP比重	34.3	35.6	29.7	32.5
其中:流转税	10.6	10.9	8.8	6.5
利润税	11.5	12.9	9.7	14
总支出占GDP比重	37.8	37.0	35.7	31.9
其中:工资、商品和服务	12.9	12.4	13.4	14.7
补贴	15.4	16.0	12.5	7.1
对社会基金的转移支付	1.5	1.5	2.3	3.3
投资	5.6	5.3	4.1	3.6

（续表）

	1987	1988	1989	1990
预算外基金赤字/盈余占GDP比重	2.7	1.4	-1.2	2.1
政府融资	0.8	0.0	7.1	-2.7
其中：国内银行	0.0	0.0	5.0	-2.6

数据来源：GDP增长率及CPI通货膨胀率源自International Monetary Fund相关数据；其余数据源自波兰1991年统计年鉴和财政部，转引自Crombrugghe, etc. (1994：114, Table11A.1)。

与大多数转型国家一样，由于缺乏金融资产且未形成国内金融市场，波兰政府选择了货币融资的方法来解决其财政赤字，当年国内债务中的短期债务都是国家银行用于赤字融资所产生的，这导致基础货币激增并助燃恶性通货膨胀。也是从1989年开始，波兰外债规模即等于主权债务规模的情况开始发生改变。然而，相对于外债偿还问题，内债几乎不算个问题（见图5）。自1981年4月巴黎俱乐部同意重新安排波兰债务后，时隔8年，波兰外债再次累积，加上到期债务利息资本化，

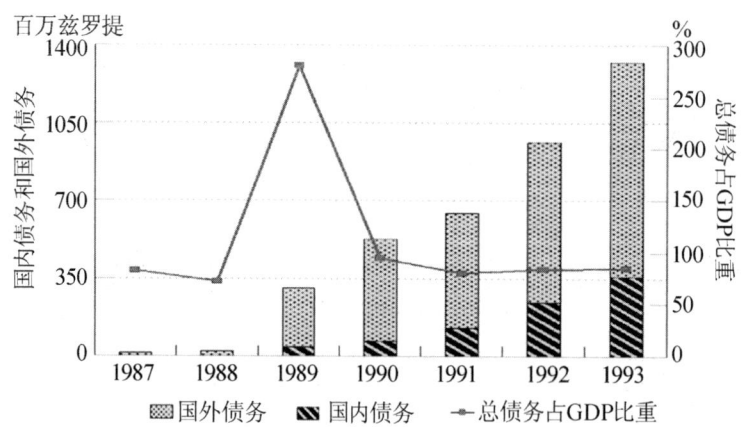

图5　1987—1993年波兰主权债务情况（百万兹罗提，%）

数据来源：Bratkowski, Dabrowski, Antczak, Polomski & Luczynski (1995：35, Table V.1)

1989 年底波兰外债已达 408 亿美元，几乎是其可兑换货币的出口额的 5 倍。①

久拖不决的政治危机携着刚刚开始的经济危机将波兰推到历史的十字路口。

1989 年 10 月，波兰政治剧变后的第一届政府通过由副总理兼财政部长巴尔采罗维奇主持制定的经济稳定及转型计划，又称"巴尔采罗维奇计划"（Balcerowicz Plan）。与所有转型国家一样，改革一开始就需要同时面对短期宏观经济稳定问题和长期结构性问题。但就波兰当时的状况而言，"稳定很可能是结构性调整的前提条件，而非伴生物"②。考虑到"巴尔采罗维奇计划"作为国际货币基金组织（以下简称 IMF）对波兰的第一份财政援助项目———一份为期 13 个月总额 7.1 亿美元的备用信贷协定（standby arrangement）以支持波兰政府的经济转型计划——"标的"的性质，这一结论就不再仅仅只是"可能"，而是计划的一部分。

根据 IMF 贷款条件指导原则的一般解释以及 20 世纪 80 年代以后的实践，IMF 会与受援国在稳定方案中共同确定一个财政最高限额，将财政赤字有关的货币扩张与国际收支情况的发展联系起来。对财政最高限额的遵守是稳定方案的最根本的财政要素。至于如何确保不突破最高限额，则可由受援国自行决定。这个方法亦被称为"稳定政策的宏观经济方法"，一个更关注财政政策的供给管理的方法。③ 由于波兰是 IMF 援助的第一个转轨国家，无先例可循，这让其有了与 IMF 进行讨价还价的更

---

① Timothy D. Lane, *Inflation Stabilization and Economic Transformation in Poland: the First Year*, IMF Working Paper No. 91/70, 1991, p. 7.
② Adrienne Cheasty, "Financing Fiscal Deficits", in Vito Tanzi（eds.）, *Fiscal Policies in Economies in Transition*, Washington, D. C.: International Monetary Fund. P. 37 – 66, 1992, p. 54.
③ Vito Tanzi, "Fiscal Policy, Growth, and the Design of Stabilization Programs", in Mario I. Blejer and Ke-young Chu（eds.）, *Fiscal Policy, Stabilization, and Growth in Developing Countries*, Washington D. C.: International Monetary Fund, 1989, pp. 16 – 18.

大余地。虽然最终的计划也包括了以削减财政赤字为目的的削减公共和国防开支、减少补贴、终止税收减免优惠等紧缩性政策，但波兰政府坚持通过稳定汇率和价格水平以遏制恶性通货膨胀应放在比国际收支平衡更优先的地位来考虑。① 它折射出波兰当局在实行紧缩性财政和货币政策上的顾虑。4月波兰当局货币政策开始出现放松迹象。而提前到来的总统大选和夏季开始的农民院外游说与抗议活动，使得当初关于财政调整计划本就脆弱的内部共识开始动摇，最终演变成到第二度季度结束时宏观经济政策呈现总体放松。② 9月对1990年预算案重新进行了调整，调整后的预算因为收支预测的同步增加仍旧可见平衡。③ 到了1990年第四季度，经济仍然持续下滑，利润及利润税收入开始减少，财政收支再也无法继续前三个季度的盈余状况（见图6）。

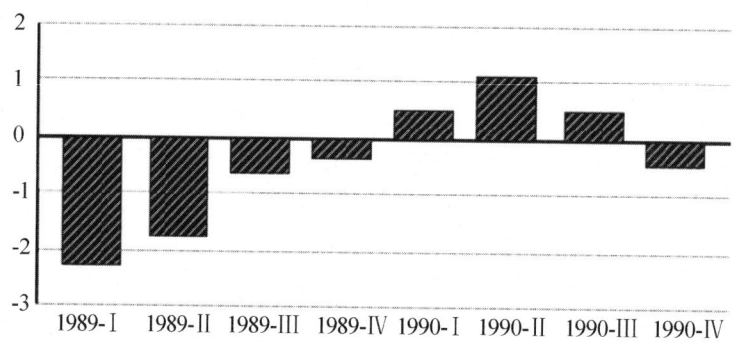

图6　1989—1990年各季度政府预算平衡情况（万亿兹罗提）

数据来源：转引自 Lane（1991, Figure 3）。

1990年秋IMF也注意到了波兰工资增长、货币和信贷政策的放松等

---

① 吕进：《波兰奇迹与西方援助》，载《今日东欧中亚》，1998年第4期，第46页。
② Bratkowski A., M. Dabrowski, M. Antczak, K. Polomski & M. Luczynski, "Fiscal Policy in Poland under Transition", *CASE Network Studies & Analyses*, No. 49, 1995, p. 14.
③ Frank Bönker, *The Political Economy of Fiscal Reform in Central-Eastern Europe: Hungary, Poland, and the Czech Republic from 1989 to EU Accession*, Cheltenham: Edward Elgar, 2006, p. 84.

偏离稳定方案原则性目标的问题,遂决定终止备用信贷协定。①

1991年1月初随着经互会②濒临解散,波兰与其他经互会成员国间的贸易活动将不再受到经互会制度框架的约束和保护,这无疑将对波兰举步维艰的宏观经济稳定进程带来新的挑战。3月,波兰向IMF提交了一份新的意向书,连同波兰政府关于1991—1993年经济改革的备忘录,最终被IMF所接受。基金组织同意为波兰提供18.286亿特别提款权,其中12.24亿特别提款权通过中期贷款便利(又称扩展贷款,Extended Fund Facility, EFF)提供,以支持波兰为期三年的改革方案。IMF还同意了波兰的请求,将EFF每期贷款中的25%的资金留作债务削减之需。这一决定给波兰的债务削减铺平了道路:西方债权国接受了波兰债务重组协议,并制定了债务减免50%的下线。其后,"巴黎俱乐部"同意在1994年第一季度将波兰30%的债务勾销,剩余20%则视波兰执行与IMF协定的经济改革方案的绩效结果而定。③

顺利实现与IMF达成的1991—1993年扩展贷款协议,对于被外债负累的波兰的经济复苏来说,无疑是必须为之的。但是3个月后波兰的宏观经济指标让IMF再度失望。

1991年2月通过的略有赤字的预算案,显然无法顶住速度为7%的经济负增长和仍处70%高位CPI的通货膨胀率。一方面,企业利润税收入占

---

① H. Gronkiewicz-Waltz, "Poland and the IMF", paper presented at IMF and Democracy: Second General Assembly of the Club of Madrid, Madrid, November 2003, p. 6.

② 经济互助委员会,简称经互会,是由原苏联组织建立的一个由社会主义国家组成的政治经济合作组织。波兰是其成员国。1991年1月经互会执行委员会在莫斯科举行第134次会议。会议认为,经互会的使命已经结束,但不应中断成员国间业已形成的经济联系。决定成立一个以市场原则为基础的开放型"国际经济合作组织",以取代经互会。但是由于各成员国对新组织的性质和范围存在分歧,最后一次经互会会议被一再推迟。6月28日,在布达佩斯举行的经济互助委员会第46次会议上,经济互助委员会正式宣布解散。

③ H. Gronkiewicz-Waltz, "Poland and the IMF", paper presented at IMF and Democracy: Second General Assembly of the Club of Madrid, Madrid, November 2003, pp. 6 - 7.

GDP 比重同比下降超过 50%；另一方面，虽然国防、公共安全、教育、医疗卫生等开支均已不同程度予以削减，但受社会保障支出占 GDP 比重同比增幅超过 95% 的拖累，中央政府预算赤字还是达到了 GDP 的 3.8%。①

幸运的是，1991 年东欧转型国家出现的全面经济危机使得波兰很难成为须受责罚的个案，甚至波兰的情况是其中相对最好者之一。② 这为 1992 年 3 月 IMF 对波兰的谅解提供了最好的理由。这次，波兰在其提交的方案中凸显了其对于整顿波兰公共财政的决心，并在与 IMF 讨论的新备用信贷协议中将其用一个更为具体的宏观经济指标——将财政赤字控制在 GDP 的 5% 以内——明确下来。值得一提的是，此次再度获得 IMF 财政援助，还给波兰提供了与"伦敦俱乐部"的国际商业银行讨论债务重组的机会。多少有些讽刺的是，波兰整顿财政的决心显然并不是从 1992 年开始的，当年财政赤字占 GDP 比重达到 7.2%，不过好消息是这一年波兰经济扭转了下滑趋势，在东欧转型国家中率先进入经济回复增长期。

1993 年 3 月 IMF 与波兰签署了第三份协议，该协议包括了一份 4.76 亿特别提款权的备用信贷协定，并应波兰政府的要求将每期 25% 的资金留作未来与"伦敦俱乐部"协议的融资之用。对波兰方面而言，此协议执行标准中最重要者之一就是将财政赤字由 1992 年的占 GDP7.2% 降到 5%。③ 1992 年新上台的苏霍茨卡（Suchocka）政府在

---

① Bratkowski A., M. Dabrowski, M. Antczak, K. Polomski & M. Luczynski, "Fiscal Policy in Poland under Transition", *CASE Network Studies & Analyses*, No. 49, 1995, p. 25, pp. 40-60.

② 根据 World Economic Outlook：May 1992 (Table 8)，1991 年，东欧国家中保加利亚、捷克斯洛伐克、匈牙利、罗马尼亚和南斯拉夫的 GDP 增长率分别为 -25%，-16.4%，-7.5%，-12%，-29%。当时 IMF 对波兰 GDP 增长率的测算值是 -8%，文中所指波兰 1991 年 -7% 的 GDP 增速及 CPI 通胀率是根据 World Economic Outlook：October 2013。

③ Gronkiewicz-Waltz (2003: 9) 在文中提到的财政赤字比率使用的是 GNP，但根据 Bruno (1994)、美国国务院《波兰经济政策及贸易措施》（*Poland Economic Policy and Trade Practices*）(1994) 等学术论文或政府报告，本文采用了 GDP5% 的提法。除了削减财政赤字，IMF 还对波兰控制通货膨胀以及推进国有企业私有化等都做了具体指标要求。

1993年预算案中明确了稳定名义赤字的目标①，预算的执行也较预期更好，1993年财政赤字占GDP比重成功的降到了5%以下。1994年3月，IMF认可波兰完成了其在1993年援助协议中所承诺实现的宏观经济指标，加之波兰在1994年预算草案中表达了继续保持宏观经济稳定的明确意愿，"巴黎俱乐部"也兑现了勾销波兰50%的到期债务的二期计划。②

据不完全统计，1989年至1994年期间，国际金融组织和西方大国通过援助贷款、债务减免及延期支付本息等方式向波兰提供了近200亿美元的经济援助③，也是这一时期东欧国家中接受援助最多国家之一，对缓解波兰外债（见图6）以及经济复苏起到了重要作用，也为20世纪90年代后期以来波兰政府债务治理奠定了坚实基础。

表2 1991—1996年波兰对外债务总额与出口比率（%）

	1991	1992	1993	1994	1995	1996
波兰	308	277	276	184	123	112

数据来源：World Economic Outlook：May 1997（Table 24）

严格意义上来说，波兰转型后经济的快速复苏并不是一个完全本土化的经济奇迹。西方大国和国际金融组织在波兰转型中所产生的影响是显而易见的。对此，"休克疗法"之父——萨克斯的观点是，"经济转型的成功不仅要靠东欧自身，而且更根本的是要依靠西方"④。这种将西方国家置于转型之关键地位的论点，并不为波兰全

---

① OECD, *OECD Economic Surveys*: *Poland*, 1994.
② H. Gronkiewicz-Waltz, "Poland and the IMF", paper presented at IMF and Democracy: Second General Assembly of the Club of Madrid, Madrid, November 2003, p.10.
③ 吕进：《波兰奇迹与西方援助》，载《今日东欧中亚》，1998年第4期，第45页。
④ Jeffrey Sachs, *Poland's Jump to the Market Economy*, Cambridge, Mass.: MIT Press, 1994, p.6.

然认可。① 与此同时，这种观点也引起休克疗法支持者之间关于外部激励措施有效性的辩论，以哥穆尔卡（Stanislaw Gomulka）为代表的观点认为，西方国家的经济支持或债务减免会助长受援国财政纪律的松弛，出现类似社会主义体制下国有企业的预算软约束问题。② 很难说波兰90年代初期财政赤字问题的反复是否支持了这一观点，但至少可以说，西方国家和国际金融组织的经济援助，或者说与经济援助一道而来的技术援助③，塑就了财政可持续在波兰转型初期稳定方案的实施以及经济复苏过程中的重要性。④

另一方面，波兰转型后经济的快速复苏也不是一个纯粹的经济奇迹。仍旧套用萨克斯的观点，转型国家的"改革的问题主要是政治方面的，而不是社会甚或经济方面的"⑤。这一观点或这一类观点支持了将波兰转型问题的讨论引向国际政治和意识形态方面的主题，然而，作为一种对萨克斯观点有意的错误运用，理解波兰转型路上持续的财政改革以及财政可持续问题的另一条线索——政治，又何尝不是？

三、转型以来的财政改革与财政可持续的政治

相较于大多数中东欧转型国家，转型初期波兰就在将全面公共财政

---

① 波兰国家银行前行长Gronkiewicz-Waltz特别强调指出（2003：11），"基金组织在（波兰转型）这一历史进程中的作用是有限的，这主要是因为波兰自己必须进行转型并持续推进之，同时承担转型内在的风险和困难"。"只有当主要决策者对改革计划充满信心时，改革才最有可能获得成功。外部制约无法迫使一个国家做什么。"

② Peter Gowan, *The Global Gamble*: *Washiongton's Faustian Bid for World Dominance*, New York: Verso, 1999, p. 243.

③ Gronkiewicz-Waltz认为基金组织在波兰一直以来的一项重要活动就是提供宏观经济政策、财政政策、央行以及金融统计等方面的技术援助。

④ Randall W. Stone, *Lending Credibility*: *The International Monetary Fund and the Post-Communist Transition*, New Jersey: Princeton University Press, 2002, p. 114.

⑤ Jeffrey Sachs, *Poland's Jump to the Market Economy*, Cambridge, Mass.: MIT Press, 1994, p. XIII.

改革的议题列在转型改革清单中。① 这一方面，是基于 IMF 和其他西方援助国家的要求；另一方面，从波兰本国的政治经济社会现实出发，改革的必要性也是显而易见的——使财政体制和预算过程尽快适应中央计划经济的废止和新的政治经济生活。不过值得一提的是，有些改革内容其实早在转型前就已被涉及，对国家银行的改革即是。

1989 年 1 月，转型前的最后一届政府颁布了新的《银行法》和《波兰国家银行法案》，正式实行二级银行体制，并将商业银行的职能从国家银行剥离出去，使其专行中央银行职能；同时，赋予国家银行独立地位，不再隶属于政府，而仅对议会负责。这意味着国家银行在制定和执行货币政策以及维护国家的金融秩序方面将有更独立和更大的权力。然而，1989 年波兰赤字融资的事实并没有支持这一结论。1997 年《波兰共和国宪法》的颁布使得 1989 年的制度建设成果得以巩固。《宪法》第 220 条第二款明确禁止通过中央银行为预算赤字直接融资。换言之，自此解决政府财政赤字不再是国家银行的义务。但是法律仍然为波兰预算政治留下了"想象"的空间：与《宪法》同一年颁布的新《国家银行法案》第 3 条规定，国家银行的首要任务是保持物价稳定，但是在不与此目标冲突的情况下，国家银行仍应支持政府的经济政策。②

1990 年至 1993 年间，无论从经济形势出发还是从政治和社会条件来看，波兰似乎都不具备推进全面公共财政改革的条件。尤其是 1990 至 1993 年间波兰国内复杂的政治格局。短短四年间，波兰经历了 3 次国家层面的选举活动③、有 5 届政府执政。加之"巴尔采罗维奇计划"施

---

① Bratkowski A., M. Dabrowski, M. Antczak, K. Polomski & M. Luczynski, "Fiscal Policy in Poland under Transition", *CASE Network Studies & Analyses*, No. 49, 1995, p. 11.

② 参见 The Constitution of the Republic of Poland of 2nd April, 1997, published in Dziennik Ustaw No. 78, item 483 和 The Act on the National Bank of Poland of 29 August, 1997, as published in Dziennik Ustaw No. 140, item 938。

③ 1990 年 11 月总统选举、1991 年 10 月和 1993 年 9 月的议会选举。

行后宏观经济的"休克"使得民众中反对改革的呼声不断高涨。因而转型初期,除了基于国际金融组织压力而断断续续但却一直在推进的财政调整,公共财政改革并未有实质性的进展。这一时期所谓的财政改革举措多呈现出一些过渡性和零碎化的特点,这一点在1991年波兰《预算法》及其后所颁布的若干修订案上体现的尤为明显,这些法律条文为90年代中期以前的预算和财政管理体制的复杂性与连贯性方面带来诸多困扰。①

相对于财政赤字的控制,波兰在公共债务管理方面表现得相对更主动积极。1991年至1994年间,"巴黎俱乐部"和"伦敦俱乐部"同意对波兰外债进行重组,从而为其转型初期债务问题的解决赢得更大的主动。与此同时,随着1989年长期国债和1991年短期国库券的开售及其后国内债务的增长,波兰主权债务的期限结构、债务的制度环境和市场环境等均开始发生显著的变化,波兰政府意识到结构性改革必须包括公共债务管理的议题。

1992年,波兰公共债务总额较之前一年增长了49.37%,依然维持在占GDP比重84.1%的高位上。与此同时,虽然外债仍是波兰公共债务的"大头",但内债增幅达到91.2%②,成为该年公共债务增长的最主要因素。这一年,波兰财政部新建公共债务司(Public Debt Department,PDD),以管理国内债务及其融资。③ 这是继国家银行改革之后,波兰由被动债务偿还向主动债务管理转变的又一具体体现。

1994年波兰为协同债务管理政策和货币、财政政策成立了公共债务

---

① Wojciech Misiag & Adam Niedzielski, "Openness and Transparency of Public Finance in Poland in the Light of International Monetary Fund Standards", IBnGR Working Paper, No. 29, 2001, p. 11.

② Bratkowski A., M. Dabrowski, M. Antczak, K. Polomski & M. Luczynski, "Fiscal Policy in Poland under Transition", *CASE Network Studies & Analyses*, No. 49, 1995, p. 35.

③ Marek Szczerbak, *Institutional Aspects of Public Debt Management in Poland*, paper presented at 1st OECD Forum on African Public Debt Management, Amsterdam, December 2006, p. 4.

委员会。委员会的成员来自财政部、波兰国家银行以及国库部。委员会每个月都要举行会议，会议讨论内容涉及国家预算借贷需求融资的月度计划、预算情况及货币市场情况等。虽然会议性质只是咨询性的，但由于财政部和国家银行的主要负责人都是委员会成员，因而使得会议结论具有了一定的权威性。波兰在公共债务问题方面的探索并没有止步于此。随着1996年公共债务占GDP比重再次迫近50%，波兰在健全公共债务管理以及将政府债务活动纳入政府预算方面表现出了更大的决心。

1997年波兰在《宪法》中引入了债务上限条款——公共支出占GDP比重不能超过60%。此种制度设计在中东欧国家中绝无仅有。1998年11月通过的《公共财政法案》（Public Finance Act）又进一步设计了三项具体规则，使得债务上限进一步变成可操作的"刹车"机制。根据该法第三章第45条规定：如果某一年度公共债务水平超过GDP比重的50%但未超过55%，内阁提交的预算草案中预算赤字占收入比率将不能再有所增长；如果某一年度债务水平超过GDP比重的55%但未超过60%，内阁提交的预算草案中所设的赤字上限要能确保债务占GDP比率不再增加，同时内阁还应向下议院提交关于降低债务占GDP比率的财政修复计划；如果某一年度债务水平超过GDP比重的60%甚至更高，则自该结果公布之日后的第七天起，公共金融部门将不得再批准新的担保，自公布日开始的一个月内，内阁应当向议会和下议院提交旨在使债务占GDP比重降至60%以下的财政修复计划。更重要的是，政府提交的关于新财政年度的预算草案不得再有赤字，而且新财年中公共金融部门将不得再批准新的担保。[1]

同时，根据《公共财政法案》，自1999年开始，波兰将中期债务管理战略方法引入公共债务管理。该战略由财政部负责拟订，内容涉及未来三年债务管理的明确目标、对之前年度战略执行情况的评估和公共债

---

[1] 参见 The Public Finance Act of 26 November, 1998 第三章第45条。

务发展的可能状况分析等。该战略经部长会议通过后与预算草案的"预算说明（Justification for the Budget）"一起提交给议会审批，后者包括了一个预先设定的未来三年赤字目标。这意味着，债务活动将不会再继续游离在预算管理之外，这在客观上既有助于缓解预算管理的软约束问题，同时对财政风险的把握更趋全面和完整。

1998年引入中期债务管理战略方法并非波兰首次在财政领域运用跨年度概念。1994年，当格热戈日·科沃德科（Grzegorz Kolodko）接棒财政部长时，这位学者型官员就在其第一份财政改革计划——"波兰战略"（Strategy for Poland）中运用了"中期"概念。"波兰战略"于1994年6月均获得政府和议会通过，其重要背景是就在战略通过前的2个月，波兰正式向欧盟提出入盟申请，同时还准备加入经济合作与发展组织OECD。①"波兰战略"计划逐步削减赤字并使政府支出占GDP比重在其后三年也逐步下降。应该说科沃德科的财政目标在一定程度上消解了因1993年左翼联盟组阁执政而来的外界对波兰宏观经济政策的顾虑。从其实施的效果来看，虽然1996年财政支出和财政赤字占GDP比重较之1995年分别增长了3.3和0.4个百分点，但考虑到1994年至1997年是波兰历史上经济增长最快速的一个时期，更重要的是1996年之后财政支出和财政赤字占GDP比重连续三年降低，应该说当初所设计的目标还是相对严谨的，计划执行效果也是相对明显的。作为对这一时期虽有下降但仍超过4%的赤字比率的一种可能的注解是：这一时期推动财政改革的压力是有限的，没有人会支持更为激进的改革，而且支出改革更容易威胁到农民、产业工人、退休人员等左翼联盟的支持群体的利益②，

---

① Grzegorz W. Kolodko, "Lessons for the Emerging Markets from Poland's Great Change", *Communist and Post-Communist Studies*, Vol. 38, 2005, p. 371.

② Frank Bönker, *The Political Economy of Fiscal Reform in Central-Eastern Europe: Hungary, Poland, and the Czech Republic from 1989 to EU Accession*, Cheltenham: Edward Elgar, 2006, p. 120.

因而在左翼联盟组阁执政的情况下，政府自身也缺乏推进更深层次改革的意愿。1996年初科沃德科对启动养老金改革的游说失败即是一个体现。

进入21世纪，改革仍然被认为是波兰财政领域的关键议题。而其中仍然包括跨年度财政管理模式。直到2006年，经合组织还在建议波兰："政府应该制定一个多年计划框架，框架内包含整体支出的限制范围，清晰明确支出的优先顺序。"然而，事实上，就在这之前的近十年里，"跨年度"已是波兰在财政发展、巩固的诸多方案乃至趋同计划中经常使用的概念。这暗示了，在波兰，跨年度的财政管理模式可能更多是作为确认新财政计划的工具，而没有演变成为进行支出控制和资源配置的硬约束工具。当然，这或许只是个缩影，一个关于公共预算权力和责任碎片化的缩影。

跨年度的财政框架包括一个自上而下的总额控制，其有效实现的关键在于达成政治平衡，即财经纪律的支持者与拥护增加开支者间的抗衡。财政部长即是前者的代表。但是在波兰，从制度层面来说，财政部长在整个财政预算过程中是个相对较弱的角色。虽然会与各职能部门进行双边谈判，但是财政部长并不是为部门提议预算规模的议程设置者，更没有削减某个部门支出需求的权力。通常来说，财政部长的实际权力取决于总理的支持程度。内阁政治斗争中如果没有了总理的支持，财政部长要么选择接受现实，要么选择辞职。[1] 贝尔卡（Marek Belka）于2002年就选择了后者。贝尔卡曾于1997年担任过10个月的财政部长，在2001年6月再次上任财政部长后，他向内阁提出在2002年至2006年限制支出增长速度，使其不超过通货膨胀率1个百分点——该项财政规则也被称为 贝卡尔规则（Belka Rule）。但是正如欧盟委员会批评的那样，这项规则并没有得到真正的施行。2002年当民主左翼联盟在地方选

---

[1] Mark Hallerberg & Jürgen von Hagen, *Budget Processes in Poland: Promoting Fiscal and Economic Stability*, Research project commissioned by Warsaw: Ernst and Young Better, 2006, p.23.

举前的支持率出现令人担忧的变化时，内阁不顾贝尔卡的反对，通过了一项总额为25亿兹罗提的增支提案，致使贝尔卡最终选择了辞职。①

不过走在"入盟"的路上，波兰内阁中有关支出削减的明争暗斗也不可避免地会受到来自欧盟的影响。2003年当经济劳工部长豪斯内尔（Jerzy Hausner）向内阁提出一份旨在2004年至2007年削减占GDP4%的社会性支出的财政改革方案——又称"豪斯内尔计划"（Hausner Plan）时，迫于欧盟的压力，内阁最后通过了该方案。但是由于2005年9月议会大选的临近，这一计划最终并没有全部落实②。

"豪斯内尔计划"的结局在一定程度上呼应了波兰长期以来社会性支出高企不下并逐渐拖累财政平衡的事实。尽管20世纪90年代末期波兰对社会保障和医疗等领域进行了改革，但社会性支出中有相当一部分都是有法律依据的，因此，这类支出是"预算决策无能为力的硬性支出"③。它加大了执政当局从这类支出着手整顿财政的难度。世界银行2003年关于波兰的研究报告将其称为非自由裁量的事前既定支出（pre-determined expenditures），根据该报告，1999年，波兰58%的预算支出都是这类支出，到2002年这个比例超过了65%。虽然以法律或指数化的方式固化支出的做法在某种程度上可保证重点支出的有效执行，但这种既定支出或固定支出为预算带来了结构刚性，限制了可替代性和预算

---

① Frank Bönker, *The Political Economy of Fiscal Reform in Central-Eastern Europe: Hungary, Poland, and the Czech Republic from 1989 to EU Accession*, Cheltenham: Edward Elgar, 2006, p. 128; Radoslaw Zubek, "Poland: Unbalanced Domestic Leadership in Negotiating Fit", in Kenneth Dyson, (ed.), *Enlarging the Euro-Zone: The Euro and the Transformation of East Central Europe*, Oxford: Oxford University Press, 2006, p. 7.

② Frank Bönker, *The Political Economy of Fiscal Reform in Central-Eastern Europe: Hungary, Poland, and the Czech Republic from 1989 to EU Accession*, Cheltenham: Edward Elgar, 2006, p. 128.

③ Allen Schick, "The Role of Fiscal Rules in Budgeting", *OECD Journal of Budgeting*, Vol. 3, No. 3, 2003, p. 13.

再分配活动。① 波兰经济部《2012 波兰经济报告》也提到同样的问题，多年来固定支出（fixed expenditure）在波兰预算支出结构中一直占有绝对优势比重，2005 年至 2011 年固定支出比例维持在 72% 以上，2010 年和 2011 年甚至达到 75% 左右（见图 7）。报告指出这种预算结构限制了政府决定财政赤字水平的可能性。② 从某种意义上来说，这些法律规定的或更早做出的具有法律约束力的支出安排，是从更长的时间框架中来考察波兰公共预算权力和责任碎片化的一个重要证据。

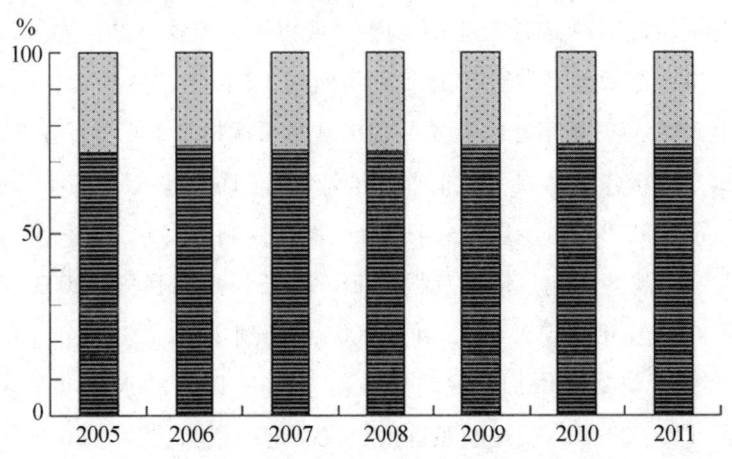

图 7　2005—2011 年波兰预算支出结构（%）

数据来源：波兰财政部，转引自波兰经济部 Poland 2012-Economy Report。

四、加入欧盟：趋同与稳定

虽然早在转型初期，当时的欧共体也通过 "24 国援助" 和 "法尔计划"（PHARE）对波兰施以过援助，但相对于 IMF，欧共体并没有特

---

① World Bank, *Poland: Towards a Fiscal Framework for Growth: A Public Expenditure and Institutional Review*, World Bank, Washington D. C, 2003, p. 16.
② Ministry of Economy of the Republic of Poland, *Poland 2012- Economy Report*, 2012, p. 127.

别强调将财政纪律作为受援方的履约义务。甚至 1991 年 12 月,波兰与欧共体签署的联系国协定(欧洲协定),其重点和意义也主要体现在经贸方面。在关于波兰财政可持续性的故事中,欧盟的出场时间更适合定在 90 年代初期"回归欧洲"成为波兰国家战略议题之后。

1994 年 4 月,波兰政府向欧盟提出入盟的正式申请。不过直到 1998 年 3 月,波兰与欧盟间关于入盟的谈判才正式开始。① 这为 1995 年至 1998 年的财政赤字占 GDP 比重均值超过 4.5% 提供了一种可能的解释。1999 年波兰的财政赤字降到 3% 的警戒线以下,但这一结果并没有保持很久。2002 财政赤字占 GDP 比重重新回到 3% 以上,达到 3.6%,并由此使得 2000 年开始下降的债务占 GDP 比重再次抬升 4.4 个百分点。② 尽管如此,2002 年波兰在"入盟前经济计划"(The pre-accession economic programme, PEP)中还是对未来几年政府在控制财政赤字和债务方面表达了非常乐观的预测。按照其根据 ESA95 所设定的目标,2003 年财政赤字占 GDP 比重降到 3.6%,并于 2005 年降到 2.2%。这三年总债务占 GDP 比重计划略有增加,但均会维持于 46% 以下的水平(见表 3)。2002 年 12 月 23 日,就在欧盟首脑会议决定结束与波兰等 10 个候选国的入盟谈判后的第 10 天,波兰时任总统克瓦希涅夫斯基(Aleksander Kwaśniewski)签署了 2003 年国家预算案,这是波兰 15 年来首次在岁末通过次年财政预算。该预算案再次重申了波兰削减财政赤字的决心。根据该预算案,2003 年的预算赤字将比 2002 年减少 13 亿兹罗提。③

---

① 事实上,波兰与欧盟关于财政预算的谈判开始时间更晚,是 2000 年 5 月 6 日。
② 本部分所提及的数据大多与前文关于转型以来波兰财政治理绩效的数据有出入,本部分数据主要根据相关年份波兰和欧盟委员会的报告所得,而前文数据则根据欧盟统计局"Government deficit/surplus, debt and associated data"(2014 年 1 月 8 日更新)。数据间差异的原因可能在于欧盟委员会关于波兰的报告(2004)中已经提及的入盟最初几年波兰 ESA95 相关数据不可得有关。
③ 参见新华网华沙 2002 年 12 月 23 日专电《波兰通过 2003 年财政预算案》,http://news.xinhuanet.com/fortune/2002-12/24/content_668254.ht. 2002-12-24, 2013-12-26。

表3　2002年波兰PEP中期财政框架相关目标设定（占GDP比重,%）

	PEP框架			
	2002	2003	2004	2005
财政赤字	-4.1	-3.6	-3.3	-2.2
基本平衡	-0.7	-0.2	0.2	1.5
总债务水平	43.3	45.2	46	45.6

数据来源：转引自Economic and Financial Affairs of European Commission（2002：110, Table 2）。

然而事与愿违，2003年波兰的财政赤字占GDP比重不降反增。按照2004年3月波兰报告和欧盟统计局的相关统计数据测算，波兰2003年的财政赤字已经达到GDP的4.1%，而且根据欧盟统计局和欧盟委员会的2004年春季预测，2004年财政赤字比率还将走高近2个百分点。对此，欧盟委员会并没有完全将其与之前两年经济增长放缓联系起来，而是明确指出赤字问题还与波兰宽松财政政策有关，尤其是社会性支出方面。2002年社会性支出占到广义政府总支出的41%，其中，对社会保障基金的补贴由1999年总支出的7.2%增至2002年的14.8%。[1] 此外，欧盟委员会还对波兰减赤计划的执行情况表示了不满：

> 自2001年以来，波兰当局已经为解决日益增加的赤字问题设计了诸多改革计划，但是没有一项计划得到执行，财政赤字问题不断恶化。例如，2002年，政府通过了一项支出规则，根据该规则，中央政府支出的增长率不得高于通货膨胀率1个百分点以上。但是，此项支出规则从未执行过。[2]

---

[1] Commission of the European Communities, *Excessive Deficit in Poland*, Report prepared in accordance with article 104（3）of the Treaty SEC（2004）576, 2004, pp.2-5.

[2] Commission of the European Communities, *Excessive Deficit in Poland*, Report prepared in accordance with article 104（3）of the Treaty SEC（2004）576, 2004, pp.2-5.

上述内容摘自 2004 年 5 月 12 日欧盟委员会会议上通过的关于《波兰的超额赤字》报告，该报告是依据 1993 年生效的《马斯特里赫特条约》以及 1997 年生效的《稳定与增长公约》相关条款而做出的。因为，就在两周前波兰已正式入盟。根据《马斯特里赫特条约》规定，欧盟各成员国的财政赤字占 GDP 的比重不能超过 3%，政府债务占 GDP 的比重不能超过 60%。而《稳定与增长公约》则在进一步明确《马约》规定的财政政策原则基础上，对欧盟财政政策协调的规则以及超额财政赤字的惩罚程序加以明确。《波兰的超额赤字》（2004 年）报告明确表示，欧盟委员会决定对波兰启动超额赤字程序（the excessive deficit procedure，EDP）。① 此份报告即是该程序中的一部分。

波兰很快对欧盟委员会的超额赤字程序（EDP）做出回应。其中包括了正式启动 2004 年至 2007 年公共支出合理化与削减计划（Programme for Rationalisation and Reduction of Public Expenditure），以扩展 2003 年 9 月已经采用的中期公共财政战略（Medium-term Public Finance Strategy）。该计划再次对赤字削减进行了雄心满满的规划，即在 2005 年至 2007 年三年分别将行政管理支出、社会性支出等主要支出占 GDP 比重分别削减 1.4%、1.8%、1.6%，进而使 2007 年财政赤字占 GDP 比重降至 3% 以下。但欧盟委员会却对此目标的实现表示怀疑。此后更是由怀疑升级为公开的表态与施压——2006 年 11 月和 2007 年 2 月欧盟委员会和欧盟其他国家财政部长分别对波兰施压，要求其采取措施削减财政赤字。

就当外界普遍对波兰 2007 年能否实现赤字"达标"表示怀疑时，波兰却成功的将 2007 年财政赤字压缩至 GDP 的 1.88%。这是自 1992 年经济恢复增长以来财政赤字比率最低的一年，而且为欧债危机期间波兰实施刺激经济增长的财政政策提前释放了财政空间。从 2007 年中期至

---

① Commission of the European Communities, *Excessive Deficit in Poland*, Report prepared in accordance with article 104 (3) of the Treaty SEC (2004) 576, 2004, pp. 2 – 5.

2008年中期顺周期的财政扩张最终使得2008年波兰的财政赤字增加至GDP的3.7%。虽然同期政府债务总额较前一年下降了26亿欧元，但是受累于经济增长放缓，政府债务占GDP比重还是略有增长。波兰随即提出进一步私有化计划以增加收入。但是外界认为这个计划没有足够能力来约束政府债务的增长。① 根据2009年以后的结果来看，这一研判还是比较准确的。2009年，波兰的总债务占GDP比重达到50.9%。根据1998年波兰《公共财政法案》，这意味2010年的财政赤字不能再增加，尤其是赤字占财政收入比重不能增长。但，这只是"意味"，一切还是发生了——2010年，波兰的财政赤字达到279.83亿欧元，较前一年增长了20.6%，财政赤字占GDP比重达到7.9%，较前一年增长了0.4个百分点。欧盟委员会因此对波兰再次启动了超额赤字程序。由于金融危机爆发后欧盟成员国赤字水平普遍上扬，欧盟委员会对波兰纠正此轮财政赤字超标问题给予了更大的时间宽限。

2010年3月波兰在当年的趋同计划中提出，到2012年将财政赤字占GDP的比重降至2.9%。但这可能是一个有些乐观的目标。2011至2012年，波兰财政赤字均持续走低，但仍没有退守至警戒线以下。

面对欧洲主权债务危机的持续发酵，乐观的承诺显然是不够的。波兰再次提及与欧盟之间关于广义政府财政收支范围的争议，尤其是关于波兰在1999年养老金改革后新设的开放式养老基金（OFE）的会计处理方式。2010年8月中旬，波兰、匈牙利、瑞典等欧盟九个成员国财政部长联合致函欧盟委员会及欧盟主席范龙佩（Herman Van Rompuy），要求欧盟在计算各国财政赤字时将养老体系改革的成本考虑在内，并指出，养老体系对于加强欧洲各国财政的长期稳定性至关重要，而现行的计算方式是对推行养老体系改革的一种严厉惩罚。根据欧盟国民账户体系（ESA 95），欧盟对广义政府财政平衡的计算包括了开放式养老基金的

---

① OECD（2010），*Country Statistical Profile：Poland*，Paris：OECD.

盈余结果。这无疑增加了波兰政府履行欧盟的财政赤字减控计划的难度。在波兰初入欧盟时，就曾针对此问题向欧盟有关方面进行了申辩。2005年波兰财政赤字占GDP比重为4.1%，而如果根据波兰政府的计算标准，这一结果降到了2.5%。2个百分点之内的差别呈现出的却是完全不同的国家财政"画面"。① 不过，当时欧盟委员会并没有接受波兰的解释，并宣布2007年3月是波兰调整国民经济核算体系过渡期的最后时间节点。

2012年3月，在欧盟春季峰会上，除英国和捷克外的欧盟25个成员国正式签署了《欧洲经济货币联盟稳定、协调和治理公约》，即欧盟新"财政契约"。该契约再次重申了年度财政赤字不能超过GDP的3%，总债务水平不能超过GDP的60%的标准，与此同时，提出缔约国还需遵守一个所谓的"中期预算目标"，即年度结构赤字不得超过GDP的0.5%。对于违反此"中期预算目标"的国家，将立即启动自动纠正机制，并处以不超过国内生产总值0.1%的罚金。运用一个经过周期性因素调整后的财政赤字指标，从一个相对较长的时间内来评估成员国的财政状况，或许可视为欧盟委员会在欧洲主权债务危机后的亡羊补牢之举，但欧盟委员会希望引入更硬的财政约束来改善各成员国公共财政可持续状况是否能实现，则还需拭目以待。然而，于波兰而言，她的选择无疑是为自己再带上一个"紧箍咒"！

故事仍在继续。

2013年6月，由于预算收入预计短收大约240亿兹罗提，波兰政府决定暂停"债务刹车机制"第一条，将2013年预算赤字再增加160亿兹罗提。波兰财政部对此决定的解释是，通过赤字而非支出削减来解决预算收入短收问题，主要是因为波兰不希望给消费和投资带来更大的压力。波兰当局相信，新增的大约相当于GDP1%的预算赤字将会对经济增长产生强大的刺激效应。不过更引人关注的是，就在这部增赤草案

---

① OECD, *OECD Economic Surveys: Poland 2006*, 2006, p.5.

中，财政部还指出，当前的财政规则既无法保障财政纪律又无法有效解决固有的周期性问题。6个月后，这一观点被植入波兰《公共财政法》的修订案中。修订案引入了一项新的反周期的财政规则，该规则将取代之前已经使用了15年的财政规则，即当公共债务占GDP比重超过50%时第二年预算中赤字占预算收入的比率将不能再增加。波兰新财政规则似乎"紧贴"欧盟新财政契约，运用一个周期性指标——前后8年GDP增幅均值（即之前6年实际值和今明两年预测值）来决定财政支出的增长，以减少公共财政的结构性赤字。①

五、讨论与结论

财政可持续性，在某种程度上而言，就是政府的一个承诺。其对经济增长的意义在于，该承诺会改变私人部门对物质资本、人力资本和新型经济活动未来投资环境的预期，但能否改变、朝着何种方向改变以及改变的程度则取决于对该承诺可信度的判断。然而，至20世纪末以来，许多国家财政决策过程中的不恰当游戏规则一直没有得以真正改变②，这导致了十多年来无效支出的持续增长以及赤字与公共债务的不断累积，政府对财政可持续性承诺的可信度不断降低。从这个意义上来说，金融危机可能只是诱发此次欧洲主权债务危机的最后一根"稻草"。

对于财政可持续承诺的兑现，财政规则被经济学家和宏观经济决策者寄予了极大的希望。这也使得财政规则的建设与维持成为20世纪90年代后期以来财政整顿的关键所在。但是，财政规则是否能够真正应对不可预见的预算状况的恶化以及政治压力以保证中期财政的可持续性，

---

① 参见波兰财政部首席经济学家考泰茨基接受相关媒体访问时的讲话。http://www.warsawvoice.pl/WVpage/pages/article.php/24874/news，2013－6－11，2014－2－4。

② ［美］维托·坦齐、［德］舒克·内希特：《20世纪的公共支出》，胡家勇译，商务印书馆2005年版，第164—166页。

还缺乏定论。① 波兰的案例也似乎没有提供有力的支持性论据。

波兰在公共财政法甚至宪法层面上所进行的公共债务方面的制度设计，值得肯定。但是超额财政赤字问题的反反复复表明，单纯的债务制度设计不太可能有效地约束政府财政决策与财经纪律。设计一个更为全面综合的财政规则体系显然是公共预算改革理所当然的目标，然而，其实现却并非易事。瓦尔达沃夫斯基"预算改革的政治涵义"的"故事脚本"同样适用于波兰。国内政治分歧的存在以及现有政治体制在弥合政治分歧方面的低效甚至无效，暗示了波兰国内不可能在财政可持续性意义及其保障机制的问题上保持长久的认同，因此历届执政当局都缺乏明确的意愿或足够强大的激励来完成制定一个全面综合的财政规则体系的任务。

退一步来说，即使实现了上述制度建设成果，也未必能确保财政规则在法律约束力和实际效力间画上等号。尤其是在以总额控制为主要形式的财政规则下，委托—代理问题是一个挑战。世界银行的研究表明，波兰自20世纪90年代末期以后，政府夸大税收估计值的倾向越来越明显。不仅如此，议会也在使用同样的策略，仅仅只是为了能在预算案容纳下新的增支要求，而又不致于使赤字水平被明显突破。② 但更大的挑战还是最可能来自政治层面。"贝卡尔规则"的结局即是一个很好的例子。财政规则在很大程度上只是政治协议的一部分，它可能作为政治讨价还价中的砝码，但绝对不是底线。在这一点上，对波兰形成外部约束力的欧盟财政规则又何尝不是面临同样的困境？转型20年来，从IMF到欧盟，他们成为约束波兰财政可持续的外部权威。相对于国际货币基金组织，欧盟委员会能够在更完善的制度框架内来约束波兰政府的财经

---

① OECD, *Fiscal Sustainability: the Contribution of Fiscal Rules*, OECD Economic Outlook, No. 72, 2002, p. 117.

② World Bank, *Poland: Towards a Fiscal Framework for Growth: A Public Expenditure and Institutional Review*, World Bank, Washington D. C, 2003, p. 28.

纪律以及财政政策的稳定性，进而促使其财政的可持续。但是，欧盟财政规则更多使用的是事前而非事后控制机制，同时，没有明显的证据支持，这些事前机制能在更长的时期里对成员国的财政纪律形成约束。近十年来，尤其是金融危机以后，欧盟财政规则也遇到多次挑战，这些案例支持了这样一个结论，即欧盟财政规则的有效性仍然与成员国在欧盟中的重要性以及欧盟在各成员国国内政治中的重要性程度有关。[1] 财政可持续其实可作为检验内部一致性以及政策议程远见程度的试金石，但无论如何，这一试金石永远不可能变成没有政治含义的金玉良言。

对财政规则的效力来说，政治层面的挑战还来自于政府对于社会福利的承诺。如果说财政可持续是政府的一个承诺，那么法律规定的或更早做出的具有法律约束力的社会性支出安排也同样是政府的承诺。当承诺遇到承诺，谁应该优先保证与兑现，是财政可持续还是关于社会福利的承诺？

如此种种，我们仍旧需要求证这样一个问题，财政规则能保证财政可持续这个承诺兑现吗？

【参考文献】

吕进：《波兰奇迹与西方援助》，载《今日东欧中亚》，1998年第4期，第45—50页。

[美] 维托·坦齐、[德] 舒克·内希特：《20世纪的公共支出》，商务印书馆2005年版，第164—166页。

Adrienne Cheasty, "Financing Fiscal Deficits", in Vito Tanzi, (eds.), *Fiscal Policies in Economies in Transition*, Washington, D.C.: International Monetary Fund, pp. 37 - 66, 1992.

Allen Schick, "The Role of Fiscal Rules in Budgeting", *OECD Journal of Budgeting*,

---

[1] Mark Hallerberg & Jürgen von Hagen, *Budget Processes in Poland: Promoting Fiscal and Economic Stability*, Research project commissioned by Warsaw: Ernst and Young Better, 2006.

Vol. 3, No. 3, 2003, pp. 8 - 34.

Alain de Crombrugghe & David Lipton, "The Government Budget and the Economic Transformation of Poland", in Olivier Blanchard, Kenneth Froot, Jeffrey Sachs, (eds.), *Transition in Eastern Europe* (Volume 2), University of Chicago Press, 1994, pp. 111 - 136.

Bratkowski A., M. Dabrowski, M. Antczak, K. Polomski & M. Luczynski, "Fiscal Policy in Poland under Transition", *CASE Network Studies & Analyses*, No. 49, 1995.

Commission of the European Communities, *Excessive deficit in Poland*, Report prepared in accordance with article 104 (3) of the Treaty SEC (2004) 576, 2004.

Directorate General for Economic and Financial Affairs of European Commission, *Evaluation of the 2002 Pre-accession Economic Programmes of Candidate Countries*, 2002.

Frank Bönker, *The Political Economy of Fiscal Reform in Central-Eastern Europe: Hungary, Poland, and the Czech Republic from 1989 to EU Accession*, Cheltenham: Edward Elgar, 2006.

Grzegorz W. Kolodko, "Lessons for the Emerging Markets from Poland's Great Change", *Communist and Post-Communist Studies*, Vol. 38, 2005, pp. 369 - 379.

H. Gronkiewicz-Waltz, "Poland and the IMF", paper presented at IMF and Democracy: Second General Assembly of the Club of Madrid, Madrid, November 2003.

Jeffrey Sachs, *Poland's Jump to the Market Economy*, Cambridge, Mass: MIT Press, 1994.

Marek Szczerbak, *Institutional Aspects of Public Debt Management in Poland*, paper presented at 1st OECD Forum on African Public Debt Management, Amsterdam, December 2006.

Mark Hallerberg & Jürgen von Hagen, *Budget Processes in Poland: Promoting Fiscal and Economic Stability*, Research project commissioned by Warsaw: Ernst and Young Better, 2006.

Ministry of Economy of the Republic of Poland, *Poland 2012*, Economy Report, 2012.

OECD, *Fiscal Sustainability: the Contribution of Fiscal Rules*, OECD Economic Outlook, No. 72, 2002.

OECD, *OECD Economic Surveys: Poland 2006*, 2006.

Peter Gowan, *The Global Gamble: Washiongton's Faustian Bid for World Dominance*, New York: Verso, 1999.

Radoslaw Zubek, "Poland: Unbalanced Domestic Leadership in Negotiating Fit", in Kenneth Dyson, (ed.), *Enlarging the Euro-Zone: The Euro and the Transformation of East Central Europe*, Oxford: Oxford University Press, 2006.

Randall W. Stone, *Lending Credibility: The International Monetary Fund and the Post-Communist Transition*, New Jersey: Princeton University Press, 2002.

Timothy D. Lane, *Inflation Stabilization and Economic Transformation in Poland : the First Year*, IMF Working Paper No. 91/70, 1991.

Tomasz Jedrzejowicz & Witold Kozinski, "A framework for Fiscal Vulnerability Assessment and Its Application to Poland", in Bank for International Settlements, *Fiscal Policy, Public Debt and Monetary Policy in Emerging Market Economies*, BIS Papers, No. 67, 2012, pp. 285 – 294.

VitoTanzi, "Fiscal Policy, Growth, and the Design of Stabilization Programs", in Mario I. Blejer and Ke-young Chu (eds.), *Fiscal policy, stabilization, and growth in developing countries*, Washington D. C. : International Monetary Fund, 1989, pp. 13 – 32.

Wojciech Misiag & Adam Niedzielski, "Openness and Transparency of Public Finance in Poland in the Light of International Monetary Fund Standards", IBnGR Working Paper, No. 29, 2001.

World Bank, *Poland: Towards a Fiscal Framework for Growth: A Public Expenditure and Institutional Review*, World Bank, Washington D. C, 2003.

临"危"不惧：
瑞典如何保持长期良好的财政可持续性*

黄 严 张培培**

内容摘要：20世纪80年代与90年代中期，瑞典曾两次经历政府赤字和债务率急剧增长，导致政府入不敷出，然而其通过"世纪税制改革"、削减社会福利与经常性支出等一系列措施逐步降低了政府赤字及负债率，同时开始反思如何保持良好的财政可持续性，因此于90年代中期实施全面的中期预算框架改革，逐步建立起具有强大抗危机能力的预算制度，因而在2008年金融危机引发的欧债务危机中，欧洲多国政府债务率急剧上升甚至面临违约风险，但瑞典却临"危"不惧，政府负债率不升反降，成功应对了危机并保持了良好稳定的国家财政可持续性。如何防范地方政府债务问题带来的国家财政可持续风险正是我国现阶段亟待解决的现实难题，因此瑞典的成功经验对我国具有重要借鉴意义。

关键词：瑞典；政府债务；预算改革；财政可持续

---

* 该文已经发表于《武汉大学学报》（哲学社会科学版）2016年第3期。基金项目：中山大学中国公共管理研究中心项目（09070-31910023）；中山大学基本科研业务费专项（13000-31610133）。

** 黄严，中山大学中国公共管理研究中心研究员；中山大学政治与公共事务管理学院讲师。张培培，中山大学政治与公共事务管理学院博士研究生。

国家财政可持续性，是指一个国家解决其政府债务问题、规避其政府债务违约风险的能力。如若一国政府债务比例过高而其财政收入又无法偿付相应债务，则表明该国财政不可持续，且极有可能导致国家破产。① 欧盟多国主权债务危机的爆发就是活生生的例子。在 2008 年美国次级贷款金融危机的影响下，全球各国经济增速普遍放缓，甚至很多欧盟成熟经济体国家出现经济负增长，而同时为了维持国家经济运转及解决国民养老、失业等各种社会保障问题，欧盟主要国家的公共支出节节攀升，使得政府赤字及负债水平不断上升，造成其国家财政入不敷出从而引发政府债务违约风险，最终导致欧盟大部分国家主权债务危机串联式大爆发。然而，尽管欧债危机的大火蔓延至大多数欧盟国家，如希腊、意大利、英国、爱尔兰、法国、葡萄牙等国的政府债务占 GDP 比例皆超过 90%②，但仍有几个为数不多的欧盟国家能在这场重大主权债务危机中保持较低政府负债率从而稳保其国家财政可持续性，如瑞典、卢森堡、爱沙尼亚等。③ 其中，瑞典的政府债务率反经济周期之道而行之，不升反降，一直保持在 40% 以下，保持着稳定良好的财政可持续性。

当前中国政府债务的雪球越滚越大，政府正面临越来越严峻的财政可持续风险。④ 欧洲主权债务危机发生后，很多学者将债务危机比较严

---

① Shyh-Wei Chen, "Testing for Fiscal Sustainability: New Evidence from the G – 7 and Some European Countries", *Economic Modelling*, Vol. 37, 2014, pp. 1 – 15; A. H. Ahmad & Su-ling Fanelli, "Fiscal Sustainability in the Euro-Zone: Is There a Role for Euro-Bonds?", *Atlantic Economic Journal*, Vol. 42, No. 3, 2014, pp. 291 – 303.

② OECD, *Government at a Glance* 2013, OECD Publishing, 2013, Available on line: http://dx. doi. org/10. 1787/gov_glance – 2013 – en.

③ 黄严：《覆巢之下亦有完卵——析卢森堡公共财政可持续及其对中国的启示》，载《公共行政评论》，2014 年第 1 期，第 81—82 页。

④ 马骏：《中国公共预算面临的最大挑战：财政可持续》，载《国家行政学院学报》，2013 年第 5 期，第 19—30 页。

重的国家（如希腊、意大利、西班牙）作为反面经验①，研究对中国防范债务危机的启发，但这些国家并未成功战胜双重危机的打击，所得到的经验仅仅是根据此次危机导致的负面结果推理而知，且呼吁通过预算制度建设来防范财政风险的建议甚少，但将预防财政风险的有效措施进行制度化恰恰是解决中国地方政府债务问题的关键步骤与方法，因此本文以瑞典政府在应对多次国际、国内危机过程中的一系列预算制度的建设与改革为研究对象，总结其如何在此过程中不断提高国家财政可持续性并成功应对此次双重危机的重要成功经验，来回答中国政府"应该怎么做"才能有效防范财政风险的问题。

本文首先论述了瑞典在2008年全球经济危机后政府债务率不升反降的客观现状；其次阐述了瑞典如何通过改革税制与养老金制度来应对其20世纪80年代与90年代中期所经历的两次重大政府债务危机；随后深入分析了瑞典如何在两次大危机后进行反思与改革，通过全面建立中期预算框架并赢得长期良好的国家财政可持续性，使其能在2008年的经济危机及2011年的欧洲主权债务危机中临"危"不惧，从容应对；最后总结了瑞典经验对防范中国政府债务风险的重要启示。

一、2008年全球金融危机后瑞典政府债务率不升反降

2008年美国次级贷款金融危机的爆发殃及全球各类经济体，同时成为欧洲主权债务危机爆发的催化剂。欧洲大部分国家财政可持续状况不容乐观，然而瑞典政府债务率却一直处于较低水平，更重要的是2008年金融危机后，原先政府债务率处于低水平的芬兰、德国、奥地利等国

---

① 丁纯：《从希腊债务危机看后危机时代欧盟的经济社会状况》，载《求是》，2010年第7期，第57—59页；王莹莹：《希腊债务危机对我国地方债务危机之镜鉴》，载《中国外资》，2011年第8期，第53—54页；李旭东：《西班牙债务危机及启示》，载《中国财政》，2013年第8期，第69—70页；孙彦红：《意大利公共债务问题评析》，载《欧洲研究》，2015年第2期，第96—112页。

的债务率立即进入快速上升通道，而瑞典的政府债务率却反经济周期之道而行之，不升反降，一直保持在40%以下，保持着稳定良好的财政可持续性（见图1）。2014年，穆迪公司对瑞典政府债务的评级维持在AAA级，且认为其经济的稳定增长和较低的财政赤字仍会让瑞典债务比率比与其他AAA评级水平的国家更低。①

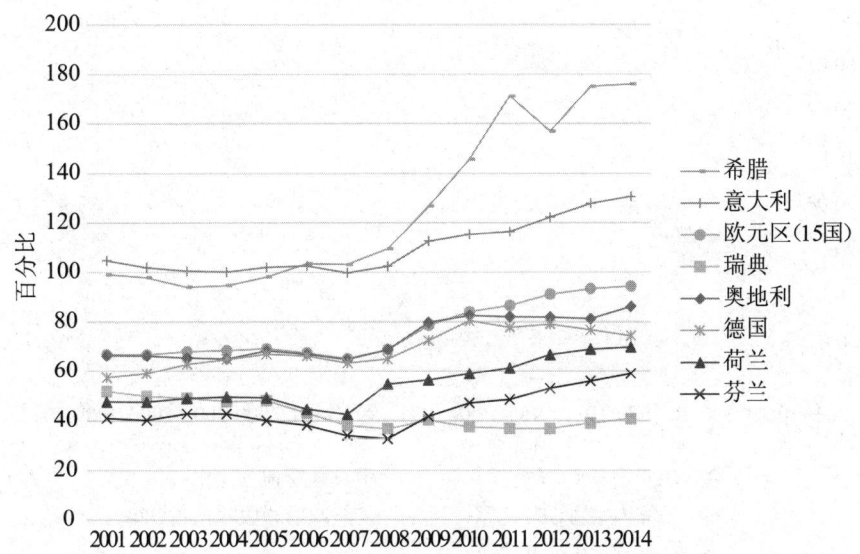

图1 欧洲主要国家政府债务占GDP比重

资料来源：OECD Economic Outlook No 96-November 2014-OECD Annual Projections

全球经济危机与欧洲主权债务危机当前，瑞典如何能临"危"不惧，继续保持稳定良好的财政可持续性，且政府债务还不升反降？实际上在全球经济危机之后的2009年，瑞典GDP比2008年下降5.1%，降幅超过绝大部分欧元区国家，但出乎意料的是，2010年其实际GDP却

---

① 评估结果来源于穆迪投资者服务公司网站，https://www.moodys.com/research/Moodys-Wealthy-diversified-economy-and-healthy-growth-prospects-underpin-Swedens-PR_314635.

触底反弹上升5.7%，一年间实现了10.8%的增长，开始强势复苏（见图2）。因此，瑞典能保持良好的财政可持续性，并非因其没有受到经济危机影响，而是得益于建立了应对危机的强大财政能力。

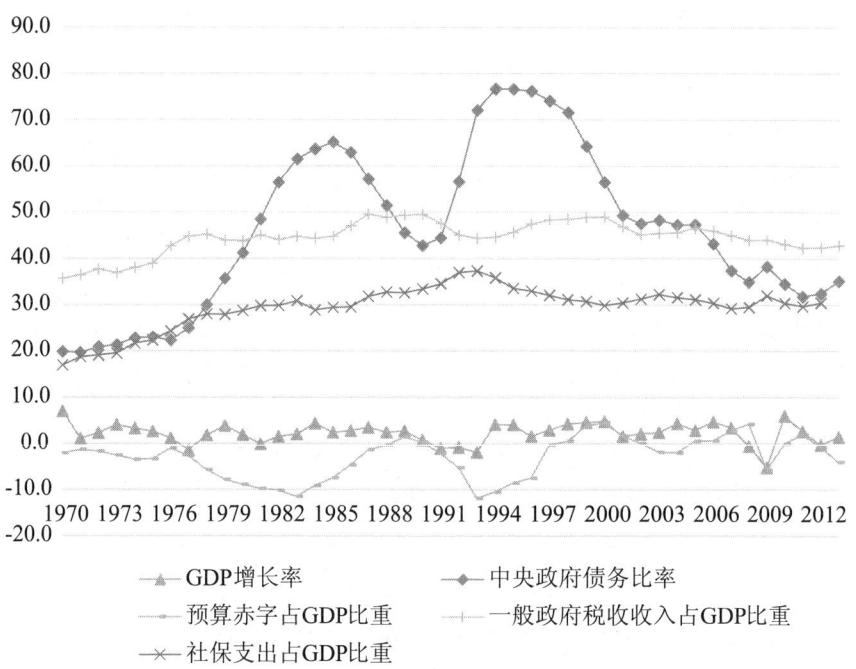

图2 瑞典经济与财政发展状况（1970—2012）

注：GDP增长率以2010年为基期；债务比率和中央政府赤字占GDP比重根据网站数据计算得到。自1996年开始，瑞典财政年度由当年6月—次年6月改为当年1—12月，但在计算赤字率时的分母仍为日历年GDP。

资料来源：Statistic Sweden；瑞典统计年鉴1971—2014；OECD（2015），doi：10.1787/d98b8cf5-en（2015年2月15日获取）。

若回顾瑞典经济发展史就不难发现，该国并非每次都能像2008年这样成功应对经济危机且保持健康的低政府债务水平。自1870s开始，瑞典曾经历过7次经济危机，其中20世纪70年代末和90年代初的最近两次大危机皆致其政府债务大幅增加，并引发国家财政危机。① 因而20世纪80年代中期和90年代中期，瑞典政府负债率相继两次攀上高峰，分别达到60%和75.7%，但在第二次高峰后其债务率却不断下降，2011年降至仅31.8%（见图2）。正是在这两次危机中，瑞典逐步进行财政体制改革并建立起现代预算管理制度，才使之在2008年的全球经济危机中，能够快速恢复经济增长并维持和稳固其低水平政府债务率。

二、两次大危机下的政府债务高峰及其预算改革

（一）1980年代国际石油危机引发政府债务危机

二战之后，瑞典一直保持较快速的经济增长，并开始建立并逐步完善全民社会保障制度。从经济总量上看，1951—1960年间其GDP年均增长率为3.3%，1961—1970年间其经济增长尤为迅速，GDP年均增长率达4.7%；同时，其财政收入也不断增加，1970年其税收收入占GDP的比重达37.8%。② 因此，在国家全民社保制度建立与完善的过程中，尽管社会福利支出不断攀升，但从20世纪50年代至70年代初，瑞典并未出现过严重的财政危机，政府债务率也相对稳定。③

然而，自1970年代开始，瑞典经济增速开始放缓，但公共支出仍不断增加，导致财政危机的产生。如图2所示，1971年瑞典GDP增长率由上年的6.9%降至不足1%，加上两次石油危机的打击，其经济增长持续下滑，1977年出现二战后的第一次经济负增长。在经济增速放缓、财政收入减少的同时，瑞典公共部门却不断扩张，公共支出规模不断增

---

① Lars Jonung & Thomas Hagberg, *How Costly Was the Crisis of the 1990s? A Comparative Analysis of the Deepest Crises in Finland and Sweden over the Last 130 Years*, Economic paper 224, DG ECFIN, Brussels, 2015.

② Richard Murray, "Sweden's Welfare State: Trouble Ahead", *Inroads: A Journal of Opinion*, Vol. 15, 2004, pp. 84–95.

③ Sven E. O. Hort, *Social Policy, Welfare State, and Civil Society in Sweden. Volume Ⅰ: History, Policies, and institutions 1884–1988*, 3rd Enlarged Edition, Arkiv Academic Press, 2014.

加，其社保支出占 GDP 的比重从 1970 年的 16.9% 一路升至 1983 年的 30.8%。而经济下行压力下，财政收入无法继续满足不断增长的公共开支需求，导致其财政状况不断恶化。然而 1976 年上台的非社会民主党派政府因害怕受到指责，既不想削减福利开支，又拒绝增税，只有通过借外债来解决财政资金入不敷出的问题，因此 1977—1985 年间，瑞典全民福利体系主要依赖政府债务而建立[①]，此间瑞典财政赤字率不断增加，尤其第二次石油危机更是加速了其债务积累，到 1983 年其财政赤字率已超过 11.56%，政府债务率也从 1977 年的 26.9% 飙升至 1985 年的 65.1%，政府面临严重的债务危机。

为了应对经济衰退与财政压力，1982 年社会民主党上台启动了一系列旨在刺激经济复苏、维持就业水平与削减财政赤字的政策措施，将资金引向创造就业和增加税收的行业，促进私人投资，被称为第三条路（The Third Way）。此外，瑞典也开始关注其福利体制存在的问题，特别是当时的现收现付制养老金制度。瑞典国家社保署（National Social Insurance Board）在 1983 年公布的一份报告中揭露了其福利体制对经济增长的依赖，因而政府开始担忧其福利政策的长期影响可能造成国家财政的不可持续，并成立了专门养老金委员会对整个福利体制进行重点研究，尤其是养老金制度与经济发展之间的关系。[②]

尽管随着经济刺激计划的实施和国际经济环境的好转，瑞典经济发展逐步恢复，国家财政状况逐渐好转，政府债务危机也有所缓和，但在此次经济与债务危机爆发的过程中，瑞典政府意识到自己并不具备防范

---

① Edward Palmer, "Swedish Pension Reform: How Did It Evolve, and What Does It Mean for the Future?", in Martin Feldstein and Horst Siebert (eds.), *Social Security Pension Reform in Europe*, University of Chicago Press, 2002.

② Edward Palmer, "Swedish Pension Reform: How Did It Evolve, and What Does It Mean for the Future?", in Martin Feldstein and Horst Siebert (eds.), *Social Security Pension Reform in Europe*, University of Chicago Press, 2002.

债务危机爆发的能力,因此在 1980 年代初,瑞典财政部预算处已经开始讨论该如何进行预算改革,并提出了不考虑通货膨胀率而设定严格支出上限的想法,但在当时瑞典通货膨胀率颇高且波动异常的情况下,实施该措施几乎不可能,所以此次讨论没有深入下去,政府也未能采取有效的改革措施。① 而正是由于预算制度中存在的漏洞与缺陷未能被及时弥补和完善,给 1990 年代初期瑞典政府再次爆发债务危机埋下了巨大隐患。

(二) 1990 年代国内经济危机再度引发政府债务风险

1990 年代初期的瑞典经济危机与该国金融信贷自由化进程密切相关。② 1985 年,瑞典开始放松对金融信贷行业的管制,取消对商业银行发放贷款的限制。受金融自由化的刺激,企业和家庭等市场主体开始在相对较低的利率下大量借债;银行之间也展开激烈市场竞争,大量发放贷款。基于对宏观经济过于乐观的估计,同时受国内政客发展房地产野心的诱导③,大量信贷资金流入房地产行业,促使房地产行业盲目地迅猛扩张,导致房地产价格飙升。在已然高通胀的国内宏观经济环境、对高通胀的普遍高预期以及当时特殊的税收优惠体制④下,瑞典实际存款利率为负值,建立在私人部门过度投资和金融体系超负荷借贷基础上的金融泡沫开始产生。

---

① Per Molander & Jörgen Holmquist, *Reforming Sweden's Budgetary Institutions-Background, Design and Experiences*, Rapport till Finanspolitiska rådet, 2013.

② Lars Jonung, Jaakko Kiander & Pentti Vartia, *The Great Financial Crisis in Finland and Sweden-The Dynamics of Boom, Bust and Recovery, 1985 – 2000*, European Economy-Economic Papers 350, Directorate General Economic and Financial Affairs (DG ECFIN), European Commission, 2008.

③ Stefan Ingves & Göran Lind, "Stockholm's Solutions", *Finance & Development*, 2008, pp. 21 – 23.

④ 当时瑞典为了促进消费者购买房地产,国内税法规定:房地产所有者或消费者可以在缴纳个人所得税时从应税税基中扣除需要偿付的房地产利息这部分金额,从而获得减税优惠 (Edlund, 1999: 337 – 355)。

为了应对经济过热，财政部开始实行紧缩政策，并在 1991 年进行"世纪税制改革"（The Tax Reform of the Century）。此次税制改革扩大了增值税税基、提高了消费税税率并取消了房地产购买者利息支出的税基扣除优惠。正是由于第三项改革取消的税基扣除优惠，导致购房者需要支付的实际利率迅速上升，借贷成本大幅增加，人们便纷纷开始储蓄而抛弃房产贷款，促使市场对房地产与股票投资产生逆向预期，从而引发房地产和股票泡沫迅速破裂。① 再加上国际投机者趁机利用欧洲利率机制打击克朗从中牟利，使得国际市场对瑞典金融市场的预期也大幅下降，资本大量外流，股市暴跌，企业、银行破产，失业率从 1990 年的 2% 飙升至 1992 的 6.6%。②

随着国内经济危机的爆发，瑞典政府的财政危机也开始凸显。从图 2 可以看出，1990 年之前瑞典经济增长趋势良好，政府预算甚至出现盈余，政府债务率也明显下降；但自 1990 年开始，经济增长率明显下滑，政府财政收入也大幅下降。同时国家资产价值降低，但债务名义价值却保持不变，使得政府更加入不敷出。但此时比尔特政府却并未能对财政支出进行实质性削减，而是靠借债维持开支③，以至于政府经常性支出与福利支出的亏空雪球般越滚越大，结果催生大规模财政赤字与高额债务。如图 2 所示，1993 年瑞典福利支出占 GDP 比重已经高达 37.3%，政府债务率从 1990 年的 42.7% 迅速攀升至 1994 年的 76.6%，财政纪律遭到严重破坏。

---

① Lars Jonung, *Financial Crisis and Crisis Management in Sweden-Lessons for Today*, ADBI Working Paper 165, Tokyo: Asian Development Bank Institute, 2009, pp. 8 - 9.

② Martin Flodén, "A Role Model for the Conduct of Fiscal Policy? Experiences from Sweden", *Journal of International Money and Finance*, Vol. 34, 2013, pp. 177 - 197.

③ Sven E. O. Hort, *Social Policy, Welfare State, and Civil Society in Sweden. Volume I: History, Policies, and institutions 1884 - 1988*, 3rd Enlarged Edition, Arkiv Academic Press, 2014, p. 82; Virpi Timonen, *Restructuring the Welfare State: Globalization and Social Policy Reform in Finland and Sweden*, Edward Elgar, 2003, p. 44.

面对严重的财政危机,削减政府赤字与债务成为共识。其中如何削减福利支出,尤其是进行养老金制度改革成为关注的焦点。经过多次针对原有养老金体系的调查、激烈讨论和协商,瑞典议会在1994年6月通过养老金改革法案,主要内容包括:(1)新的养老金制度取消了原有补充养老金制度中关于以15年最高工资为计算基础的规定,用工资指数代替物价指数作为确定基数的标准,使养老金制度同步适应经济发展趋势;(2)将最低资格年龄提高到61岁,津贴标准由工资的65%降至55%;(3)从现收现付制变为部分积累制,引入个人名义账户,将个人缴费与待遇紧密联系起来,不仅改善了原体制再分配不公、工作激励性不够等问题,还对财政的可持续性具有很强的借鉴意义。① 随后社会民主党重新掌权,宣布继续削减220亿克朗的社会福利支出,占公共支出总额的4%。②

通过一系列改革,瑞典的福利支出从1994年开始明显下降,从35.9%降至2000年的29.9%;同时随着浮动利率制度的实施,经济发展逐渐好转,税收占GDP比重明显回升,从1994年的46%升至2000年的51%,政府赤字与债务占GDP比重也不断下降,债务率从1995年的76.6%缩减到2000年的56.5%,且呈现不断下降的趋势,成功度过国内经济危机和政府财政危机。瑞典社会民主党及其所实施的财政政策获得国际货币基金组织的高度赞扬:"自1994年实施财政预算改革以来,通过削减开支和提高税收,再加上降低利息成本,瑞典财政整体改善金额达到GDP的10%。"③

---

① Annika Sundén, "The Swedish Experience with Pension Reform", *Oxford Review of Economic Policy*, Vol. 22, No. 1, 2006, pp. 133 – 148.;陈维佳、丁建定:《社会民主主义福利国家福利紧缩研究——以瑞典养老金改革为样本》,载《兰州学刊》,2011年第5期,第69—74页。

② Stuart Wilks, "Reform of the National Budget Process in Sweden", *International Journal of Public Sector Management*, Vol. 8, No. 2, 1995, pp. 33 – 43.

③ IMF, *IMF Concludes Article IV Consultation with Sweden*, Public Information Notice (PIN) No. 99/87, 1999, http://www.imf.org/external/np/sec/pn/1999/pn9987.htm.

三、建立中期预算框架以保持长期财政可持续性

政府债务危机总是与国际或国内经济危机相伴相生,如何才能让政府财政具备长期可持续性,避免受到经济危机的波及与影响? 20 世纪 80—90 年代的两次政府债务危机使得瑞典改革者开始进行深刻反思,特别是 90 年代的债务危机让瑞典人民认识到完善的社会福利体系不能依靠举债维持。"有债务,无自由"成为瑞典前财政部长约兰·佩尔松的著名箴言。[①]

因此,除了改革社会福利制度、削减政府开支以外,进行财政体制改革、加强财政纪律、进行预算成本控制也开始被政府所重视。实际上在 1982 年第一次债务危机时,瑞典社会民主党为了有效控制财政支出并加强国家财政的可持续性,就已开始准备建立中长期预算框架,并在一些部门进行试点,90 年代再次爆发的债务危机则加快了这一进程。1993 年,根据国会委员对预算改革的调查结果,国会两次投票通过了瑞典新一轮预算改革法案,通过建立中期预算框架来保持国家财政可持续性,并分别于 1996 年、1997 年及 2000 年逐步深入地实施了四个方面的具体改革措施[②]:(1) 总额控制:引入自上而下的预算编制过程,进行支出总额控制;(2) 战略前瞻:编制三年期滚动预算,实施"财政边际储备金"制度;(3) 开源:设定财政盈余目标;(4) 加强对地方政府的预算控制:要求预算平衡。这一系列预算改革措施不仅减少了经济周期波动对政府财政可持续性的不良影响,还为瑞典成功应对 2008 年全球经济危机及 2011 年的欧洲主权债务危机奠定了坚实有效的财政制度基础。

---

① Virpi Timonen, *Restructuring the Welfare State: Globalization and Social Policy Reform in Finland and Sweden*, Edward Elgar, 2003, pp. 45 – 46.

② Micheal Bergman, "Best in Class: Public Finances in Sweden during the Financial Crisis", *Panoeconomicus*, Vol. 58, No. 4, 2011, pp. 431 – 453.

(一)总额控制:引入自上而下的预算编制过程,进行支出总额控制①

1996 年,瑞典颁布国家预算法案(The State Budget Act of 1996)引入自上而下的预算编制过程并进行支出总额控制。法案规定预算编制必须经过春秋两季两次预算提案,并设定支出上限,再由政府在该"上限"之内具体分配各项支出,以达到总额控制目标。具体编制过程如下②:

1—3 月	财政部根据各支出部门提交的预算提案对滚动预算框架进行更新(以 2015 年瑞典预算报告为例,详见下文表1)
3 月中旬	财政部向内阁提交下一财政年度及后续两个财政年度的预算建议
3 月下旬	内阁召开预算会议,讨论并通过下一财政年度及后续两个财政年度的支出总额,并确定 27 个支出领域各自的指导性财政支出总水平(详见下文第 2 点)
4 月 15 日	财政部向议会提交政府春季财政政策草案
4—5 月	各支出部门在其支出总额内决定各单项拨款项目的分配情况
6 月 15 日	议会批准政府的春季财政政策草案,必要时进行修正
6—8 月	各部门起草预算草案并交财政部审核
9 月上旬	内阁审议并通过要向议会提交的预算草案
9 月 20 日	政府向议会提交预算草案

注:根据瑞典国家预算法案规定,议会要对春季财政政策草案和秋季预算草案进行两次投票,且程序非常繁琐。2001 年瑞典国会审查委员会建议国会将投票过程主要放在秋季预算草案上,因此现在的春季财政政策草案只包含对下个财政年度预算的总体指导方针,但不再确定支出上限与支出领域(Wehner,2007:313 - 332)。

---

① Paul Posner and Chung-Keun Park, "Role of the Legislature in the Budget Process: Recent Trends and Innovations", *OECD Journal on Budgeting*, Vol. 7, No. 3, 2007, pp. 1 - 26.
② Jón R. Blöndal, "Budgeting in Sweden", *OECD Journal on Budgeting*, Vol. 1, No. 1, 2001, pp. 27 - 57.

（二）战略前瞻：编制三年期滚动预算，实施"财政边际储备金"制度

1997年瑞典开始编制三年期滚动预算，用以预测并维持政府预算的稳定性与可持续性。先由财政部向议会提交以三年为周期的预算支出总额，议会据此确定三年期最高支出限额，最后决定三年期内预算总额在27个支出领域的分配方案。① 三年期最高支出限额范围主要包括政府预算支出（不含政府债务利息）与公共养老金。要合理确定最高支出限额，既要对宏观经济发展进行准确预测，又要密切监控并预测财政支出的变化趋势，才能确保每年财政支出总额既不会因为被滥用或使用效率低下而被浪费，又能符合国家经济社会发展所需。

由于瑞典政府自1997年开始编制的三年期滚动预算框架并未发生重大变化，因此本文以其最新发布的2015年三年期滚动预算框架为例进行具体分析。由表1可见，2014年瑞典政府提出的2015年支出上限为11600亿克朗，而国会通过的支出上限为11270亿克朗；2015年政府提出的三年期（2016—2018年）滚动预算的支出上限分别为12070、12650与13220亿克朗，国会则仅通过了11670亿克朗作为2016年的支出上限，从而通过在三年期滚动预算的框架内对每年的财政支出进行预测并采取滚动式总额控制的方式来保持其财政可持续性。

---

① 27个支出领域分别是：瑞典政治体制、经济与财政管理、征税管理、司法、外交政策与国际公共事务合作、国防、国际发展合作、移民与难民、卫生医疗与社会服务、残疾人与家庭儿童保险、养老保险、劳工市场与失业保险、教育与大学科研、文化媒体宗教与休闲、房地产计划申请与建设、地区平衡与发展、环境保护、能源、通信、农业林业与渔业等、商业、中央对地方转移支付、中央债务利息、对欧盟的缴费。

表 1　2015 年瑞典预算支出上限水平

单位：亿克朗

	2014	2015	2016	2017	2018
国会通过的支出上限	11070	11270	11670		
政府提出的支出上限		11600	12070	12650	13220
支出上限占 GDP 比重（%）		27.6	28.0	28.0	28.0
支出上限约束下的总支出	10940	11340	11740	12140	12440
预算边际储备金	130	260	330	510	780
预算边际储备金占总支出比重（%）	1.2	2.3	2.8	4.2	6.2
预算边际储备金占 GDP 比重（%）	0.3	0.6	0.8	1.1	1.6
一般政府结构性净借债占 GDP 比重	-0.9	-0.4	0.0	0.0	0.5

资料来源：Budget statement 2015，http://www.government.se/

此外，在三年期最高支出限额与 27 项支出领域指导性预算总额之间存在一个差额，即"预算边际储备金"（Budgeting Margin）。其具体规定为本年度预算边际储备金至少占预算支出的 1%，下一年度至少占 1.5%，第三年则需至少占 2%。这项储备金制度的主要作用是提供预算资金缓冲带，避免由于意外事件导致财政支出超过规定上限，同时为临时增加新的预算支出留出余地。① 由表 2 可见，受 2008 年国际金融危机的影响，自 2009 年开始，瑞典预算边际储备金总额大幅提升，其占预算支出比例也相应提高；而随着经济危机的结束，瑞典国内经济发展态势逐步回暖，其预算边际储备金额度也相应下降，充分表明预算边际储备金的建立极大提升了瑞典政府预算弹性，因而能更加游刃有余地应对

---

① Micheal Bergman, "Best in Class: Public Finances in Sweden during the Financial Crisis", *Panoeconomicus*, Vol. 58, No. 4, 2011, pp. 431-453.

全球性经济危机的冲击，而不会超过支出的最高限额。

表2　2002—2014年瑞典预算支出上限水平

单位：亿克朗

年份	预算边际储备金	预算边际储备金占总支出比重（％）	年份	预算边际储备金	预算边际储备金占总支出比重（％）
2002	19	0.2	2009	376	3.8
2003	29	0.4	2010	350	3.6
2004	24	0.3	2011	660	6.6
2005	57	0.7	2012	580	5.7
2006	118	1.3	2013	290	2.7
2007	279	3.0	2014	130	1.2
2008	169	1.8	2015	260	2.3

注：由于2009、2010年瑞典政府预算未列出2008、2009年最终预算边际储备金额，因此2008、2009年数据分别为估计数和预测数。
资料来源：budget statement 2003－2015，http://www.government.se/

（三）开源：设定财政盈余目标

在宏观掌控国家经济、政府预算数据的基础上，要保持良好的财政可持续性，节流虽必要，开源更重要。因此，1996年瑞典预算法案同时规定政府必须在一个经济周期内实现占其GDP2%的财政盈余目标，此规定并非要求政府每年都必须实现该额度的财政盈余，而是指政府在单个财政年度内可偏离此盈余目标，但一定要在一个经济周期内实现平均每年2%的财政盈余。[①] 由图2可见，预算盈余目标确定后，1998—2008年间瑞典政府预算盈余率平均为1.35%，虽然2008年预算赤字达到5.7%，但因其已经建立起完善的财政预算制度来抵抗经济危机风险，所以2009年瑞典很快恢复财政盈余状态。

---

① Micheal Bergman, "Best in Class: Public Finances in Sweden during the Financial Crisis", *Panoeconomicus*, Vol. 58, No. 4, 2011, pp. 431－453.

为了维护国家财政可持续性，瑞典政府公开表示，货币政策（如量化宽松、升降利率及存款准备金等政策）是稳定宏观经济的主要手段，因此只有在经济受到严重打击时才会使用财政政策进行调节。即使采用刺激性财政政策，如大幅增加财政支出进行基础设施建设以刺激经济发展，甚至不顾就业规律猛然增加公共部门招聘人数、增加工资性财政支出以维持暂时的就业水平，也要等经济恢复时将这些预支的财政赤字平稳转变为财政盈余。瑞典政府通过应对债务危机所得出的经验总结，与凯恩斯的观念不谋而合，他们都认为"政府在经济衰退时可采取相应的赤字政策，但必须在经济扩张时期通过财政盈余对其进行相应的补偿与抵消，因为政府不可能在预期无法偿债的情况下继续发展"①。因此从瑞典经验来看，在经济出现大幅波动时，所采取的积极财政政策必须有利于促进经济增长和长期就业②，不能仅仅短视地头痛医头，不然最后只会全盘皆输，难以挽回已导致的政策恶果。

（四）加强对地方政府的预算控制：要求预算平衡

除在中央层面对国家财政进行宏观预测和控制外，为了保持国家财政可持续，瑞典还进一步加强了对地方政府的预算控制。2000 年实行的预算改革规定③：

1. 地方政府必须实行平衡预算，仅允许地方政府在以下两种特殊情况下出现财政赤字：（1）地方政府总体财政状况良好；（2）在某年实行赤字预算是为了降低未来几年的支出成本，如为了避免公共资产损失。

2. 即使出现财政赤字，地方政府也应在三年内实现预算总体平衡。

---

① 黄严：《覆巢之下亦有完卵——析卢森堡公共财政可持续及其对中国的启示》，载《公共行政评论》，2014 年第 1 期，第 9 页。

② Micheal Bergman, "Best in Class: Public Finances in Sweden during the Financial Crisis", *Panoeconomicus*, Vol. 58, No. 4, 2011, pp. 431–453.

③ Micheal Bergman, "Best in Class: Public Finances in Sweden during the Financial Crisis", *Panoeconomicus*, Vol. 58, No. 4, 2011, pp. 431–453.

但平衡预算只是最低要求，一般而言，地方政府被要求实行全面经济管理，实现每年2%的财政盈余。

3. 地方政府必须实时监控财政收支变化，每年必须向中央政府提交年度报告以免出现难以挽回的地方财政赤字与债务。中央政府必须全面掌握及预测国家整体财政变化情况，并根据最新数据调整相应收支与债务总额，以保持国家长期稳定的财政可持续性。

1990年代中期发生第二次国内债务危机时，瑞典中央政府债务率一度达到接近80%的峰值，但随后通过总额控制、编制三年期滚动预算、实施"财政边际储备金"制度、设定财政盈余目标并对地方政府加强预算控制等一系列防范财政风险的预算改革，才使得瑞典公共部门支出总额与政府债务率开始大幅下降，从而保持了长期良好的财政可持续性。其政府债务率从2000年的56.5%降至2008年的34.9%，就算在2008年全球金融危机爆发之后的第二年也仅微升至38.3%且至今一直保持稳中有降的态势，并未走高（见图2）。可见，正是由于上述逐步实施的各项预算改革措施，才使得瑞典在防范2008年全球经济危机及2011年欧洲主权债务危机风险的过程中临危不"惧"，政府债务率不升反降，成为一国政府财政制度抵抗系统性经济风险、保持长期良好财政可持续性之典范。IMF也认为，瑞典从90年代开始的结构性财政改革增加了其应对危机的财政制度弹性，是该国经济在2008年并未受到很大影响的重要原因。[1]

四、对中国的启示

政府债务是一把双刃剑，如果使用得当且保持在适当水平，可以利用融资杠杆提高公共资金使用效率从而促进国家经济发展并增进国民福利，还可以在受到意外经济危机冲击时调控国家宏观经济以维持短期内

---

[1] IMF, *Cloudy Outlook for Sweden After Years of Success*, IMF Survey online, 2012.

的经济发展水平，并确保公共产品的提供；但如果过度举债，导致政府债台高筑，则不但无法通过这一财政工具对抗意外经济危机，还将陷入自己挖下的泥潭无法自拔。1992年欧盟创造欧元时通过的《马斯特里赫特条约》规定欧元区政府债务警戒线为一国债务总额占GDP的60%，即如果一国政府债务占GDP比例超过60%，那么该国就该思考其财政是否仍可持续了。① 当然，此比例并非是一成不变的，还应根据国家公共资产和国民资产的相对水平进行判断，特别是根据国家所处发展阶段及债务结构进行具体分析，比如当一个国家拥有强大的国有资产、处于快速经济发展期、且其政府债务结构大多由具备偿还能力的公共投资形成，那么就是其政府债务率超过60%但仍在可控范围内就毋须过于担忧，但仍需密切跟踪和监控；然而如果一个国家属于成熟经济体，处于平稳发展期，且其政府债务结构多由社会福利支出或者政府一般公共支出构成，就算其债务率尚未超过60%，也应当引起足够的重视与警惕，尽快通过改革改善其债务结构，以将政府债务危机消除在萌芽阶段。

根据国家审计署公布的数据显示，截至2013年6月底，我国各级政府负有偿还责任的债务共计206988.65亿元，负有担保责任的债务29256.49亿元，而可能承担一定救助责任的债务66504.56亿元。② 尽管从数据上看，中国政府负有偿还责任的债务总额占GDP比例并未超过60%，且大部分政府债务由公共投资形成，债务风险仍在可控范围内。但由于当前我国GDP及财政收入增速皆放缓，地方经济结构转型步履艰难，且随着国际金融合作的不断深入，任何一个大国的系统性金融风险都有可能导致全球性经济危机而波及到我国的经济发展与财政稳定，导致财政收入锐减；同时我国公共支出不断增加，特别是人口老龄化程度

---

① 尽管"如果不包括公共资产和全部国民资产，很难在理性的基础上为任何特定水平的公共债务辩护"（托马斯·皮凯蒂，2014：583），但将欧盟当时根据各国政府曾经出现过的债务风险而总结出的该警戒线作为一般国家政府债务风险上限标准仍值得参考。

② 国家审计署：《2013年第32号公告：全国政府性债务审计结果》，2013年12月30日。

加重导致具备"刚性"特征的赋权型支出逐年快速上升，再加上近几年来地方政府公共投资无效度高，重复建设与恶性投资竞争现象严重，如果政府债务继续按此态势高速增长，则地方政府极有可能入不敷出导致政府债务违约风险进而引发我国系统性金融风险，因而当务之急必须建立严格的财政制度与纪律来控制地方政府债务总量并优化债务结构，以保持长期稳定的财政可持续性。

相较之下，瑞典80年代中期的政府债务危机正是因经济增速放缓与不断增长的公共支出之间的矛盾而起，在国际经济危机的打击下发生的；而其90年代中期的政府债务危机则是由于在低息刺激下的金融机构超量放贷，政府同时大力发展房地产作为支柱产业，导致大量信贷资金流入房地产行业，最后房地产泡沫破灭导致国内经济危机爆发进而催生政府债务危机爆发。而我国现阶段面临的国际国内经济形势和财政风险与瑞典80—90年代中期如出一辙，因此瑞典经验非常值得借鉴。尽管近年来我国已建立多项有力措施来防范地方政府债务风险，例如，2015年通过的新《预算法》规定建立预算稳定调节金作为财政收入"蓄水池"，在经济发展突飞猛进、财政收入水涨船高时能将一部分财源存储起来，为经济降温维持可持续发展，而在经济衰退期，财政收入捉襟见肘时，就可以"开库放水"，成为经济发展及财政稳定的助推器；2015年财政部已下达6000亿元新增地方政府债券和3.2万亿元地方政府债券置换存量债务额度①，用以部分置换地方政府负有偿还责任的存量债务，来推迟地方政府偿债期限、节约部分债务利息以缓解地方政府偿债的燃眉之急。但从维护长期稳定的国家财政可持续性来说，我国必须继续深化如下改革：

1. 从宏观财政收支方面看，盲目依靠房地产等固定资产投资模式

---

① 楼继伟：《今年地方政府置换债券额度增至3.2万亿元》，载《新华网》2015年：http://news.xinhuanet.com/politics/2015-08/27/c_1116397148.htm.

不可持续，必须在严格控制地方政府债务总额的基础上，改变公共投资方向，加强科技创新、地下管网、环保、食品药品安全等方面的软实力建设，实现可再生性财政支出策略；同时在逐步摆脱高度依赖土地财政的基础上，大力鼓励与培养具备国际竞争力的创新型企业，减弱国企垄断地位，增加国际竞争力，进而培育内生动力性财政收入。

2. 债务水平与风险是与国有资产总量相对应的，如果不能完整计算出我国整体国有资产总额，便失去了评判政府债务风险的最重要依据，因此应完善国有资产负债表与国有资本预算的编制并增加其透明度，使政府与公民都能清楚掌握国有资产总额与国有资本预算收支明细，加强对国有资本运作过程的监督。

3. 参照瑞典建立全面的中期预算框架，合理制定支出总额上限、设定平均财政盈余目标，并编制 3 至 5 年期滚动预算，以提前预测宏观经济发展形势，增强我国政府财政长期抗风险能力。

4. 逐步推行基本社会保障体系的全覆盖的同时，必须认清养老与医疗两大保险体系所存在的巨大风险，尽快完善我国社保基金预算的编制，除对我国社保制度的长期可持续发展进行提前预测与控制外，还应根据经济发展与人口结构变化实时追踪每项社会保险基金的收入与支出情况，并及时做出相应调整。

【参考文献】

陈维佳、丁建定：《社会民主主义福利国家福利紧缩研究——以瑞典养老金改革为样本》，载《兰州学刊》，2011 年第 5 期。

丁纯：《从希腊债务危机看后危机时代欧盟的经济社会状况》，载《求是》，2010 年第 7 期。

国家审计署：《2013 年第 32 号公告：全国政府性债务审计结果》，2013 年 12 月 30 日。

黄严：《覆巢之下亦有完卵——析卢森堡公共财政可持续及其对中国的启示》，载《公共行政评论》，2014 年第 1 期。

李旭东:《西班牙债务危机及启示》,载《中国财政》,2013年第8期。

楼继伟:《今年地方政府置换债券额度增至3.2万亿元》,载《新华网》2015年: http://news.xinhuanet.com/politics/2015-08/27/c_1116397148.htm.

马骏:《中国公共预算面临的最大挑战:财政可持续》,载《国家行政学院学报》,2013年第5期。

孙彦红:《意大利公共债务问题评析》,载《欧洲研究》,2015年第2期。

托马斯·皮凯蒂:《21世纪资本论》,中信出版社2011年版。

王莹莹:《希腊债务危机对我国地方债务危机之镜鉴》,载《中国外资》,2011年第8期。

A. H. Ahmad & Su-ling Fanelli, "Fiscal Sustainability in the Euro-Zone: Is There a Role for Euro-Bonds?", *Atlantic Economic Journal*, Vol. 42, No. 3, 2014.

Annika Sundén, "The Swedish Experience with Pension Reform", *Oxford Review of Economic Policy*, Vol. 22, No. 1, 2006.

Edward Palmer, "Swedish Pension Reform: How Did It Evolve, and What Does It Mean for the Future?", in Martin Feldstein and Horst Siebert (eds.), *Social Security Pension Reform in Europe*, University of Chicago Press, 2002.

Gösta Ljungman, "The Medium-term Fiscal Framework in Sweden", *OECD Journal on Budgeting*, Vol. 6, No. 3, 2007.

IMF, *IMF Concludes Article IV Consultation with Sweden*, Public Information Notice (PIN) No. 99/87, 1999, http://www.imf.org/external/np/sec/pn/1999/pn9987.htm

IMF, *Cloudy Outlook for Sweden After Years of Success*, IMF Survey online, 2012 http://www.imf.org/external/pubs/ft/survey/so/2012/CAR070512C.htm

Joachim Wehner, "Budget Reform and Legislative Control in Sweden", *Journal of European Public Policy*, Vol. 14, No. 2, 2007. DOI: 10.1080/13501760601122704.

Jonas Edlund, "Attitudes towards Tax Reform and Progressive Taxation: Sweden 1991-96", *Acta Sociologica*, Vol. 42, No. 4, 1999.

Jón R. Blöndal, "Budgeting in Sweden", *OECD Journal on Budgeting*, Vol. 1, No. 1, 2001.

Lars Jonung, *Financial Crisis and Crisis Management in Sweden-Lessons for Today*,

ADBI Working Paper 165, Tokyo: Asian Development Bank Institute, 2009.

Lars Jonung, Jaakko Kiander & Pentti Vartia, *The Great Financial Crisis in Finland and Sweden-The Dynamics of Boom, Bust and Recovery, 1985 – 2000*, European Economy-Economic Papers 350, Directorate General Economic and Financial Affairs (DG ECFIN), European Commission, 2008.

Lars Jonung, Ludger Schuknecht& Mika Tujula, *The Boom-Bust Cycle in Finland and Sweden 1984 – 1995 in an International Perspective*, European Economy-Economic Papers 237, European Commission, 2005.

Lars Jonung & Thomas Hagberg, *How Costly Was the Crisis of the 1990s? A Comparative Analysis of the Deepest Crises in Finland and Sweden over the Last 130 Years*, Economic paper 224, DG ECFIN, Brussels, 2015

Martin Flodén, "A Role Model for the Conduct of Fiscal Policy? Experiences from Sweden", *Journal of International Money and Finance*, Vol. 34, 2013.

Micheal Bergman, "Best in Class: Public Finances in Sweden during the Financial Crisis", *Panoeconomicus*, Vol. 58, No. 4, 2011.

OECD, *Government at a Glance 2013*, OECD Publishing, 2013, Available on line: http://dx.doi.org/10.1787/gov_glance – 2013 – en.

Per Molander & Jörgen Holmquist, *Reforming Sweden's Budgetary Institutions – Background, Design and Experiences*, Rapport till Finanspolitiska rådet, 2013.

Paul Posner and Chung-Keun Park, "Role of the Legislature in the Budget Process: Recent Trends and Innovations", *OECD Journal on Budgeting*, Vol. 7, No. 3, 2007.

Richard Murray, "Sweden's Welfare State: Trouble Ahead", *Inroads: A Journal of Opinion*, Vol. 15, 2004.

Shyh-Wei Chen, "Testing for Fiscal Sustainability: New Evidence from the G – 7 and Some European Countries", *Economic Modelling*, Vol. 37, 2014.

Sven E. O. Hort, *Social Policy, Welfare State, and Civil Society in Sweden. Volume Ⅰ: History, Policies, and institutions 1884 – 1988*, 3rd Enlarged Edition, Arkiv Academic Press, 2014.

Sven E. O. Hort, *Social Policy, Welfare State, and Civil Society in Sweden. Volume Ⅱ:*

The Lost World of Social Democracy 1988 – 2005, 3rd Enlarged Edition, Arkiv Academic Press, 2014.

Stefan Ingves & Göran Lind, "Stockholm's Solutions", *Finance & Development*, 2008.

Stuart Wilks, "Reform of the National Budget Process in Sweden", *International Journal of Public Sector Management*, Vol. 8, No. 2, 1995.

Virpi Timonen, *Restructuring the Welfare State: Globalization and Social Policy Reform in Finland and Sweden*, Edward Elgar, 2003.

覆巢之下亦有完卵：析卢森堡公共财政可持续性及其对中国的启示[*]

黄 严[**]

内容摘要：欧债危机让欧盟各国陷入不同程度的国家财政困境，特别是葡萄牙、意大利、爱尔兰、希腊、西班牙五国的财政可持续性饱受诟病，但处于欧洲大陆要塞位置的小国卢森堡却通过其及时的社会福利制度改革、严格的中期预算控制框架、高效的支出质量管理方式、眼光长远的预算理念，恪守《稳定与增长公约》中规定的财政赤字和公共债务上限，成为欧债危机覆巢之下的完卵。因此，卢森堡在公共财政可持续性方面的宝贵经验对中国未来预算管理制度的完善具有重要借鉴意义。

关键词：养老金制度改革；中期预算框架；支出质量管理；卢森堡

在当前这个人人自危的后金融危机时代，全球各国特别是欧美国家公共债务议题被摆在了首位。欧洲成为债务危机重灾区，但卢森堡这个以金融、广播电视和钢铁为三大经济支柱产业、处于欧洲大陆要塞但仅拥有52万人口的小国，却成为这场危机覆巢之下的完卵。它以占国内

---

[*] 该文已经发表于《公共行政评论》2014年第1期。基金项目：中山大学青年教师起步资助计划。

[**] 黄严，中山大学中国公共管理研究中心研究员；中山大学政治与公共事务管理学院讲师。

生产总值 0.4% 的公共预算结构性盈余、20.8% 的低债务水平（2012年）以及极强的政府财政管理能力稳保 AAA 级本币、外币国家信用等级。那么，卢森堡是如何做到这些从而保证其财政可持续发展的呢？本文首先介绍了全球公共债务发展的历史趋势和欧洲各国公共债务现状，其次分析了卢森堡如何通过社会改革及预算控制方法保持其低财政赤字率及公共债务率，最后总结了卢森堡经验对于中国财政可持续性问题的启示。

一、全球公共债务发展历史趋势

根据 IMF 一篇工作论文中的统计数据显示（见图 1），"1880 年至 2009 年间，G20 发达国家组[①]公共债务占 GDP 比例平均值为 55%，尽管在有些时期该比例会大大高于该平均值。"具体来看，19 世纪 70 年代，大部分 G20 发达国家的公共债务都是由大规模战争造成的，"进入第一次金融全球化时期（1880—1913 年），G20 发达国家公共债务/GDP 比例处于逐步平缓下降趋势，然而接踵而至的第一次世界大战和财政危机使发达国家出现了第一次公共债务/GDP 比例峰值。20 世纪 20 年代该比例有所回落，但 20 世纪 30 年代早期的大萧条以及 1941—1945 年的第二次世界大战再次导致该比例节节攀升，特别是后者使公共债务占 GDP 比例的平均值达到了近 150%，随后进入逐年稳步下降通道直至 70 年代中期。其间，由于经济的快速增长与通货膨胀，G20 发达国家债务平均水平于 1960 年下降到仅占 GDP 的 50%，1974 年更是降到 30% 左右的最低点。但是，该比值从 70 年代中期开始重新回升，其间伴随着布雷顿森林体系汇率制度的瓦解和两次石油价格危机。从此，公共债务/GDP 比例一直处于上升通道，直到我们目前仍深受其害的全球金融危机爆发，直

---

① G-20 发达国家组包括美国、加拿大、英国、澳大利亚、法国、德国、意大利、日本和韩国。

接将众多发达国家债务比值重新推向新一轮的顶峰"。①

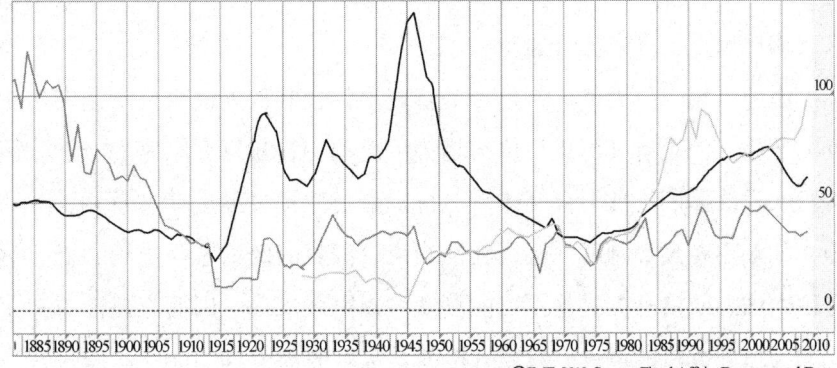

图 1　全球不同组别国家公共债务占 GDP 平均比例趋势图（1880—2009）

资料来源：Abbas et al.，2010：Figure 4。

对于 G20 发展中国家组（仅包括数据有效的发展中国家）来说，在第一次金融全球化时期（1880—1913 年），其公共债务/GDP 比例平均值呈剧烈下降态势，从最高值 120% 下降到最低值 20% 左右。此后处于长期平稳波动状态，一直在 30%—50% 之间徘徊，但 2008 年全球经济危机暴发后，该比例有重新抬头趋势。

而在低收入国家组则又是另一番景象。该组从 20 世纪 20 年代末才开始保存有效的公共债务数据以供分析，其国家公共债务占 GDP 比例的平均值从 1930 年到 1945 年先平后降，1945 年随着第二次世界大战的结束跌入谷底，占比不到 10%。随后迅速小幅上升并平稳波动，直至 1975

---

① S. A. Abbas, Belhocine, N., ElGanainy, A. & Horton, M., *A Historical Public Debt Database*, *IMF Working Paper*, Fiscal Affairs Department, November 2010.

年达到 25% 左右。然而，随着布雷顿森林体系汇率制度的瓦解和两次石油价格危机，从 1975 年开始，该比例在低收入国家组的快速攀升一发不可收拾；到 90 年代初期达到接近 90% 的顶峰，随后进入下降通道，直至 2009 年略高于 50%；与上两组国家相似，自 2008 年经济危机以来，该比例重新进入上升通道。

由此可见，公共债务不是一个新现象，公共债务危机也不是突然爆发的产物，而是有其历史规律与趋势可循的。它与每个国家的经济发展阶段、政治体制、社会福利体系、特别是财政预算制度等息息相关。因为，如果不在预算制度上进行硬性约束，国家的政治家与决策者们永远有理由增加政府开支，绝不可能自动缩减财政支出，因而直接造成赤字积累与债务危机的爆发。欧盟各国就是很好的例子。

二、欧洲各国公共债务现状

从图 1 和上文分析可以看出，2008 年美国次贷危机引发全球金融危机之后，全球各国公共债务占 GDP 比例平均值普遍进入上行通道。在发达国家组则更为明显，该值快速攀升，在 2009 年就已接近 100%，远超 60% 的警戒线。

具体来说，欧盟则是此次公共债务危机的重灾区。由于在美国次贷危机的影响下经济增长性中断、2001 年为了进入欧盟而将 1997—2000 年预算赤字数据造假[①]以及不合常规的高福利养懒人制度[②]等因素的影响下，希腊积累的债务大山终于崩塌，该国政府于 2009 年 10 月突然宣布

---

① 哈诺·贝克、阿吕斯·佩里兹：《为什么国家也会破产》，原龙译，中国电力出版社 2013 年版。
② 希腊国家公务员不到 50 岁就能退休领取养老金，他们每月能拿到的各种津贴总数最高可达 1300 欧元，获得津贴的名目五花八门，比如会使用私人电脑、掌握一门外语等，最匪夷所思的是竟然会为准时上班发放津贴。希腊官僚体制的膨胀一发不可收拾，该国公务员人均占有量比英国多 5 倍，每年国家要为此支付上百亿欧元（哈诺、阿吕丝，2013）。

该年政府财政赤字和公共债务占GDP的比例预计将分别达到12.7%和113%,远超欧盟《稳定与增长公约》规定的3%和60%上限。国际评级机构随即下调希腊主权信用评级,引发市场担忧与恐慌,由此拉开了欧债危机的序幕。①

从图2可以看出,2009年及2011年OECD国家政府债务与GDP之比平均水平分别为73.74%与78.76%。在欧盟国家中,2011年政府债务占GDP比例超过100%的共5个国家,其中最高的是意大利达119.88%,其次是英国和爱尔兰,分别达到104.46%、104.30%,再次是希腊与比利时,分别为102.65%、101.92%。

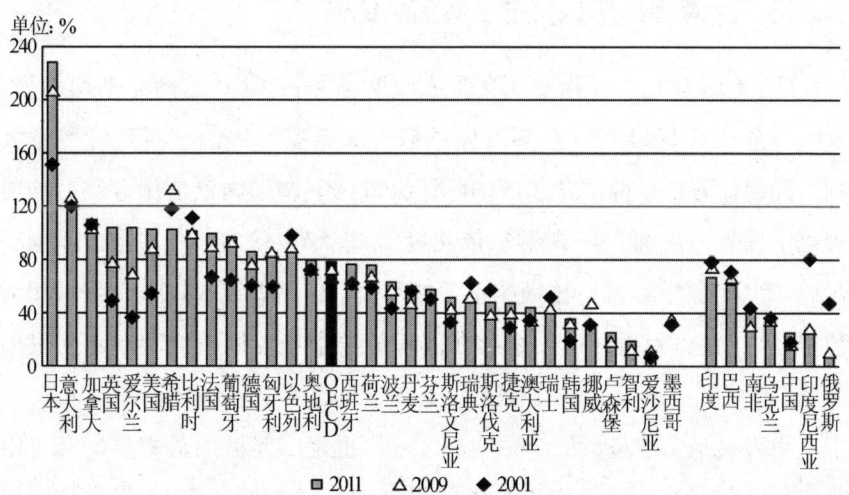

图2　OECD各国政府债务占GDP比例(2001年、2009年及2011年)

资料来源:OECD成员国数据来源于OECD National Accounts Statistics (database);其他主要经济体(不包括俄罗斯)数据来源于(International Monetary Fund, 2013)、(OECD, 2013)。

注:OECD这一项指OECD国家政府债务占GDP比例的平均水平。

2011年该比例超过警戒线60%但暂未达到100%的国家分别为:法

---

① 黄永忠:《欧洲债务危机的根源与影响及其启示》,载《求索》,2011年第3期。

国 99.62%、葡萄牙 96.90%、德国 86.31%、匈牙利 85.60%、以色列 84.18%、西班牙 76.72%、荷兰 76.31%、波兰 63.39%。

2011 年该比例低于 60% 警戒线的欧盟国家有：丹麦 59.95%、芬兰 58.61%、斯洛维尼亚 51.98%、瑞典 48.77%、斯洛伐克 48.05%、捷克 47.78%。而卢森堡和爱沙尼亚则成为欧盟成员国中政府债务占 GDP 比例最低的国家。2011 年，该比例在卢森堡和爱沙尼亚分别为 18.2% 和 10.04%。那么，在各个欧盟成员国都受到波及使得国家负债累累的情况下，卢森堡是怎样做到低负债和保持财政可持续性的呢？

三、卢森堡如何保持低公共债务比例

注：OECD 这一项指 OECD 国家政府债务占 GDP 比例的平均水平。自欧债危机蔓延以来，众多欧盟国家，如希腊、法国、西班牙、意大利、葡萄牙等都被标准普尔等国际评级机构下调了国家信用等级，连美国也不例外。然而，卢森堡却依然稳坐其 AAA 等级[①]，大公国际也于 2012、2013 年继续维持该国的本、外币国家信用等级 AAA，评级展望为稳定[②]，这使得卢森堡可以继续在国际债券市场上以较低利率水平发债融资。

卢森堡是全球最大的金融中心之一，也是欧元区内最重要的私人银行中心及全球第二大仅次于美国的投资信托中心。其 2013 年人均国民生产总值为 80720 欧元[③]，位居该年度全球第一。虽然卢森堡仅拥有 2586.4 平方公里国土与 52 万人口，但经济高度发达，金融、广播电视、钢铁是其三大经济支柱产业。

[①] http：//www.standardandpoors.com/ratings/sovereigns/ratings-list/cn/cn/? subSectorCode = 39&start = 50&range = 50
[②] 《大公维持卢森堡国家信用等级》公报，2012 年 11 月公报、2013 年 12 月 26 日公报，http：//www.dagongcredit.com/subject/creditRatings/countryList.html##
[③] 根据卢森堡财政部发布《第 14 次稳定与增长项目 2013—2016》公报中数据算得。

在卢森堡财政部 1999 年发布的第一份《卢森堡大公国稳定与发展规划》①中回顾了其历史债务发展过程：1989—1991 年卢森堡未发行任何政府债券，仅在 1992 年经济形式减弱的情况下，政府才开始考虑在资本市场上寻找资金来源。1994—1997 年，卢森堡连续 3 年每年都在其预算报告中提出预计需借债 40 亿欧元的财政需求，但其中 30 亿欧元都是为了投资修建交通道路，因此该国 1997 年发行了 38 亿欧元的债券，达 GDP 的 6.7%。而 1998—2001 年，卢森堡并未借贷任何新债。

从表 1 和图 3 可见，从 1997 到 2007 年间，卢森堡政府债务水平一直保持在 GDP 占比低于 10% 的低水平，然而随着 2008 年全球性金融危机的蔓延，其债务水平开始逐步上升。2011 年，卢森堡政府债务总额达 77.86 亿欧元，占其 GDP 的 18.2%；2012 年该国债务总额为 92.31 亿欧元，占其 GDP 的 20.8%；2013 年为 109 亿欧元，占 GDP 的 23.8%。但是，在国际经济衰退的大环境以及欧债危机的重重包围之下，卢森堡当前的政府债务占 GDP 比例及其 2013—2016 年的预测值仍远低于 60% 的警戒线。

表1　卢森堡公共债务历史变化数值表（2000—2016 年）

年份	1997	1999	2000	2001	2002	2003	2004	2005	2006	2007
公共债务占 GDP 的%	6.7	5.95	5.34	5.3	5.7	5.3	5.0	6.1	6.6	7.0
年份	2008	2009	2010	2011	2012	2013	2014	2015	2016	
公共债务占 GDP 的%	13.5	14.9	18.4	18.2	20.8	23.8	25.9	27.1	27.9	

注：2013—2016 年为预测值。
资料来源：Ministère des Finances du Luxembourg, 1999；Ministère des Finances du Luxembourg, 2000 – 2013。

---

① Programme de stabilité du Luxembourg, Ministère des finances du Luxembourg, février 1999. 自 2001 年起该《规划》名称改为《卢森堡大公国稳定与增长规划》。

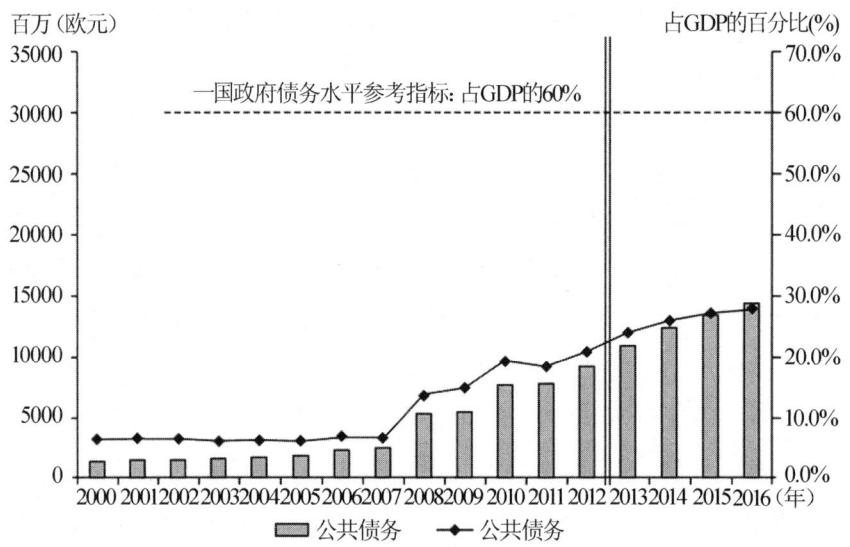

图3　卢森堡公共债务演变图（2000—2012年）

注：2013—2016年属于预测数据。

资料来源：Ministère des finances du Luxembourg, 2000 – 2013。

那么，卢森堡究竟是如何长期维持低水平赤字与政府债务比例的呢？大公国际在其2012年、2013年发布的《大公维持卢森堡国家信用等级》公报中指出"面对欧债危机造成的不利区域环境，卢森堡政府在巩固财政的同时通过积极调整支出结构，消除欧盟经济下滑和紧缩财政的不利影响，并进行中长期支出结构调整，显示出其很强的政府管理能力"①。

总体而言，卢森堡是分别通过长期、中期、短期这三大维度的财政风险控制手段来保持其良好财政可持续性的。

（一）长期维度的财政风险控制：改革养老金体制

改革养老金体制是从长期维度对一国潜在财政风险，即未来长期隐

---

① Programme de stabilité du Luxembourg, Ministère des finances du Luxembourg, février 1999. 自2001年起该《规划》名称改为《卢森堡大公国稳定与增长规划》。

性债务进行控制的最重要切入点。

从1883年德国俾斯麦政府颁布《疾病保险法》开始，被称为"从摇篮到坟墓"的社会保障制度就在整个欧洲国家逐步建立与完善。"过去几十年间，工业化国家的政府提高了养老金收益水平，并放宽享受资格"①，如果说过去的人口结构尚能维持养老体系良好的收支状态，那么随着人类期望寿命的延长和出生率的下降，现在与将来的人口结构不可能继续维持养老保险体系的高收益水平。"由于绝大多数养老体系并没有利用人口结构较为有利的时期来为'困难'时期建立储备，这种人口结构的转型将会对未来养老金债务的支付能力产生巨大影响"②，根据"十国集团"的预测，在OECD国家，65岁及以上人口与25—64岁人口比例将从2010年的26.9%，提高到2030年的39.6%，2050年的52.4%。③ 因此，可以说，政府面临着巨额的、尚未清偿的债务。

由于过去30年长期存在的财政赤字和高福利水平支出，各国巨额政府债务的积累，最终导致欧洲债务危机爆发。若再加上未来几十年巨大的隐性债务，如果再不改革养老金制度，那就只能让子孙后代长期生活在负债累累的重担下而无法发展。对此，卢森堡有着清醒的认识。

2001年国际劳工办公室（Bureau International du Travail，BIT）分析指出④，卢森堡当时的养老金体系财政状况是稳定且坚固的，假设未来50年卢森堡年平均经济增长率仅为2%，该国养老金体系在2010年仍能保持盈余状态。但就算乐观估计，假设卢森堡每年GDP以4%的速度增长，如不提高缴费水平，该国养老金体系将于2034年出现入不敷出的

---

① 维托·坦齐、卢德格尔·舒克内希特：《20世纪的公共支出》，商务印书馆2005年版。
② 维托·坦齐、卢德格尔·舒克内希特：《20世纪的公共支出》，商务印书馆2005年版。
③ Bank for International Settlements, *Group of Ten-The Macroeconomic and Financial implications of ageing populations*, 1998, Available on line: http://www.bis.org/publ/gten04.htm.
④ 4e *Actualisation du programme de stabilité du Grand-duché de Luxembourg*, Ministère des finances du Luxembourg, janvier 2003.

情况；而倘若保守估计该国 GDP 平均年增长率，在不提高缴费率或降低受益水平的情况下，该国养老金体系将在 2013—2019 年间开始变得难以为继。

因此，在 2002 年的税制改革中，卢森堡政府推出新的"预防老龄化"制度，即开启一项更加有弹性、对于养老金领取者及缴费者来说都更吸引力的私人补充养老金制度。该制度规定如果缴纳私人补充养老金，可在个人所得税税基中扣除该部分费用，且相对于旧公共养老金体制来说，其还具有以下非常吸引人的优势：

- 在养老金合同到期之前，如果缴费者不幸身亡，则此前积累的缴费金额可由权力所有者取出使用，而以前这种情况则是作为"失效基金"处理；
- 可将缴纳费用总额的一半作为资产投资，另一半可作为终身养老金按月返还。而以前是不能将养老金费用作为资产投资的；
- 将养老金所得缴税基数从 1500 欧元提高到 3200 欧元，以前水平则是 1190 欧元。

尽管进行了私人补充养老金制度改革，还是无法阻止老龄化大潮对于养老金收支平衡的巨大冲击。美国社会保障署发布的一份关于卢森堡养老金改革的报告（2013）中又做出预测[①]：到 2060 年，卢森堡劳工与养老金领取者人口比例将从现在的 2.4∶1 下降到 1∶1，快速老龄化已严重威胁到公共养老金体系的持续运转，如果不改革，养老金支出将会在 2022 年左右超出缴费收入水平，到 2030 年左右，养老储备基金将耗尽。

因此，为了保证国家养老金体系的长期可持续性，卢森堡公国打出"不要将债务留给我们的子孙"的旗号，再一次开启其养老金体制改革之门。2012 年卢森堡开始对一般公共养老金体系与特殊养老金体系进行

---

① 参见 http://www.socialsecurity.gov/policy/docs/progdesc/intl_update/2013-01/2013-01.pdf。

改革。① 2013 年 1 月，卢森堡养老金改革立法生效，鼓励老年劳动者继续留在劳动力市场，并拟在 2052 之前逐步调整其 pay-as-you-go（PAYG）公共养老金体系，以增强该国养老金制度财政的可持续性。

该改革主要内容为逐步调整社会养老金制度缴费率和缴费年限。在缴费率方面，养老金综合费率将由目前的 24% 提高到 30%。在缴费年限方面，新的立法规定工人领取全额养老金的缴费年限将由目前的 40 年提高到 43 年。从 2052 年开始，工人在 65 岁退休时，如果缴费历史仍为 40 年，个人养老金将比 2012 年水平缩减 10% 左右。57—60 岁的工人，如果已经工作并缴费 40 年，可以选择退休，但领到的养老金将会低于目前金额水平。

同时，该改革正逐步改变 PAYG 养老金体系的受益额度，其中包括基于缴费年限的统一养老金受益额度、可变养老金受益额度以及收入相关养老金收益额度。改革后，统一养老金收益以平均每年 0.44% 的速度小幅上升，可变养老金收益却降低，从占调整后的每年生命年限收入②的 1.85% 降到 1.6%。

该改革还规定，卢森堡社会保障监管局（Inspection générale de la sécurité sociale, IGSS）必须根据具体确实的研究情况，每隔五年对改革政策预测是否符合养老保险账户现实财政走向进行监督及确认。一旦出现账户平衡轨迹偏移，就马上采取一系列削减养老金支出的预防措施，并进一步改善劳动力市场以保持较低失业率。改革同时规定，由养老金体系改革而增加的养老金资金只能保留在养老金账户中，就算处于大量盈余状态也绝不能暂时或长期挪用于任何其他支出，如有违背将坚决追究挪用者的法律责任。

在此项改革实施之后，卢森堡财政部预计与人口老龄化相关的公共

---

① Le gouvernement du Grand-duché de Luxembourg, *Programme national de réforme du Luxembourg dans le cadre de la stratégie Europe 2020*, avril. 2011.

② 即人的一生一共能赚到的金钱额。

支出将会从 2020 年开始急剧降低，并且能够显著减少未来的隐性债务。然而，该改革仍未彻底解决长期的隐性负债。因此在确定中期预算框架目标时，要求其以较多财政盈余为 2014—2016 年中期预算目标以防范未来的财政风险。

（二）中期维度的财政风险控制：中期预算框架目标

除了需要在长期维度对财政风险进行控制，以减少国家未来隐性债务之外，还必须在中期维度对国家近期与中期财政风险进行预警与调控，目的在于提前做好风险应对准备，并尽量降低国家财政发生危机的可能性。

欧元区内不同国家的中期预算框架目标都因其国情而各异，确定此目标的两个主要依据是一国债务水平及其经济增长潜力[①]：在一国债务水平低且经济发展潜力强的情况下，可将目标定为该国结构性赤字占 GDP 的 1% 水平；而当一国债务水平较高且经济增长潜力不足时，一般应将目标定为预算平衡或预算盈余。但最终共同目标都是将国家预算赤字与债务水平控制在风险范围内。

在欧盟的要求下，卢森堡 2005 年开始制定其中期预算框架目标[②]。原本依据其良好的经济发展潜力（大于 4% 的 GDP 年平均增长速度）和一贯很低的政府债务水平（公共债务占比小于 GDP 的 10%），卢森堡可将其目标相对放松，定为结构性赤字占 GDP 的 1% 水平。但意识到自己经济开放度高，且易受国际经济形势变动的影响，因此将本国中期预算框架目标定为结构性赤字水平占 GDP 的 0.8%。但 2005 年卢森堡预计其未来一年政府赤字将达到 GDP 的 2%，与中期预算框架目标离得太远，为了更加迅速有效调整自身财政结构，该国将此目标最终确定为结

---

① 7e *Actualisation du programme de stabilité du Grand-duché de Luxembourg*, Ministère des finances du Luxembourg, novembre 2005.

② 7e *Actualisation du programme de stabilité du Grand-duché de Luxembourg*, Ministère des finances du Luxembourg, novembre 2005.

构性赤字占 GDP 的 0.5% 水平。

然而，由于 2004 年、2005 年连续两年赤字，因此 2006 年卢森堡将其中期预算框架目标改为预算平衡①。通过建立中期预算框架目标，辅以严格精确的支出管理措施（具体措施将在下文详述），卢森堡预算赤字水平逐步改善，2006 年与 2007 年分别实现占 GDP 0.7% 与 1% 的财政盈余。

随后，由于经济的高度开放性，卢森堡亦受到 2008 年全球经济危机的严重冲击，经济增长潜力堪忧。而且为了应对经济危机，卢森堡在 2010 年对其预算结构进行了调整，通过增加公共投资支出，对居民和企业减税以增强其抗风险能力与市场竞争力。因此，在经济增长潜力不足及增加公共投资将导致债务率上升的情况下，再考虑到养老金支出的连续攀升导致的长期隐性赤字，卢森堡将其 2010 年中期预算框架目标由 2006 年的结构性预算平衡改为结构性预算盈余须占该国 GDP 的 0.5%。

根据国际宏观经济环境的变化、国内财政状况以及养老金改革实施效果预测，在 2013 年 4 月发布的《第 14 次卢森堡国家稳定与增长规划》中仍规定，卢森堡中期预算目标为结构性盈余必须达到该国 GDP 的 0.5%。

表2　卢森堡中期预算框架目标演变过程（2005—2010 年）

	中期预算框架目标	当期赤字、债务水平	当期经济增长潜力	是否达到目标
2005 年	结构性赤字占 GDP 的 0.5%	公共债务占比 < GDP 的 10%；但预估来年赤字水平达 GDP 的 2%	GDP 年平均增长速度 >4%	达标，2006 年实现预算盈余

---

① 8e *Actualisation du programme de stabilité du Grand-duché de Luxembourg*, Ministère des finances du Luxembourg, novembre 2006.

（续表）

	中期预算 框架目标	当期赤字、 债务水平	当期经济 增长潜力	是否达到 目标
2006 年	结构性预算平衡	公共债务占比＜GDP 的 10%；2004、2005 连续两年赤字	GDP 年平均增长速度＞4%	达标，2007—2008 年继续实现预算盈余
2010 年	结构性预算盈余占 GDP 的 0.5%	2009 年公共债务占 GDP 比重达 14.9%，上升趋势加速；2009 年赤字水平达 GDP 的 1.1%，且进入上升通道	在经济危机影响下，GDP 年平均增速减弱	暂未达到

资料来源：作者根据上文相关数据总结。

此外，针对目前愈演愈烈的欧债危机，欧盟于 2011 年 12 月 13 日推出了包含六项措施的"一揽子"法律规定。① 其中最重要的三项就是：（1）确立"赤字过度惩罚程序"。欧盟成员国一旦进入赤字过度状态，就必须服从欧盟委员会令其削减赤字的劝告，如果拒不听劝，欧盟委员会就将启动"赤字过度惩罚程序"，具体为渐进三步法：首先必须上交等同于 GDP2% 数额的预防准备金，但会给予利息；如无好转，则变为上交无利息的预防准备金；最后在矫正阶段则面临罚款；（2）一旦一国公共债务占 GDP 比例超过 60%，就立即进入"过度赤字惩罚程序"。即使成员国赤字未超过 3% 的上限，但考虑到所有相关因素及经济周期的影响，如果其债务占 GDP 比例与 60% 之差未能在 3 年之内每年削减 1/20，也要继续接受"过度赤字惩罚程序"。（3）为保证财政可持续性，给欧盟成员国设定了中期预算框架，以中期特别预算目标（Objectif

---

① 参见 http：//www.europaforum.public.lu/fr/dossiers-thematiques/2011/six-pack/。

Budgétaire Spécifique，OMT）为主要内容，根据欧盟国家中期经济增长率，规定了其年度支出增长率最高限额，如果预算执行过程中有严重偏差导致目标未实现的成员国将面临惩罚。

（三）短期维度的具体财政风险控制措施：谨慎但不僵化的预算政策、控制支出总量、优化支出结构与质量、存储资本储蓄金

根据国家经济发展潜力与财政状况确定中期预算框架目标之后，还需运用短期维度的财政风险控制手段，如通过谨慎但并不僵化的预算政策对支出总量进行控制、优化支出结构与质量，且在经济形势好的时候留存相应的资本储蓄金以便能在经济危机到来时更容易地控制赤字及增加公共开支，从而更加快速有效地达到预定的中期预算框架目标。

1999年1月1日，欧盟11个国家包括卢森堡正式采用欧元作为统一货币，根据欧盟要求，从1999年起卢森堡每年必须发布一份《卢森堡大公国稳定与发展规划》（简称《规划》）以便欧盟委员会能更好地对各成员国财政状况进行监督。卢森堡1999年发布的第一份《规划》中就声明了其自90年代以来所奉行的"谨慎"预算政策，并强调"卢森堡的经济繁荣不可能在中期与长期永久持续，因此只有政府能保持国家预算平衡，才能为以后国家可持续发展打下坚实良好的基础"[1]。

在2000年3月1日发布的第二份《规划》[2]中，卢森堡再一次重申其公共财政管理的"谨慎原则"，意为通过严格的预算政策保持其财政状况的持续良性运转。具体内容包括：

– 公共部门的财政支出能力必须处于充裕状态；

– 中央政府预算必须平衡；

– 政府一般公共支出增长速度必须低于总预算增长速度。

---

[1] *Programme de stabilité du Luxembourg*, Ministère des finances du Luxembourg, février 1999.

[2] *Actualisation du programme de stabilité du Grand-duché de Luxembourg*, Ministère des finances du Luxembourg, 1er mars 2000.

然而，由于大部分公共支出是根据法律规定确定的，而且是刚性的，其增长会受到正常经济周期、通货膨胀及消费价格指数等宏观经济因素的重要影响，如果一定要在每个预算年度都严格执行上述"谨慎原则"，未免会使得国家公共财政制度太过僵化，因此卢森堡开始考虑将此"谨慎原则"引入调整政府总支出占 GDP 变动率的多年期控制框架中，而不是单纯地在每个预算年度内都严格遵守"谨慎原则"，因此规定"在中期框架内，政府预算支出不能超过经济增长限额"[1]。

随后，卢森堡在其 2000 年 12 月发布的第三份《规划》中，进一步增加了关于债务水平方面的规定：卢森堡政府必须保持低债务水平，且相应保持高预算收入水平，以及高投资基金资产水平。[2]

此外，卢森堡 2003 年 1 月发布的《规划》中又指出，卢森堡除了通过严格的预算政策要求其自身长期保持低公共债务率以外，中央政府还拥有两项重要的资本储蓄金（见表3），这两项储蓄金都是在该国经济形势向好的情况下由预算盈余积累下来且未用于日常公共支出的[3]：

1. 预算盈余储蓄金（La Réserve Budgétaire, RB）。自 1946 年开始，卢森堡将中央政府公共预算账户盈余都储存起来，建立预算盈余储蓄金，该储蓄金随着每年预算决算结果而变化。建立该储蓄金的目的在于，当宏观经济环境衰退导致政府收入减少时能保证中央政府各公共账户的平衡。因此，该储蓄金使得卢森堡在面对残酷的经济危机压力时能更多地依靠本国政府储蓄来应对，从而降低外债积累及短时间内加剧国民税收压力而使得财政不可持续发展的风险。从表 3 可以看出，该储蓄

---

[1] *Actualisation du programme de stabilité du Grand-duché de Luxembourg*, Ministère des finances du Luxembourg, 1er mars 2000.

[2] 2e *Actualisation du programme de stabilité du Grand-duché de Luxembourg*, Ministère des finances du Luxembourg, Décembre 2000.

[3] 4e *Actualisation du programme de stabilité du Grand-duché de Luxembourg*, Ministère des finances du Luxembourg, janvier 2003.

金增长最快的时期为 1997—2001 年，到 2001 年其总额已达到 5.056 亿欧元，但在经济形势低迷的情况下，如 2008 年以后该储蓄金为卢森堡政府降低赤字与债务率做出了很大贡献。

2. 中央特殊储备基金（Les Réserves des Fonds Spéciaux de l'Etat, RFSE）

（1）中央特殊储备基金首先包括中央特殊投资基金（Fonds Spéciaux d'Investissement de l'Etat, FSIE）。该基金主要用于支持那些性质很难符合预算执行要求的公共支出。主要是涉及多个预算执行年度的大型投资项目支出。由于该特殊基金不受预算年度性制约，且可连续结转使用，因此能更方便地用于国家未来项目投资。从表 3 也可看出，正是由于有规模巨大的特殊投资基金，才使得卢森堡能在经济危机期间更有效地进行逆经济周期调节，使其能在国际国内经济环境衰退的情况下保持相对高的公共投资水平来复苏本国经济，并能更容易地解决财政赤字问题以维持国家财政可持续发展。

表 3 卢森堡资本储蓄金基本情况（1990—2002 年）

单位：百万欧元

预算年度	预算盈余储蓄金	特殊储备基金	总额	占 GDP 的%
1990	180.4	517.5	697.9	7.6%
1991	150.6	358.5	509.1	5.0%
1992	66.8	209.6	276.5	2.6%
1993	66.4	283.8	350.2	3.0%
1994	105.4	372.7	478	3.8%
1995	128.9	466.5	595.5	4.5%
1996	199.6	625.1	824.7	5.9%
1997	330.4	1017.5	1347.9	8.7%
1998	380.7	1322.3	1703	10.0%
1999	501	1284.4	1785.4	9.5%
2000	503.2	1744.3	2247.5	10.6%
2001	505.6	2613.6	3119.2	14.2%

(续表)

预算年度	预算盈余储蓄金	特殊储备基金	总额	占GDP的%
2002	564.8	2515.5	3080.3	13.8%
2003	644	2120	2764	-
2004	213	1979	2192	-
2005	-	-	-	-
2006	56	1917	1973	6.3%
2007	470	1461	1931	5.2%
2008	43	2019	2062	5.5%
2009	-	-	1298	3.4%

资料来源：Ministère des Finances du Luxembourg，1999；Ministère des Finances du Luxembourg，2000－2013。

（2）其次包括特殊债务基金（Fonds de la Dette，FD）。该基金是针对卢森堡政府偿还国内外公共债务及债务利息而建立的。该基金由中央政府预算的捐赠构成，主要得益于20世纪90年代末至21世纪初，卢森堡在中央政府的盈余中划拨了很大一部分进入此基金。卢森堡长期债务的75%都由该基金进行预储备。

然而，由于2004年、2005年连续两年赤字，2006年卢森堡将其中期预算框架目标由赤字占GDP的5%改为结构性预算平衡。为了达到这一中期目标，该国再一次制定了相应的支出管理政策进行支出总额控制并优化支出结构：

增加公共支出效率，降低一半行政运行支出的比重并限制公务员人数增加；

优化政府投资支出，尽管该支出比重一直比欧盟成员国平均水平高；

开始对养老金改革进行预测与设计；

从2007年1月起将某些服务的增值税从12%增加到15%；

通过以上短期维度内的支出管理措施，卢森堡于2006年与2007年分别实现占 GDP 0.7% 与 1% 的财政盈余水平，远超过当初制定的预算平衡目标。

但是，随着 2008 年美国次贷危机与欧债危机的相继发生，为避免像欧盟各国那样卷入政府债务的漩涡，并保证其公共财政的中长期的健康与可持续性发展，卢森堡政府于 2010 年开始实施了一系列巩固预算一揽子措施，这些措施是为了避免在欧元区经济衰退的情况下使得卢森堡国家财政与经济活动受损过于严重。措施仍是通过控制支出总量和优化预算支出结构质量来支持经济与社会的长期发展。[①] 这些措施包括：

（1）尽管 2008 年以来由于宏观经济环境的急剧恶化，卢森堡预算支出有所上升，但政府一直努力将其控制在 GDP 的 43% 以内，而同期欧元区国家平均水平为 GDP 的 49.5%；

（2）对于预算支出结构，考虑到政府须为经济增长潜力注入活力，卢森堡公共投资支出是欧元区国家平均水平的 2 倍，1995—2011 年，该部分支出占总支出额比例的平均水平上升为 10%，2012 年也达到 9%，而欧元区国家平均水平为 5.3%。

（3）对于一般运转支出，如中间消费支出与公务员薪酬支出，这些支出一般都被认为对于经济的长期发展并无太大作用，因此卢森堡中间消费支出一直都在欧元区国家平均水平之下：2011 年、2012 年该部分支出占总支出的 9%，低于同期欧元区国家 11.1% 的平均水平；

（4）卢森堡 2012 年具有二次分配作用的社会保障支出占总支出的比例为 47.3%，略高于欧元区国家平均水平 46.8%，因此该国已于 2013 年进行了养老金制度改革以维持较健康的支出结构及社保制度的持续运转。

（5）对于债务支出，卢森堡持有相对较少量的他国低息债券，而得

---

① 14ᵉ *Actualisation du programme de stabilité du Grand-duché de Luxembourg*, Ministère des finances du Luxembourg, 2013.

益于 AAA 的本币与外币信用评级，也能用相对低廉的利息在债券市场上进行融资。因此，2011 年债务支出仅占总支出的 1.1%，而同时期欧元区国家的平均水平却达到 6.1%。

卢森堡政府还承诺，将通过创造更多更准确的"支出质量管理指数"用以继续增强公共支出质量和发展其公共预算框架，特别是对于政府干预性的重点支出领域，如公共投资和政府固定资产的确定，会进一步增强此方面的预算控制与管理机制。

卢森堡就是通过上述长期、中期及短期财政风险控制方式，将其赤字与债务水平控制在低水平，实现了良好的财政可持续性。从表 4 和图 4 可以看出，从 1991—2003 年，卢森堡公共部门财政能力一直处于盈余状态，2000 年其预算盈余高达 GDP 的 6.2%，尽管从 2004 年开始出现赤字状态，但其公共部门赤字水平也一直保持在 GDP 的 2% 以内。就算 2010 年为了应对经济危机增加公共支出，其中央政府财政预算赤字一度达到 GDP 的 3.2%，但总体公共部门财政赤字也仅占 GDP 的 1.7%，也得益于该国长期平稳的地方政府与社会保障财政能力。

表 4　卢森堡公共部门财政能力历史数据表（1991—2016 年）

单位：占 GDP 的 %

	1991	1992	1993	1994	1995	1996	1997	1998	1999	2000	2001	2002	2003
公共部门财政能力（即预算盈余）(A=B+C+D)	1.94	0.77	1.66	2.73	1.83	2.81	2.92	2.50	4.4	6.2	6.1	2.4	0.8
中央政府财政能力（B）	0.04	-1.35	0.03	0.96	-0.02	1.27	1.52	0.90	2.70	3.0	2.6	-0.2	-1.2
地方政府财政能力（C）	0.10	0.51	-0.19	0.20	0.33	0.49	0.33	0.00	0.00	0.50	0.4	0.2	0.1
社会保障财政能力（D）	1.80	2.62	1.81	1.57	1.52	1.05	1.07	1.6	1.6	2.7	3.1	2.4	1.9

(续表)

	2004	2005	2006	2007	2008	2009	2010	2011	2012	2013	2014	2015	2016
公共部门财政能力（即预算盈余）(A=B+C+D)	-1.4	-1.0	0.7	3.2	2.5	-1.1	-1.7	-0.6	-0.8	-0.7	-0.6	-1.3	-1.3
中央政府财政能力（B）	-2.8	-2.3	-0.9	0.8	-0.2	-2.9	-3.2	-2.4	-2.6	-2.2	-1.8	-2.4	-2.2
地方政府财政能力（C）	-0.1	-0.2	-0.2	0.0	0.0	-0.1	0.0	0.1	0.1	0.0	0.0	0.0	0.0
社会保障财政能力（D）	1.6	1.5	1.8	2.4	2.7	2.0	1.5	1.7	1.7	1.5	1.2	1.1	0.9

资料来源：Ministère des Finances du Luxembourg, 1999；Ministère des Finances du Luxembourg, 2000 – 2013。

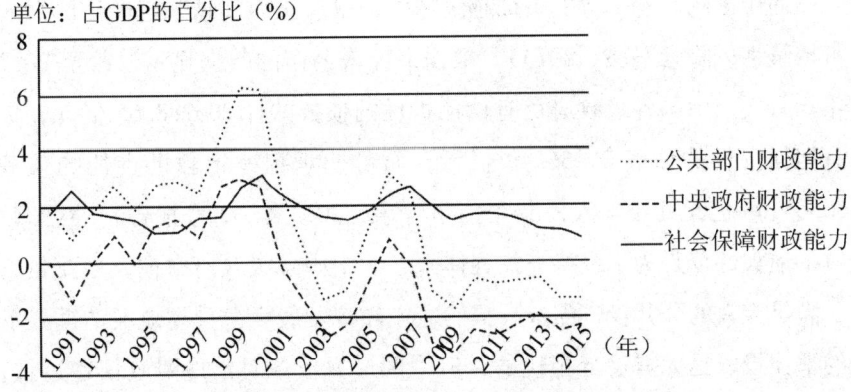

图 4 卢森堡公共部门财政能力变化趋势图（1991—2016）

资料来源：根据表 4 中数据绘制。

四、总结及对中国的启示

卢森堡秉持今天的赤字就是明日的税收，不给子孙后代留下债务重担这样的预算国训（Ministère des Finances, 2014），一直以来都严格遵守欧盟在《稳定与增长公约》中规定的3%的赤字上限和60%的债务上限,既没有因为政治原因与选票去盲目增加公共开支,也没有任凭官僚体系无序膨胀导致入不敷出,这些都归功于其实施的长期、中期及短期这三大维度的财政风险控制措施。从长期维度来说,通过不断改革养老金体系将国家未来长期隐性债务风险控制在安全范围内;从中期维度来看,该国财政部每年都会根据宏观经济情况及国内财政预算运行现状,制定该国未来三年中期预算框架目标,对国家近期与中期财政风险进行预警与调控,以便提前做好风险应对准备,并尽量降低国家财政发生危机的可能性;从短期维度来讲,运用短期维度的具体财政风险控制手段,如通过谨慎但并不僵化的预算政策对支出总量进行控制、优化支出结构与质量,及留存相应的资本储蓄金,以便更有效地达到预定的中期预算框架目标,从而维持国家财政良性可持续发展。

而中国的政府债务的雪球越滚越大,政府正面临越来越严峻的财政可持续性风险(马骏,2013)。根据审计署公布的数据显示,截至2013年6月底,中国各级政府负有偿还责任的债务共计206988.65亿元,负有担保责任的债务29256.49亿元,而可能承担一定救助责任的债务66504.56亿元(中华人民共和国审计署,2013第32号报告)。欧洲政府举债大部分是为了维持高福利体系,而中国各级政府举债,主要是为了满足庞大的公共投资需求。虽然适应经济发展规律且高效廉洁模式下的举债投资是无需过分担忧的,但中国地方债务对土地财政依赖过重,对银行信贷依赖过大,且投资项目无效度高、盈利性差,经常是各级政府争相举债恶性竞争,为了拉高GDP导致各地重复建设严重,而应投资改善的部分(如城市下水管道网络建设等)却因与GDP无关而严重缺乏资金投入,很多基层政府已经因为投资无效还不起巨额债务利息而焦头烂额,如此一来,保基本运转都难,更别谈长远发展了。因此,卢森堡的很多经验都值得中国借鉴。

首先,既要逐步推行基本社会保障体系的全覆盖,又要提前对社会保障制度的长期可持续发展进行提前预测与控制,特别是认清养老保险体系所存在的巨大风险。中国社会科学院财政与贸易经济研究所 2010 年发布的《中国财政政策报告 2010/2011》指出，在 2011 年以后的 30 年里，中国人口老龄化将加速发展，到 2030 年，中国 65 岁以上人口占比将超过日本，成为全球人口老龄化程度最高的国家。① 更可怕的是，"截至 2011 年底，全国养老金个人账户记账额为 2.5 万亿，其中空账额上升到 2.23 万亿元。这意味着，用于将来养老金发放的这笔钱并不存在。"② 事实证明，虽然中国社会保障制度还十分不完善，需要进一步提高覆盖率，推动城乡体制并轨，逐步增加公共投入，但一味追求好的福利而不顾现实财政状况是非常危险的，欧债危机就是最残酷的现实例子。施罗德说过一句话："我所理解的福利社会，并不是让大家都歇着，真正的福利社会应该是，每个人在生活中遇到困境时，都能得到帮助。"因此，福利制度的模式应该是动态的而并非刚性的，应该随着经济情况的变化而调整，使其发挥更大的正面作用。健康的福利制度不仅能够帮助社会中的弱势群体渡过生活、疾病、就业等难关，促进收入再分配的公平性，而且能够抵制不劳而获的道德风险，鼓励人民积极工作与自由竞争，促进技术创新和社会生产力的提高。③

在这种严峻的形势下，政府应做的远远不止是延迟退休年限这么简单，更重要的是建立起与中国人民收入和经济发展水平相匹配的社会保障制度，必须透明公开社会保障基金及其运转模式，根据经济发展与人口结构变化精确预测与实时追踪每项社会保险基金的收入与支出情况，并实时做出相应调整。除此之外，还应积极探索如何更高效安全地对社保基金进行保值增值，在经济发展形势较好的情况下注入一部分资金进入社保账户，逐步解决空账问题，这样才有财力在经济衰退期及老龄化

---

① 高培勇：《十二五时期的中国财税改革》（中国财政政策报告·2010—2011），中国财政经济出版社 2010 年版。
② 韩宗明、郭少峰：《退休年龄延迟之困》，载《新京报》，2012 年 7 月 16 日。
③ 缪林燕：《欧债危机动摇高福利理念》，载《中国证券报》，2011 年 10 月 13 日。

严重时期对抗相应的风险，还应在法律层面规定绝对不允许在任何情况下挪用社保基金，才能让人民基本"老得放心"。否则风险一旦降临，中国必然无法避免陷入同样的债务危机并引发社会动荡。

其次，为了保证财政的可持续性，中国还应尽快建立中期预算框架，对预算支出总额进行上限控制，对公共支出质量进行严格管理，增强问责机制，禁止由于盲目追求GDP增长而无序扩张的公共投资行为，严禁以土地财政方式绑架中国经济发展，逐步将地方债务纳入制度内进行规范化管理，同时逐步改善央地财政分配关系，降低地方政府的实际赤字数额和比例，逐步调整中国财政可持续性发展轨迹。

再次，应避免结构性政府财政赤字。虽然政府赤字在某些情况下有一定好处，但仍需避免政府经常性财政赤字，凯恩斯认为政府在经济衰退时可采取赤字政策，但必须在经济扩张时期通过财政盈余对其进行相应的补偿与抵消，因为政府不可能在预期无法偿债的情况下继续发展。

最后，应继续推进预算公开透明。因为没有预算透明作为制度基础，其他的无论是总额控制也好，支出质量管理也罢，都将成为雾里看花的数字游戏。此外还需保证经济增长的连续性。实质上，推动欧债危机爆发的导火索就是希腊经济的增长性中断，因为2007年美国次贷危机爆发，希腊旅游业和船运业受到毁灭性打击，农产品出口也显著下降，因此政府无法再通过经济增长创造的财富来支撑高福利导致的债务负担从而导致危机爆发。[①] 因此保证经济增长的连续性而非短期高速度非常重要，一旦连续性中断，许多隐性问题的爆发就会令国家与社会措手不及。

【参考文献】

大公国际资信评估有限公司：《大公维持卢森堡国家信用等级公报》，2012年11

[①] 时寒冰：《欧债危机真相警示中国》，机械工业出版社2012年版。

月,参见：http://www.dagongcredit.com/subject/creditRatings/countryList.html##.

大公国际资信评估有限公司：《大公维持卢森堡国家信用等级公报》,2013年12月26日,参见：http://www.dagongcredit.com/subject/creditRatings/countryList.html##.

高培勇：《十二五时期的中国财税改革》(中国财政政策报告·2010—2011),中国财政经济出版社2010年版。

哈诺·贝克、阿吕斯·佩里兹：《为什么国家也会破产》,原龙译,中国电力出版社2013年版。

韩宗明、郭少峰：《退休年龄延迟之困》,载《新京报》,2012年7月16日。

黄永忠：《欧洲债务危机的根源与影响及其启示》,载《求索》,2011年第3期。

马骏：《中国公共预算面临的最大挑战：财政可持续》,载《国家行政学院学报》,2013年第5期。

缪林燕：《欧债危机动摇高福利理念》,载《中国证券报》,2011年10月13日。

维托·坦齐、卢德格尔·舒克内希特：《20世纪的公共支出》,商务印书馆2005年版。

时寒冰：《欧债危机真相警示中国》,机械工业出版社2012年版。

中华人民共和国审计署：《2013年第32号公告：全国政府性债务审计结果》,2013年12月30日。

Bank for International Settlements, *Group of Ten-The Macroeconomic and Financial implications of ageing populations*, 1998, Available on line：http://www.bis.org/publ/gten04.htm.

Le gouvernement du Grand-duché de Luxembourg, *Programme national de réforme du Luxembourg dans le cadre de la stratégie Europe 2020*, avril. 2011.

Ministère des Finances, *Note d'information：L'objectif pour 2014, l'équilibre budgétaire*, 2014.

Ministère des Finances du Luxembourg, *Programme de stabilité du Luxembourg*, Février, 1999, Available on line：http://www.mf.public.lu/publications/index.html.

Ministère des Finances du Luxembourg, 1° – 14° *Actualisation du programme de stabilité du Grand-duché de Luxembourg*, 2000 – 2013, Available on line：http://

www. mf. public. lu/publications/index. html.

International Monetary Fund, *Economic Outlook*, April, IMF, Washington, D. C. , 2013.

OECD, *Government at a Glance 2013*, OECD, 2013, Available on line: http://dx. doi. org/10. 1787/gov_glance – 2013 – en.

S. A. Abbas, Belhocine, N. , Elganainy, A. & Horton, M. , *A Historical Public Debt Database*, *IMF Working Paper*, Fiscal Affairs Department, November 2010.

后危机时代中的韩国预算改革：
通往财政可持续之路[*]

张 炭[**]

内容摘要：2008年爆发的全球金融危机导致大量外资撤离韩国，对资本市场、对外出口以及经济增长造成不小的冲击。和1997年亚洲金融危机不同，韩国自2003年起就开始进行大刀阔斧的财政预算改革以及金融体系改革，并在随后几年内的不断完善，迅速替代了传统的自下而上线性项目预算模式以及过度管制的金融体系，使韩国在此次危机中并未出现严重动荡，一直保持着财政稳健状态。但是，财政大改革自其引入起就具有的弱点，如立法和精英的阻滞、独特的东亚行政文化、福利制度发展缓慢都对韩国财政可持续性造成了不小的挑战。本文试图对后危机时代中韩国财政历史和现时进行描述，评估韩国财政预算改革的成功经验，和潜在的财政体制脆弱性所带来的风险，希冀为中国未来的预算改革提供有益的经验。

关键词：财政可持续性；绩效预算；预算平衡；中期预算框架

在后金融危机时代，如何实现国家财政基本原则——预算平衡规

---

[*] 该文已经发表于《公共行政评论》2014年第3期。

[**] 张炭，西南政法大学政治与公共管理学院讲师。

范——已成为世界各国政治经济所必须面对的挑战。2008 年全球金融危机爆发后，大多数 OECD（Organization for Economic Co-operation and Development，OECD）国家游走在债务危机的边缘。为了降低短期财政风险，更好地平衡预算目标，维持经济可持续发展，各国采取了各种财政纾困手段，如持续的支出削减、利用公共财政接管或购买不良资产、建立监管框架和赤字预警体系等。和西方发达国家不同，在 1997 年金融危机之后，东亚国家就已经吸取教训，开始进行积极的财政预算改革、宏观、微观经济结构和财政政策调整，以至于在 2008 年全球金融危机后迅速复苏（日本除外）。其中，韩国的表现最引人注目。除两次危机年份（1997—1998 年，2008—2009 年）外，韩国财政预算在 20 年内均实现了收支平衡，甚至在危机蔓延后一年内就实现了少量的财政盈余。[1] 它是如何做到的呢？这一问题引发了国际组织和国际学术界的普遍关注。很遗憾，国内对韩国财政可持续性经验探讨甚少，并将韩国财政稳健归结于新兴经济增长带来的必然优势。然而，对于后危机社会广泛存在的不确定性而言，经济发展并非国家财政风险规避、预算平衡的唯一解释。因为在考虑国家财政风险及其财政可持续性时，为了更好的解释未来赤字水平、过度的债务累积等问题，就需要考虑政治制度、激励与约束。[2] 那么，在危机后，韩国政府采取了哪些措施来建立和改革财政和预算制度，实现财政稳健，平衡预算目标，最终促进经济可持续性发展呢？这些措施、制度、政策如何演变，其背后又有哪些政治激励与约束？对中国财政治理又会造成怎样的启示和挑战？就成为本文迫切想要

---

[1] Organization for Economic Co-operation and Development (OECD), *Social Issues: Government Social Spending/Total Public Social Expenditure as a Percentage of GDP*, 2013, Download from http://www.oecd-ilibrary.org/social-issues-migration-health/government-social-spending_20743904-table1; International Money Foundation (IMF), *Fiscal Monitor*, Washington D. C.: IMF, 2013.

[2] O. E. Williamson, "Efficiency, Power, Authority, and Economic Organization", in John Groenewegen (ed.), *Transaction Cost Economicsand Beyond*, Kluwer Academic Publishers, 1999.

探讨的问题。

笔者首先探讨了后金融危机时代东亚各国面临的财政可持续性挑战。第二部分对韩国 20 世纪 80 年代至今的财政治理绩效进行了评述,并采用数据描述了韩国财政(包括 GDP 增长、债务、赤字、收支)趋势。第三部分介绍了韩国意义深远的财政预算改革(包括财政体系重塑和预算模式创新),尤其是 2003 开始的国家财政管理计划(National Fiscal Management Plan,NFMP)建立了韩国中期财政预算框架。第四部分探讨了韩国建立中长期财政预算框架所面临的政治逻辑和行政文化。最后对韩国财政治理经验进行总结,并针对其经验对中国财政可持续性的意义进行了简要探讨。

一、赤字与增长:两次危机后的东亚财政

在 20 世纪 90 年代最初几年,东亚五国——印度尼西亚、马来西亚、韩国、菲律宾和泰国——始终保持着高速增长、低通货膨胀和政府预算平衡的记录。直到 1997 年,金融危机爆发,暴露了东亚各国脆弱的宏观经济结构以及不成熟的财政制度,致使一度被看好的亚洲新经济深陷经济衰退的泥沼。很快,金融与货币市场的急剧波动,财政管理行为失范,以及早期为推动经济增长而进行的过度举债最终导致东亚国家公共债务迅速增加,对政府财政造成了不小的压力。1996 年至 1998 年,东亚许多国家的预算结余陡然转化为预算赤字。虽然,这些因衰退而产生的赤字及其债务,将随着经济的恢复而部分得到扭转。然而,他们留下了新的公共债务和更高的支出水平。[①] 此外,由于东亚国家都没有建立广泛的福利计划,1997 年的金融危机对东亚国家的某些群体所造成的短期影响可能是比较严重的。如韩国不得不马上建立有限

---

① Newfarmer R.,Nubkery B.:《促使政府角色的中期压力:危机后的东亚》,见 H. P. Brixi & 马骏:《财政风险管理:新理念与国际经验》,梅鸿译,中国财政经济出版社 2000 年版,第 280 页。

的失业补偿制度①,这无疑又加重了政府隐性债务负担。面对这种情况,各国都开始做出艰难的经济和财政改革决策,以维护宏观经济的稳定性。例如,1998年,韩国曾在世界银行和国际货币基金组织的帮助下建立一个中期财政计划以应对金融危机和财政风险。但由于脱离年度预算,以及政治利益对该计划的过度侵蚀,导致此计划被束之高阁。② 鉴于当前金融危机的巨大冲击,韩国将短期目标:控制公司及金融债务放在改革第一位。在恢复经济增长之后,于2003年才又开始重启中期财政计划,2004年正式进行大规模的财政结构调整和预算改革,以确保财政的稳定性和持续性。

其实,在危机前,除依赖援助的小国外,东亚各政府与同样收入水平的国家相比,都是相对较"小"的政府。而在东亚国家早期增长阶段,小政府在资源配置方面给政府留下了一定的变通余地③,使得他们在面对外部冲击时具有较大的政策缓冲空间。所以,在1997年的金融危机中,尽管情况不容乐观,各项改革相当艰巨,东亚地区大部分国家还是展现了较大的财政弹性。如图1、图2所示,在1999年—2007年间,亚洲地区GDP增长率一直持续上升,且高于欧洲和发达国家的经济水平。同时,总债务占GDP的比例也普遍低于发达国家。即使在2008—2009年全球金融危机再次来袭后,东亚总体债务水平也趋于稳定,虽在2009年有轻微的上升,但基本维持在40%左右。一些学者将东亚国家在第二次危机中的良好表现归结为两个原因:第一,东亚国家,特别是韩国和印度尼西亚在1997年金融危机爆发后所改革的金融体系和银行监管在很大程度上

---

① 维托·坦齐、舒克·内希特:《20世纪的公共支出》,商务印书馆2005年版,第145页。
② J. M. Kim, "Korea's Four Major Budgetary Reforms: Catching up with A Big Bang", in J. Wanna, L. Jensen & J. de. Vries (eds) *The Reality of Budgetary Reform in OECD Nations: Trajectories and Consequences*, UK: Edward Elgar Publishing Limited, 2010.
③ Newfarmer R., Nubkery B.:《促使政府角色的中期压力:危机后的东亚》,见 H. P. Brixi & 马骏:《财政风险管理:新理念与国际经验》,梅鸿译,中国财政经济出版社2000年版,第278页。

对 2008 年危机产生了免疫效果,一改当年信用坍塌,债台高筑的境地。第二,该地区在危机爆发时债务水平并不高,且经济增长率要高于实际利率,因而拥有大量的基本预算盈余。在此基础上,东亚国家采用大胆且决断的反周期宏观经济政策,特别是迅速采用大量财政激励措施以恢复经济的发展或增加预算盈余减少债务。① 于是,亚洲国家在经过 2009 年短暂的"阵痛"之后,GDP 增长水平迅速维持了稳定模式,显著高于经济发达国家和欧洲各国。与此同时,欧洲及发达经济国家在全球金融危机(2008—2009 年)以及 2010 年都基本呈现 V 型的发展模式,并在 2009 年,GDP 呈现负增长的状态;其债务水平也都达到了 70% 左右。直到 2013 年,经济发达国家总债务占 GDP 的比重超越了 100%(见图 1、图 2)。

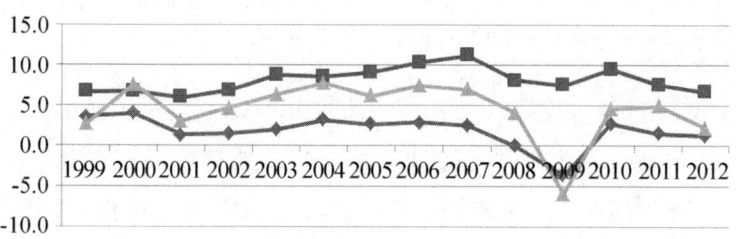

图 1　GDP 增长率地区比较(%)

注:欧洲 GDP 增长率根据欧洲 15 国数据进行计算,发达经济国家 GDP 增长率根据北美国家和西欧经济发达国家数据进行计算。

资料来源:根据国际货币基金组织数据统计(International Monetary Fund, World Economic Outlook Database, International Financial Statistics, IFS, 2014)。

---

① Park M., D. Lee, A. Abdo & G. Estrada, "Economic Impact of Eurozone Sovereign Debt Crisis on Developing Asia", Asian Development Bank Economics Working Paper Series, No. 336, January 2013;International Bank for Reconstruction and Development/The World Bank, *Transforming the Rebound into Recovery: A World bank Economic Update for the East Asia and Pacific Region*, Washington, D. C.:World Bank, 2010.

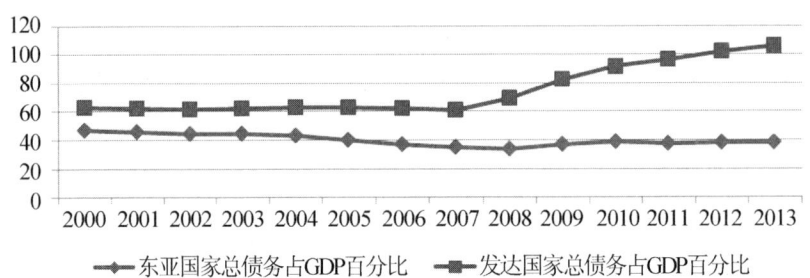

图 2 地区债务情况比较

注：东亚国家分别选取了中国、马来西亚、菲律宾、韩国、印度尼西亚、泰国六国，发达国家按照国际货币基金组织（International Monetary Fund, IMF）定义的范围选取了美国、英国、爱尔兰、法国、意大利和加拿大六国，采用总债务占GDP百分比均值计算。

资料来源：根据国际货币基金组织数据库（International Monetary Fund, World Economic Outlook Database, 2013年10月8日更新）数据归纳计算。

比较1997年危机后以及2008—2009年全球危机至今两个时期，全球金融危机给经济发达国家带来的痛苦似乎要远远大于东亚地区。但是，东亚地区财政治理的步调并不一致。如日本在危机前后都深陷债务危机的泥沼，难以自拔。特别是自2009年后预算赤字陡然上升，至2013年达到9.51%，和其他OECD发达国家财政现状相似。而与此相反：韩国仅在2009年出现了短暂的财政赤字，在2010年至2013年间，财政又趋于平衡，甚至出现了略微盈余。韩国总债务水平在危机后虽有上升，但基本稳定在30%—35%左右，相当于OECD国家普遍债务水平的一半（70%左右），成为东亚国家中财政治理的新星（见表1）。在东亚国家中，日本和韩国同被国际组织归类为经济发达的国家，且都属于OECD国家；但两国在全球金融危机中的表现却迥然不同。在这些经济发达国家陷入债务危机，财政难以为继的时刻，韩国作为经济强国却能保持财政平衡规范，其背后的故事耐人寻味。那么，它是如何做到的呢？

表1 东亚国家债务和财政平衡统计表（占 GDP 比重,%）

		2006	2007	2008	2009	2010	2011	2012	2013
总债务	印度尼西亚	38.98	35.05	33.24	28.64	26.83	24.41	24.55	26.23
	日本	185.99	183.01	191.81	210.25	215.95	230.31	238.03	243.54
	韩国	31.12	30.66	30.11	33.77	33.43	34.23	34.98	35.7
	马来西亚	41.54	41.22	41.24	52.81	53.51	54.26	55.5	56.98
	泰国	41.99	38.34	37.27	45.22	42.64	42.07	45.44	45.44
	菲律宾	51.58	44.64	44.17	44.34	43.46	42.03	41.92	41.24
总平衡	印度尼西亚	0.23	-1.03	-0.003	-1.76	-1.24	-0.63	-1.66	-2.19
	日本	-3.65	-2.09	-4.11	-10.39	-9.30	-9.94	-10.14	-9.51
	韩国	1.14	2.32	1.64	(-1.1)	1.65	1.82	1.89	1.41
	马来西亚	-1.72	-1.96	-2.14	-5.12	-3.03	-2.10	-3.07	-2.98
	泰国	2.19	0.23	0.13	-3.18	-0.80	-0.75	-1.75	-2.66
	菲律宾	-0.05	-0.3	0.02	-2.62	-2.52	-0.58	-0.94	-0.78

注：1. 总债务：需要政府在将来归还本金的所有债务或责任，包括所有公共部门的债务，不仅包括直接的显性的政府债务，也包括金融或非金融的国有企业的债务、中央银行的债务，也包括担保等联系在一起的或有负债。总平衡：政府总收入减去总支出，是一种净借。总平衡一般不包括政策性借出，即为实现某一公共政策目的而发生的金融资产方面的交易。在一些国家，总平衡是政府总收入加上捐赠收入再减去总支出和净借出（net lending）(International Monetary Fund /IMF, 2013：79 - 80)。

2. IMF（2013）提供的韩国2009年数据和OECD（2013）以及韩国战略与财政部（2014）数据不符，但其他年份数据基本符合韩国战略与财政数据报告。所以，表1采用OECD（2013）数据库中和韩国战略财政部年度预算报告相对一致的数据来调整2009年韩国数据。其他国家2006—2013年数据均采用IMF（2013）数据归纳整理。

数据来源：国际货币基金组织数据库（International Monetary Fund/IMF, World Economic Outlook Database）2013年10月8日更新；世界经合组织（Organization for Economic Co-operation and Development/OECD, Economic：Government deficit / surplus as a percentage of GDP）2013年11月20日；韩国战略与财政部（Ministry of Strategy and Finance）2014年3月。

二、韩国财政平衡的历史与现实：20世纪80年代至今

（一）黄金时代：80—90年代的财政平衡与盈余

80年代中期至90年代早期，韩国经济迈入了高速增长的通道。在1985年至1995年间，韩国GDP的年均增长率达到了9%[①]，在世界经济舞台上大放异彩。实际上，韩国在20世纪80年代就已实现了长达20多年的预算平衡或盈余，整体公共财政运作远比工业化发达国家稳健。在1990年至1996年之间，相较于OECD国家普遍赤字的状态，韩国财政在6年间都实现了平衡或盈余的增长。1995年，政府财政盈余占GDP的比率甚至达到了4.2%[②]。坦齐、舒克内希特将这种财政绩效归因于公共债务、经济绩效和政府规模的负关系。他们认为，尽管韩国发展思路带有浓厚的干预主义色彩，但在发达国家都在试验凯恩斯主义和建立福利国家的同时，它仍在推进经济增长和奉行依靠市场和经济激励以及使政府支出保持少而精的政策，把公共支出置于严格的控制之下，致使其支出水平普遍低于发达国家[③]，因而，伴随着经济高速发展而产生的巨额财富以及较低的公共支出水平，韩国政府迅速累积了大量的预算盈余。

此外，韩国80—90年代中期的财政稳定也可以部分的归因于韩国政府预算改革的尝试。早在20世纪80年代早期，韩国就已经引入了零基预算和中期财政计划试图改革预算编制和执行过程，并坚定的强调"支出须在收入范围内"的财政纪律。可是，当时政策的优先性注定了80年代的财政改革只是一次简短的尝试。虽然在80年代中后期和90年代韩国政府一直持续地进行财政治理，着重清理数目众多的专用账户和

[①] International Money Foundation（IMF），*Fiscal Monitor*，Washington D. C.：IMF，2013

[②] Organization for Economic Co-operation and Development（OECD），*Economic Outlook No.*71，Annex Table 28，June，Paris：OECD，2002.

[③] 维托·坦齐、舒克·内希特：《20世纪的公共支出》，商务印书馆2005年版，第146页。

信托基金（预算外资金，指定用途的资金），并每隔几年就做出较大的努力来简化和巩固预算过程。但是，每次的努力都收效甚微。反而，金斗焕总统在80年代早期所进行的昙花一现的改革尝试却对韩国之后财政稳定产生了持续深远的影响。基于这位军人政客建立起来的严格的、充分的预算纪律（支出须在收入的框架内进行），韩国保证了其后十年内的预算平衡和盈余①，以及相对较小的债务规模。如图3所示，1990年至1996年间，总债务水平也呈现持续下降的趋势。直到1997年亚洲金融危机爆发，引发韩国财阀和银行体系动荡，才导致了财政赤字和因政府担保而形成的潜在公共债务。

图3 韩国总债务水平（1990—2000），单位（%）

资料来源：国际货币基金组织数据库（International Monetary Fund/IMF, World Economic Outlook Database）2013年10月8日更新。

（二）重构与稳健时代：两次金融危机后的财政可持续

在经历了80—90年代经济腾飞后，韩国迅速吸引了大量新投资。但是，政府对信贷分配实施的强势干预②驱使联合型大企业（财阀）和

---

① J. M. Kim, "Korea's Four Major Budgetary Reforms: Catching up with A Big Bang", in J. Wanna, L. Jensen & J. de. Vries (eds), *The Reality of Budgetary Reform in OECD Nations: Trajectories and Consequences*, UK: Edward Elgar Publishing Limited, 2010.

② 在韩国，政府对信贷分配进行了大量干预，其目的是为了实现通过快速工业化来促进经济增长的工业政策（坦齐，舒克内希特，2005：146）。

各大银行引进外资时,过度采用短期外汇资金的形式以支持国内货币形式的长期贷款,从而导致了企业及银行的呆账、坏账和不良资产的集聚上升。这种缺乏风险收益分析的非理性行为终究酿制了韩国在1997年东亚金融危机中的悲剧:公司和金融产业遭受重创,大量未偿还债务使得企业和银行徘徊在崩溃的边缘。

一般而言,金融危机会通过两个途径对政府产生财政压力:宏观经济调整以及与金融、企业部门的系统性危机相关的或有负债①,所以它的发生往往会伴随或引发财政危机。1998年,由于金融危机的影响,韩国的GDP首次出现负增长率,达到了-5.7%,同时,政府总债务占GDP比率相较于危机前增加了约7%。② 为了防止经济崩溃和国家财政继续恶化,韩国政府首先针对当前公司银行债务迅速采取行动。第一,重构企业债务平衡表,实现可转换债券③,减少政府对公司财务继续恶化而进行接管或财政注资,以降低公司负担和政府担保风险。第二,韩国政府并未效仿许多东亚国家对业绩不好的企业和银行进行大量接管,进一步加剧政府或有负债负担。相反,政府对联合型大企业(财阀)和银行进行资产重组、注资、合并或者直接破产,以保持金融和企业部门的健康发展。同时,成立韩国资产管理公司来解决坏账问题。第三,政府实施成功的货币政策抑制通货紧缩。和日本不同,韩国政府为恢复经济所做的优先改革并未压抑经济需求,而是通过降低利率为企业减负,刺激居民消费,一改通

---

① Newfarmer R., Nubkery B.:《促使政府角色的中期压力:危机后的东亚》,见 H. P. Brixi & 马骏:《财政风险管理:新理念与国际经验》,梅鸿译,中国财政经济出版社2000年版,第281页。
② International Money Foundation (IMF), *World Economic Outlook Database*, 2014, Download from http://www.imf.org/external/pubs/ft/weo/2014/01/weodata/index.aspx.
③ 将债权人所持有的债券依照债权人的意愿转换成对债务人所持有的股权,实现从债权到所有权转换等一系列实际措施。

货紧缩的局面。① 这种宽松的货币政策虽然在 21 世纪早期造成了信用和家庭债务的上升，但根据韩国银行《金融稳定报告》，截至 2013 年 10 月，韩国金融体系持续稳定，家庭债务和信用债务并未增加。②

除金融风险所带来的债务外，如果政府财政不受约束，特别是支出管理的脆弱，也会导致政府债台高筑。在经济衰退时，政府将既无力实施反周期财政政策来刺激经济，也不能确保它在社会福利方面的承诺。更为严重的是，一旦出现经济衰退，政府财政将很容易陷入危机，进而拖累经济和社会发展③。所以，在重建企业和银行结构、稳定宏观经济之后，韩国政府立即开始一系列的财政调整，以平衡预算、稳定债务水平为目标，发展有效的财政风险管理框架，以应对危机所产生的变革要求以及全球化所带来的中期压力。在 1998 年引入中期财政框架失败后，从 1999 年开始，韩国政府逐步进行微调。首先，对大规模财政投资项目的可行性进行预审。相关政府机构提交的项目可行性报告须在预算前交由财政权威机构进行必要性和可行性的论证，在此之后才能通过。1999 年至 2013 年，韩国一共削减了 665 项价值 303 万亿韩元的项目，而在 1994—1998 年（项目预审实施之前），仅有一项被削减。④ 2007 年，这一项措施被纳入《国家财政法案》。其次，在 2000 年中期，韩国试图引入绩效预算以评估财政资金管理和使用效率，并在 2003 年采用了绩效目标管理体系，走出了绩效预算管理的第一步。经过前期各种财政程序和预算模式调整的尝试，韩国于 2004 年正式发动大刀阔斧的财

---

① L. L. Eskesen, " Countering the Cycle – the Effectiveness of Fiscal Policy in Korea", *IMF Working Paper*, WP/09/249, 2009.

② The Bank of Korea, Financial Stability Report. The bank of Korea, 2013 website: http://www.bok.or.kr/contents/total/eng/boardNewRptList.action.

③ 马骏:《从财政危机走向财政可持续性：智利如何实现财政可持续性》, 载《公共行政评论》, 2014 年第 1 期, 第 23—51 页。

④ Ministry of Strategy and Finance, *The budget System of Korea*, 2014. website: http://english.mosf.go.kr/.

政体系重构改革，采用"自上而下"的集中型预算模式，建立支出上限，引入多年期预算，强化财政资源保护。同时，要求政府依照权责发生制来准备国家财政报告，并在政府会计体系中予以明确，最终提交给国民大会以控制支出和税收。[①] 如图4所示，除1997年、1998年、1999年和2009年外，韩国均实现了综合平衡，即达到了预算平衡的"黄金法则"。并且，2008—2009年的综合平衡要小于1997—1999年危机所造成的财政赤字。另外，如表2所示，韩国公共支出规模在近十年内只有20%左右，是欧盟和其他OECD国家40%水平的一半，其中，在1998年至2012年间，韩国社会保障支出也低于OECD国家20%的普遍水平（见图5）。虽然随着时间的推移，社会保障支出稳定上升，但也只占到OECD国家社保支出普遍水平的一半，远低于其他经济发达国家水平。这是因为韩国的福利制度建设处于起步阶段，并在建立其制度的同时注意把福利待遇保持在有限的水平上，以至于总体支出水平很低。由于国家养老金一直处于盈余状态，所以，在扣除了社保平衡后，韩国出现了财政赤字，但赤字占GDP的比率也并无明显增加，最大的赤字比例也只在4%左右（1998年、2009年），其余年份都稳定在2%以内的水平，相较于世界平均水平较低（见图4）。这些数据都说明了：对公共支出管理的控制及其相关的预算改革使得"小政府"所带来的规模效应得以在危机后继续维系，为韩国财政稳定奠定了基础。根据韩国战略和财政部的数据预测，财政赤字水平将在2014年开始缓慢下降，这种较低的赤字水平也导致了韩国债务的稳定缓慢的增长。和其他OECD国家中央政府债务水平相比，韩国中央政府债务占GDP的比例也非常低且在2008年金融危机后并未发生较大的变动，稳定在30%左右。相反，美国等发达国家的中央政府债务水平都超越了60%，是韩国的两倍（见图6）。

---

① Ministry of Strategy and Finance, *The budget System of Korea*, 2014. website：http：//english.mosf.go.kr/.

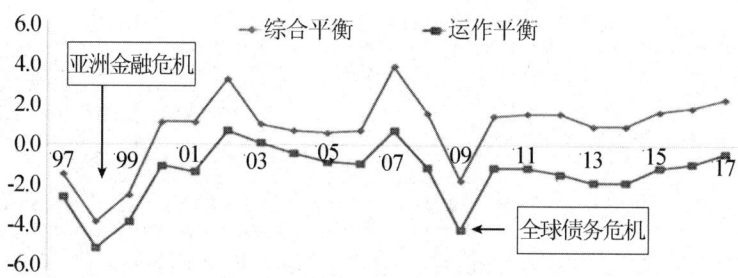

图4 韩国财政平衡趋势图（综合平衡/运作平衡占GDP百分比，%）

注：综合平衡即财政总支出和财政收益的差额，包括一般账户，专用账户和基金账户。它代表了收益和支出之间的实际价值，排除了账户和基金之间的交易，以及借贷和债务偿还，类似于表1中的总平衡指标计算。运作平衡是指综合平衡扣除了社会保险基金平衡的部分。

资料来源：《韩国预算体系》，韩国战略和财政部（Ministry of Strategy and Finance，2014年3月更新），p.12。

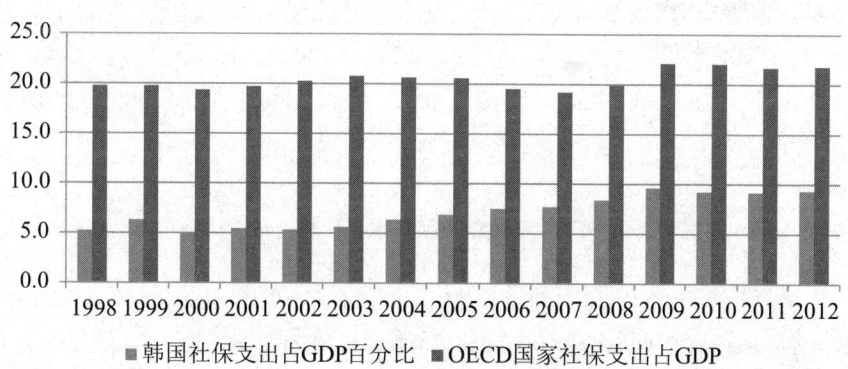

图5 韩国和OECD国家社保支出规模比较（占GDP百分比，%）

数据来源：根据OECD数据统计整理，Social issues：Government social spending/Total public social expenditure as a Percentage of GDP，OECD Database，2013年12月20日更新。

表2 韩国与OECD国家的公共支出规模比较（占GDP%）

	2006	2007	2008	2009	2010	2011	2012	2013	2014
韩国	21.5	21.9	22.4	23.0	21.0	21.4	21.4	20.9	20.7
欧盟	39.1	39.2	41.1	45.2	43.8	43.1	42.5	42.2	41.8
G-20经济发达国家	38.6	38.7	40.7	44.9	43.4	42.8	42.1	41.8	41.4

数据来源：根据国际货币基金组织（IMF）Fiscal Monitor，Statistical Table 3. Advanced Economies：General Government Revenue and Expenditure，2013数据整理。

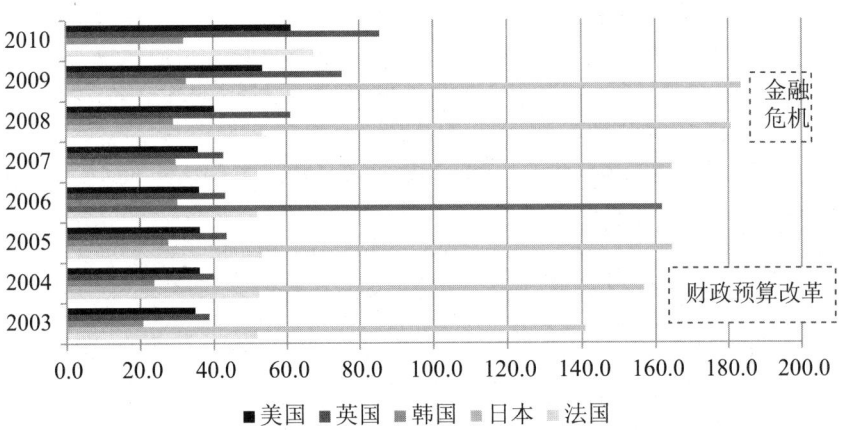

图6 韩国和其他OECD国家中央债务水平比较（占GDP百分比,%）

资料来源：根据OECD数据统计整理，Economics：Total central government debt as a Percentage of GDP，OECD Database，2011年12月23日更新。

三、21世纪政府角色的转变：建构中期财政框架

韩国在两次危机后的迅速复苏，都充分反应了它的财政稳健程度，在世界范围内也可以将其视为实施有效财政管理体系的模范国家。[1] 两

---

[1] N. Park & J. Choi, "Making Performance Budgeting Reform Work: A Case Study of Korea", Policy Research Working Paper of World Bank, WPS6353, 2013.

次金融危机,特别是第一次危机造成的经济衰退加速了韩国预算体制的变革,促使政府做出更加严苛的财政调整,建立财政约束规则。早在大规模财政改革之前,韩国的预算支出管理就一直受到较高的评价,特别是早期进行的绩效管理原则虽有所偏离但也发挥了积极的作用。更为重要的是,相较于其他东亚国家(如中国、泰国、马来西亚等)所存在的政策制订与预算编制之间联系薄弱的问题,韩国早已采取措施来进行协调,即通过将总体规划和预算责任转交给一个新的高级别机构——预算规划办公室来协调各政府部门间的政策制订。[①] 这都为韩国财政改革奠定了技术基础。尽管,在是否进行彻底的财政改革这一问题上并未取得广泛的政治同意,韩国还是在 2003 制定了大刀阔斧的财政改革计划,意图将八九十年代起就开始的细枝末节、小范围的预算调整整合对接起来,彻底推翻自 1948 年起就建立的线性项目预算模式,这无异于为整个传统财政体系投下了一颗重磅炸弹。在世界银行专家的帮助下,韩国于 2004 年正式启动了财政预算改革计划。

(一) 国家财政管理计划(NFMP)和自上而下的预算体系

韩国国家财政管理计划是整套财政预算改革计划中最基础、最重要的一步。它效仿瑞典模式(借鉴《瑞典春季财政法案》),建立每年更新的 5 年中期财政框架[②];包括对经济和政府收入的预测、预算平衡和国家债务目标、年度支出限制以及对政府力图解决的关键问题分步计划。具体而言,国家财政管理计划内容包括 3 个部分:概述和评估、内容、财政管理体系改革。首先,概述和评估。它涉及计划的目的和过程,以及财政管理中对预算估值和评估。这一部分主要是为了提供清晰和完整

[①] Newfarmer R., Nubkery B.:《促使政府角色的中期压力:危机后的东亚》,载 H. P. Brixi & 马骏:《财政风险管理:新理念与国际经验》,梅鸿译,中国财政经济出版社 2000 年版,第 300 页。

[②] 严格地说,瑞典和韩国的国家财政管理计划属于 3 年的财政计划,因为现行的 5 年计划中包含了对当年和去年 2 年的评估(Kim, 2010)。

的国家财政管理图景。其次，主要内容。即社会经济变化，国家宏观政策，财政支出规模及其上限，资源收集方向，和接下来5年的部门投资计划。其中，职能部门支出上限和部门项目都基于宏观经济预测，中期—长期的财政需求，国家政策优先项和主要项目投资计划来动态预估当年和未来几年的收支限制。第三，财政管理体系改革。这部分是为了塑造财政权威以提高公共财政效率和稳健程度，主要聚焦于先前年份的实际绩效。目前包括财政管理改革的评估，即"自上而下"的预算体系，绩效管理体系，《国家财政法案》的建立等。① 这些宏观和微观的经济收入、需求、政策优先项的预测并未像欧盟《稳定与增长公约》那样设定一个具体的百分比预警线或不变的支出上限，而是根据当前的经济、绩效、需求的波动以及对未来的展望进行设置。

韩国之所以选择瑞典模式，除了财政预测和计划相联系且对多年度计划有清晰的定义之外，最重要是《瑞典春季财政法案》结合了自上而下的预算程序②，即意味着需要在年度预算中，对政府总支出和部门支出设定年度支出上限。支出上限一旦设定，政府部门就必须根据上限来限定每个项目预算诉求规模。如有违反，财政机构将会实施惩罚。③ 鉴于在年度预算编制中缺乏计划而导致80—90年代预算改革的失败，韩国预算办公室非常关心国家财政管理计划改革是否能够在年度预算中将计划和预算对接起来。而使用自上而下强制执行支出上限的中期财政框架可以很好的将预算和计划联系起来。为了让职能部门更好地接受支出上限强制，预算部门同时授予职能部门相对以前较大的预算编制权力，

---

① Ministry of Strategy and Finance, 2013: 29
② J. M. Kim, "Korea's Four Major Budgetary Reforms: Catching up with A Big Bang", in J. Wanna, L. Jensen & J. de. Vries (eds) *The Reality of Budgetary Reform in OECD Nations: Trajectories and Consequences*, UK: Edward Elgar Publishing Limited, 2010.
③ Ministry of Strategy and Finance, *The budget System of Korea*, 2014, website: http://english.mosf.go.kr/.

使得各部门可以根据自身政策范围，运用各自专业领域的思想库来自主编制预算。这种支出强制和预算放权节约了预算部门和支出部门讨价还价的时间，削减了预算编制前的部门预算诉求①，促使预算决策及时、效率的做出。如图 7 所示，2005 年，实施了自上而下的预算程序一年后，机构预算请求显著下降。

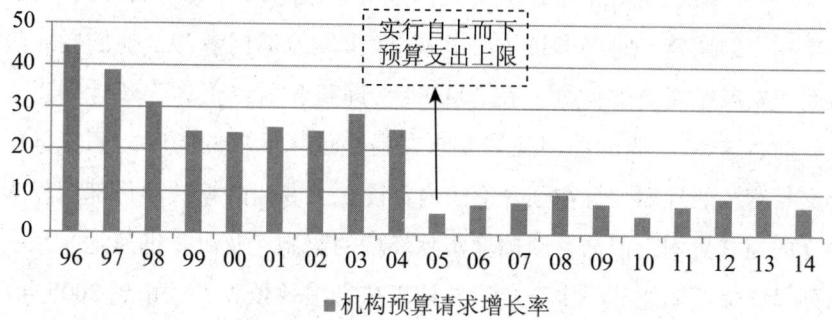

图 7　政府机构预算请求增长率（一般账户和专用账户）

资料来源：根据《韩国预算体系》数据整理，韩国战略和财政部（Ministry of Strategy and Finance，2014 年 3 月更新），p. 33。

（二）预算模式的创新：绩效预算

除了建立多年度预算框架外，韩国还进行了各种预算模式创新。其中，绩效预算是改革中最为成功的一项。它试图通过改变传统的线性项目分类体系为项目导向的分类体系，来简化预算结构，在政策组织和支出项目之间搭建一个清晰、系统的桥梁。具体内容包括三个方面：第一，监督体系，又称绩效目标管理体系，给予预算项目绩效一阶反馈，以关注未达到目标的项目。第二，战略审核体系，即预算项目自我评估体

---

① J. M. Kim, "Korea's Four Major Budgetary Reforms: Catching up with A Big Bang", in J. Wanna, L. Jensen & J. de. Vries (eds), *The Reality of Budgetary Reform in OECD Nations: Trajectories and Consequences*, UK: Edward Elgar Publishing Limited, 2010.

系,对预算项目收集完整的信息并根据项目等级进行优先序排序。在这两个步骤中,监督体系针对每个项目,而战略审核体系却只用于 1/3 的年度项目。第三,深度评估体系,即选择小范围的项目进行进一步的评估。①

2000—2002 年,韩国就已开始绩效改革的尝试。由于预算部门难以建立将绩效信息反馈到预算决策中的管理模式,韩国预算部门只好在小范围内推行绩效预算。并借用《美国政府绩效结果法案》倡导的模式,做出相应的调整。此次尝试中,共有 22 个职能部门参与,他们同时也被要求发展年度绩效计划。在 2003 年,即整套财政预算改革计划正式实施前,这 22 个职能部门又被要求在提交预算诉求的同时向预算部门提交年度绩效计划。且在预算部门内部设立了专业的绩效评估部门作为独立的控制机构,根据韩国预算实际环境的限制,及时、迅速地采用一系列措施保证职能部门中高层领导认真执行绩效预算。截止到 2005 年,一共有 26 个部门参与了此次绩效预算改革。同年,韩国设立在预算部门内的绩效评估部门又在《美国项目评估等级工具》基础上引入了预算项目自我评估体系,覆盖了对计划、管理和结果的评估。它的引入使得在预算部门干预之前,部门就通过优先序等级评估,将资金优先分配给评分最高的项目,削减评分最低的项目,其削减最高可达到 10%,且所有评估结果通过官方网站对公众公开。这一措施不仅使得绩效信息可以对预算产生反馈,建立起透明化的监督机制,也使得部门更加严肃的对待绩效预算。2006 年,预算项目评估开始利用第三方专家每年对一小部分有问题的项目展开深度评估,并对每个独立项目进行详细的分析,定位存在的问题,提出需要解决的方案。② 这三项步骤保证了韩国绩效预

---

① N. Park & J. Choi, "Making Performance Budgeting Reform Work: A Case Study of Korea", Policy Research Working Paper of World Bank, WPS6353, 2013.

② J. M. Kim, "Korea's Four Major Budgetary Reforms: Catching up with A Big Bang", in J. Wanna, L. Jensen & J. de. Vries (eds) *The Reality of Budgetary Reform in OECD Nations: Trajectories and Consequences*, UK: Edward Elgar Publishing Limited, 2010; N. Park & J. Choi, "Making Performance Budgeting Reform Work: A Case Study of Korea", Policy Research Working Paper of World Bank, WPS6353, 2013.

算的成功。

（三）财政规则强化

无论是中期财政框架还是预算模式创新，都是为了建立良好的预算过程以保证良好的财政规则。因为财政规则的运用有助于预算结果的实现，只有通过有效的财政规则，即对预算平衡、债务、支出和税收设置具体的限制[①]，才能加强预算承诺，更好应对后危机社会的不确定性。在韩国，除国家财政管理计划外，财政规则还包括对税收豁免的规制、支出限制以及债务风险的管理。在税收豁免上，韩国政府规定：一项新的税收豁免项目的产生需要先改变现存的税收豁免项目或削减现有的支出项目，通过"增一减一"的方式来防范税收的流失。在支出限制上，韩国计划采用现收现付的手段，对涉及法定支出增长或收益削减的新的预算立法实施强制，迫使它们在必须保证收益可获得的前提下才能进行支出增长或收益削减。[②] 如表3，在2011—2014年间，韩国中央预算的收入和支出虽有稳步上升，但幅度很小，支出规模基本在收入框架内进行。

表3 韩国中央政府预算（单位：万亿韩元）

	2011年预算	2012年预算	2013年预算	2014年预算
总收益	314.4	343.5	360.8	369.3
预算	212.1	234.0	241.5	243.7
税收	187.6	205.8	210.4	216.5
非税收入	24.5	28.3	31.1	27.2
基金收入	102.2	109.5	119.3	125.6

[①] S. Kennedy & J. Robbins, *The Role of Fiscal Rules in Determining Fiscal Performance*, Department of Finance working paper, 2001.

[②] Ministry of Strategy and Finance, *The budget System of Korea*, 2014, website: http://english.mosf.go.kr/.

(续表)

	2011年预算	2012年预算	2013年预算	2014年预算
总支出	309.1	325.4	349.0	355.8
预算	216.3	228.1	247.6	250.8
基金支出	92.7	97.3	101.4	105.0

数据来源：根据《韩国预算体系》数据整理，韩国战略和财政部（Ministry of Strategy and Finance，2014年3月更新），p.10。

对债务而言，韩国战略与财政部采用三种标准对公共部门债务规模进行计算，全方位、多角度的对财政稳定性进行披露，以降低财政平衡的恶化。其计算指标为国际货币基金组织（IMF）、世界银行（WB）和世界经合组织（OECD）共同声明的《公共部门债务统计指南》。如表2所示，韩国债务分为政府债务、一般政府债务和财政报告中的债务部分三类，这三类的计算内容各不相同。具体而言，政府债务是指政府直接偿付义务，采用现金收付制，所以此栏主要计算中央和地方政府债务，并不包含公共企业和中央银行债务，以及担保债务、养老金、社保体系所产生的或有债务，建设、转让、租赁融资产生的或有债务。国家财政管理计划和国家债务管理计划使用此类债务计算数据。一般政府债务使用权责发生制予以计算，主要用于韩国和其他国家进行国际债务水平比较，以便决策。最后一类债务包含在政府财政报告中，作为政府会计体系陈述的一部分，提交给国民大会。由于它包含了未来支出义务（如军队和公共养老金拨款债务）和潜在债务项目，韩国政府一般将其作为财政风险管理的有效指标。[1] 此类债务的规模往往很大。如表4所示，在加上了未来支出义务以后，韩国在2012年的总债务水平达到了70.9%。特别是加上了职业养老金拨款和社会保障责任准备金以后，韩国在财政

---

[1] Ministry of Strategy and Finance, *The budget System of Korea*, 2014, website: http://english.mosf.go.kr/.

报告中反应的总债务规模要高于一般债务规模计算值将近400万亿韩元。针对此问题，战略与财政部在2014年度《预算体系报告》中承诺，将在未来对养老金、医疗、教育和其他部门进行长期的财政预测，观察财政负担增长趋势。

表4 韩国债务计算类型（单位：韩元）

		政府债务	一般政府债务	财政报告（债务部分）
计算基础		国家财政法案第91条	国际标准	国家会计法案第14条
会计记账法		现金收付	权责发生制	权责发生制
范围	中央政府	一般账户 18项专用账户 41项政府托管基金	一般账户 18项专用账户 41项政府托管基金 24项公共部门基金 165项公共非盈利组织资金 50%的成本补偿率（或更少）	18项专用账户 41项政府托管基金 24项公共部门基金
	地方政府（包括教育机构）	244项一般账户 2178项专用账户 2395项基金 17项教育支出专项	244项一般账户 2178项专用账户 2395项基金 17项教育支出专项 87项公共非盈利组织资金 50%的成本补偿率（或更少）	×

(续表)

		政府债务	一般政府债务	财政报告（债务部分）
计算基础		国家财政法案第91条	国际标准	国家会计法案第14条
会计记账法		现金收付	权责发生制	权责发生制
类别	国家债券	√	√	√
	借贷	√	√	√
	公共机构管理基金负债	×	√	√
	职业养老金拨款（包括公共服务和军队养老金）	×	×	√
	社会保障基金责任准备金（工人赔偿、员工保险）	×	×	√
	其他权责发生制所产生的负债	×	√	√
	公共养老基金	√	×	×
规模（占GDP%）		443.1万亿（34.8%）	504.6万亿（39.7%）	902.1万亿（70.9%）

注：√表示包含此项目，×表示不包含此项目。政府债务栏是基于国际货币基金组织1986年《财政统计手册》指标进行计算，一般政府债务是根据2001年国际货币基金组织《财政统计手册》指标计算。

资料来源：根据2012年底数据整理，《韩国预算体系》，韩国战略和财政部（Ministry of Strategy and Finance，2014年3月更新），p.15。

韩国建立的债务计算体系，特别是在国民大会上提交的财政报告（包含了以权责发生制为基础编制的现时和未来的或有负债）在后危机社会中可以更全面系统的观测和分析韩国债务趋势，以规避现时和未来风险。但是，韩国的财政规则并不完善。由于发展有效完整的财政规则，不仅需要在一定程度上列出并覆盖不同来源的赤字、债务，还需要对赤字和债务执行强制严格的数额限制。[1] 韩国虽利用不同分类标准对财政风险进行观测和预测，但是在对预算赤字或债务设置具体数额上限或不同的预警标准上非常模糊，难以展现现行情况和未来数据之间的联系。这无疑成为韩国今后财政体系所要面临的挑战。

四、韩国财政预算改革的挑战：政治文化

目前韩国的改革聚焦于年度预算，致力于将西方的改革移植在亚洲的土壤之上。无疑为亚洲发展中国家，特别是中国财政可持续提供了很好的经验借鉴。但是，我们必须注意到韩国跳跃式改革背后固有的政治逻辑（激励与约束）会对长期的财政绩效产生影响。如果忽略了它们，将难以重现韩国财政可持续性建设的大图景。一般而言，对在中长期内整合计划、政策和预算并实施总额控制时，需要三个必备条件：（1）对于跨年度战略性配置资源形成政治共识；（2）预算程序必须从传统的"自下而上"为主转变为"自上而下"为主；（3）在政府内部，预算权应相对集中，财政部门应具有足够的权力与相对独立性，相关的计划与预算机构之间能够很好协调。[2] 韩国虽然在中期框架中重构预算、政策和计划的关系，通过支出上限来进行支出管理，并取得了一定的效果，但是上述三个基础条件在财政预算改革中仍然脆弱，难免会对现时和未来财政治理产生潜在的隐患。

首先，韩国的整套改革跳过了广泛同意的政治共识。约翰·M. 金

---

[1] M. Eslava, "The Political Economy of Fiscal Deficits: A Survey", *Journal of Economic Surveys*, Vol. 25, No. 4, 2010, pp. 1 – 29.

[2] 马骏：《中国公共预算面临的最大挑战：财政可持续》，载《国家行政学院学报》，2013 年第 5 期，第 19—30 页。

认为，2004年预算改革大跨步推进主要出于2003年新选举产生的卢武铉政府改革社会政策和分权的需要。整个改革从设计到实施都由一个单一的预算办公室小组自上而下的进行，作为该计划的重要支持者——计划和预算部的副部长被迅速提拔为部长，并任命他入驻总统办公室接管更具影响力的职位，全力推动该计划以符合当前的政治主张。整个改革决策几乎都由行政机构在一夜之间做出，一旦决策就马上开始向部门推行，这在很大程度上都取决于政治权威的想法和政府的政治目标，主要由强势的行政机构主导实施。于是，整个预算改革的萌发和最终启动几乎都建基于行政性承诺以及政治意愿。政治领导人是关键的参与者、推动者；而立法对改革的参与却很有限，立法同意的基础也比较薄弱。况且，一直以来，韩国政府也避免强调预算过程中的立法角色。例如，在现有的《预算与会计法案》并未排除在年度预算中运用多年度财政计划和绩效管理的情况下，韩国政府还是执意对其进行修订产生新《国家财政法案》以反应新预算体系的主要特点，而且要求对现有预算提交形式进行改革以符合当前推行的预算改革计划，最后，此项新法案通过立法。[①] 另外，由于立法机构的有限参与，国民大会也难以配合当前预算改革节奏，甚至拒绝某些改革程序，导致预算改革难以对接。又如，在预算部门花费了大量的时间和精力研究其他发达国家预算文件后，政府准备了新的、针对项目进行说明的预算编制模式，却被国民大会指责不如之前预算文件在项目和子项目执行层面上对预算有更加详尽的数据说明。这种立法上的阻碍导致政府很快又回归到先前预算编制模式之中。而在绩效预算上，由于《国家财政法案》只规定了政府如何提交绩效预算报告，并没有规定国民大会应该对政府提交的绩效报告做怎样的具体审核，所以，国民大会委员会和职员在审核绩效报告时只选择对他们有

---

① J. M. Kim, "Korea's Four Major Budgetary Reforms: Catching up with A Big Bang", in J. Wanna, L. Jensen & J. de. Vries (eds), *The Reality of Budgetary Reform in OECD Nations: Trajectories and Consequences*, UK: Edward Elgar Publishing Limited, 2010.

用的信息，并没有真正发挥监督作用。① 这种政府强势主导，立法不配合的情况，都反应了韩国改革中行政和立法的脱节，其政治共识也难以达成；也同时反应了韩国预算改革者一开始就没有详细的考虑怎样使新的预算体系根植于立法之中，将行政与立法对接起来，真正发挥立法对资金分配的监管作用。②

其次，在"自上而下"的预算改革中，韩国的强势政治权威领导，集权的、高度纪律性的公务员文化也导致了预算在行政体系内部的艰难协调。韩国是总统制国家，行政组织长期以来都具有集权主义的特点，所以预算部门是否真正放手对职能部门的预算控制，即实施分权，是值得怀疑的。实际上，韩国的预算部门并不完全相信部门可以合理的进行预算编制，而且坚信无论如何都需要单方面的对部门施加预算限制。况且，改革者也没有事先强调预算分权的重要性，对支出部门还是采用原来的控制导向及集权的方式来进行审核和协商。最后，预算部门听命于政治领导人一味的利用"自上而下"的程序来对部门强加支出限制，却没有给予部门足够的空间来进行预算决策，忽略甚至无视部门预算请求及其审核。③ 这种不完全的放权使得政府难以努力推进各部门对预算资源分配的共识，反而加深了预算部门和职能部门之间的断层。与此同时，部门也发明了另一种方式对抗新的预算游戏规则，偏离中期财政框架中的支出限额。他们经常以很难对项目重要性进行权衡，需要由上级

---

① J. M. Kim, "Korea's Four Major Budgetary Reforms: Catching up with A Big Bang", in J. Wanna, L. Jensen & J. de. Vries (eds.), *The Reality of Budgetary Reform in OECD Nations: Trajectories and Consequences*, UK: Edward Elgar Publishing Limited, 2010.

② J. M. Kim, "Korea's Four Major Budgetary Reforms: Catching up with A Big Bang", in J. Wanna, L. Jensen & J. de. Vries (eds.), *The Reality of Budgetary Reform in OECD Nations: Trajectories and Consequences*, UK: Edward Elgar Publishing Limited, 2010.

③ J. M. Kim, "Korea's Four Major Budgetary Reforms: Catching up with A Big Bang", in J. Wanna, L. Jensen & J. de. Vries (eds.), *The Reality of Budgetary Reform in OECD Nations: Trajectories and Consequences*, UK: Edward Elgar Publishing Limited, 2010.

机关做出最终预算决策为由不削减预算支出额度，或以预算条款须获得总统同意为由，越过预算部门，在提交的最后一分钟更改或追加新的预算条款，来反应对新的预算资源分配方式的不配合。最后，和瑞典提前三年就由议会通过支出总额不同，韩国政府几乎每年都对中期财政管理计划中的支出总额进行修正，来适应年度预算的支出需求，并和年度预算一起确定。在这种纠葛的政治环境中，韩国预算部门也无法持续保持强势影响，其相对弱小的地位也很难抵制高层政治家和其他支出部门的政治压力，从而一贯到底地坚持支出上限原则。再加上韩国官员一直具有"先做再修正"，"文件、法律要高于一切"的行政文化传统，最终导致官员倾向于事前控制，无论什么情况，习惯先按照文件提交了再修正，而并没有对事后——支出结果负责，最终支出上限的原则只是流于形式，且在政治控制导向下不断提高支出上限。[①] 这种情况虽然在 2005 年后得到了较大缓解，但是依然在小范围内反复存在（见图 7）。

综上，韩国固有的政治逻辑对现时和未来的财政预算改革造成了不小的挑战。但是，随着民主的推进以及老龄化社会各种需求的发展，这些问题已经开始逐渐得到修正。从 90 年代后期起，韩国就已经开始逐步转变政治权力范围，积极进行公务员制度改革，随着时间推移，合理的分权会不断深化。纵然有许多改进的空间，可是，现在政府和社会也越来越多的关注如何发挥国民大会的影响力，构建完善的立法监督，以及行政分权。这些渐进的、微小的转变都将继续为发展和完善韩国健康的财政管理体系奠定基础。

五、结论与讨论

在后危机时代中，政府应设法避免过高的财政赤字和债务。因为它

[①] J. M. Kim, "Korea's Four Major Budgetary Reforms: Catching up with A Big Bang", in J. Wanna, L. Jensen & J. de. Vries (eds.), *The Reality of Budgetary Reform in OECD Nations: Trajectories and Consequences*, UK: Edward Elgar Publishing Limited, 2010.

们可能直接威胁短期宏观经济稳定和长期的财政可持续性。① 纵观80年代至今，韩国的财政改革一直是一个动态持续的过程。它在几十年来所取得的财政绩效并非一日之功，除长期奉行较小支出规模可以对其进行部分解释之外，它在很大程度上还与财政预算改革有着千丝万缕的联系。如前所述，早在80年代起，韩国就已经有建立中期财政框架的意识，虽未成功，但建立并强化了"支出须在收入框架下"的财政纪律，即"小政府"原则。这为中期财政计划中支出上限的设置奠定了财政纪律基础。随后，为应付1997年的金融危机，韩国也曾在1998年试图进行中期财政框架的实践。可是，由于缺乏"自上而下"的预算体系，忽略年度拨款过程，导致1998年的改革尝试只是2004年国家财政计划的预演。但在此过程中韩国对财政各项措施及其体系所进行的分项、分步的调整，如2000年中期引入的绩效预算改革、1999年开始的项目可行性的预审等规范了机构预算行为，加强了正式财政程序，都为之后韩国发展国家财政计划（2004）实施及其未来发展铺就了一条康庄大道。这些断断续续的、渐进的中期财政框架建构的持续努力，虽然并未形成完整的中期财政框架（如2004国家财政计划）对预算平衡进行规范，但也对2004年之前的韩国财政稳定产生了难以忽视的影响。而2004年"大爆炸"式的、彻底的财政预算改革也可以看作是政治机会之窗打开后的必然选择。

综上，韩国为了保持财政可持续性所做的改革主要分为三个部分：第一，将年度预算置于中期支出框架之中；第二，将"自下而上"改为"自上而下"的预算程序；第三，将中央权威主导转变为计划预算办公室和职能部门协调和分享②，改变以往集权机构，实施预算分权。经过10年的改革，韩国的财政治理取得了很大的进展，特别是中期财政计划

---

① R. Hemming & M. Petrie：《评估财政脆弱性的框架》，见 H. P. Brixi & 马骏：《财政风险管理：新理念与国际经验》，梅鸿译，中国财政经济出版社2000年版。

② S. Park, *MTEF Implementation in Korea*, The World Bank and Korea Development Institute Conference Proceedings. 35107, 2004, p. 18.

建立了一个多年度的核心预算管理体系，迈出了评估长期财政可持续性的第一步。该计划通过对当前和去年2年的财政状况阐述和分析，以及对短期和中期的经济周期冲击、利率变化或贸易条件等经济条件评估，展望未来3年中期财政状况及其后果，以观测和掌控财政脆弱性信息，及时调控，防范财政风险。伴随着"自上而下"的预算改革，韩国将计划和预算结合起来，严格地在收入范围内进行合理的支出，同时通过强化财政规则更好的平衡中期预算目标。这种多年度核心财政计划结合自上而下的预算程序，作为整套预算改革中最重要的一步，既强调集中控制又重视分权式管理，成为控制年度预算的工具。它减少了预算部门和支出部门之间的政治妥协，也提高了政府在年度预算编制上的效率。

当然，这两步重要的改革也并不完美，存在着诸多问题。根据第四部分的讨论，韩国虽然在90年代已经开始民主化，并逐步放权，但长期遗留的政治集权影响所产生的控制导向导致支出上限强制和部门放权并不彻底，立法发挥的作用也十分有限。行政和立法，预算部门与职能部门难以对接，最终表现为各种冲突，导致总额控制政治化，以及财政问责有效性的缺失。这也是东亚官僚制国家普遍面临的问题。此外，这种难以消逝的政治影响也导致了韩国预算部门与职能部门在某些方面不容易达成共识，在建立分享和协调机制上存在着一些困难。但是，我们并不能就此做出韩国的财政预算改革并不成功的结论。因为无论实施何种改革都需要转变组织文化和治理文化，需要各个层面的管理者转变观念，这是一个较长的组织和个人学习过程，难以一蹴而就。而且，韩国政府控制、干预的倾向和西方国家所倡导的凯恩斯主义——实施政府干预、扩大公共支出、运用财政赤字以刺激经济发展截然不同，它自上而下的倡导财政支出必须符合财政收益原则，结合政治和制度手段严格控制支出，维护财政纪律。这种具有东亚文化特征的行政干预也推动了韩国财政改革跃进式的发展，通过支出上限强制规则的运用缩短了预算部门和其他部门的讨价还价及预算部门预算审查时间，整体提高了预算效率。总之，韩国的财政预算改革，无论是成功的尝试还是潜在的挑战，都为我国预算改革提供了经验。

对于成功的经验而言，中国应该学习韩国，建立预算与计划的联系，将预算整合进一个中长期的财政框架内，战略性的指导资金分配。目前，大多数国家都建立了不同时期的中期财政框架，如3年计划、5年计划等，并在此框架的指导下，对年度预算进行约束（见表5）。相反，长期以来，中国的多年度计划，如五年发展规划等经济计划并没有很好的和年度预算结合起来，甚至脱离了预算过程。所以，中国应该尽快的建立起多年度的支出框架，将计划和预算对接起来，自上而下的实施总额控制，防范未来风险。

表5 建立中期支出框架国家一览表

时间长度	2年	3年	4年	5年
国家	意大利	加拿大、法国、瑞典*、德国、英国、捷克、韩国*	荷兰、新西兰、墨西哥	美国

注：严格的说，瑞典和韩国的国家财政管理计划属于3年的财政计划，因为现行的5年计划中包含了对当年和去年2年的评估（Kim，2010）。资料来源：Kim & The World Bank（2004）。

不过，仅仅建立中期框架是不够的，因为它并不能防范政府未来义务所产生的隐性债务。据前所述，韩国的预算平衡，还有一部分原因是由于公共支出规模较小，特别是福利支出的不足，从而导致政府隐性债务规模并不如西方福利支出那么庞大，以至于对财政稳定性造成冲击。但是，随着社会结构的不断变化，政府所承担的未来义务也在逐渐增加。因为更多的老人、城市居民和中产阶级对养老金、社会保障的需求更加强烈，这些多元化的需求最终会推动政府隐性债务不断上升（见表4）。虽然，韩国并没有建立起长期的支出责任框架，但是，它已经开始强调对未来支出义务的监测，并利用权责发生制的记账方式逐步开始对或有债务进行管理（见表4）。总的说来，它已经走在了路上。所以，鉴于后危机时代中的社会结构变迁以及全球化所带来的经济影响，除中期财政框架外，我们还需要一个比中期财政框架更长的时间框架才能准确地反映支出责任，进而控制支出总额，以保证财政长期健康的发展。因为绝大部分与或有负债相联系的财政风险通常都会溢出中期支出框架的时间范围。[①]

对于潜在的挑战而言，韩国的预算改革希望能够一改集权控制的局面，并在强化预算部门支出控制的同时放权给线性部门，自主编制预算，即整合"自下而上"和"自上而下"的预算程序。前者虽然可以较好的反应支出部门的要求，但很难进行支出控制。这是因为"自下而上"要求在各个部门形成的预算要求基础之上产生预算，而部门通常都具有扩张支出冲动，很难进行支出控制（马骏、牛美丽，2007），一旦行政首脑介入也只会迷失在部门利益的冲突中，造成碎片化的局面。而在后者中，政府首脑及其预算部门会发布关于如何形成预算要求的指示，要求支出部门遵守，较为符合韩国的政治特征。这种相对集权的模式有利于政府首脑的政策偏好落实，也利于政府首脑进行支出控制。所以成为韩国中期财政计划取得成功的重要手段。其实，在现实实践中，为了更好的控制资源再分配，大部分国家也都开始倾向于采用集中型的预算决策，并和韩国一样，在其过程中下放部门的预算编制权，即"自上而下"为主，结合"自下而上"的预算模式以更好的控制资源的再分配。但是，长期累积的政治影响导致韩国"自上而下"为主的预算程序改革并不彻底（如第四部分所述）。但就中国而言，也面临着同样的困境：长期的计划经济导向以及政治集权使得预算难以撇除政治的影响，以至于无法整合预算。现行的"两上两下"预算程序看似将"自上而下"与"自下而上"两个因素结合，但究其根本，还是一种"自下而

[①] Allen Schick, "Budgeting for Fiscal Risks", in Hana Polackova Brixi & Allen Schick (eds.), *Government at Risk: Contingent Liabilities and Fiscal Risk*, Washington D. C.: The World Bank, 2002.

上"为主的预算程序：在各个部门开始编制预算之前，政府层面并没有一个完整的战略计划来引导资金的分配，部门预算也逐渐变成以部门利益为基础，行政首脑并非以整体性而是分散化的频繁介入预算程序，难以形成具有全局性和一定长远性的战略计划。① 所以，我们应该整合碎片化的预算管理，实现行政集中，减少准预算部门的资金分配权，强化核心预算部门的权力，并在增进预算能力的同时放权部门预算编制，深化部门预算改革。

最后也是最重要的，即须将预算改革和立法有效的结合起来，真正发挥人大的监督权力，让正式的预算制度以法律的形式得以确定，最终将预算牢牢根植于立法的土壤之中。由于"钱袋子"的权力是代议机构的最重要的权力，所以，在现代预算国家的建立过程中，立法监督的强化是保证国家财政预算稳定的重要一环。很多国家的立法机构在预算法案中设置多个财政稳健指标来约束支出、债务和赤字，并通过预算审查来对资金分配进行监督。但是韩国国民大会通过的《国家财政法案》并未设置具体的指标来对收支进行约束，而是通过条款、程序的方式规范部门的行为，并不涉及具体的指标或数值，也没有详细规定审查方式，以至于难以约束政治家的支出冲动，造成支出上限流于形式。同时，立法同意的缺乏也对韩国总额控制形成了挑战。虽然目前在控制赤字、债务水平上取得了一定成功，但收支规范基本上依靠政治强势来进行，立法参与有限，这种建基于薄弱立法基础之上的预算体系，并未完全制度化下来，仍可能根据政治风向进行变化，难以实现有效的财政问责，势必会对今后的财政治理造成诸多的挑战。不过，韩国也在不断的思考如何发挥国民大会的影响力，真正实现它的问责权力。所以，我们更应该重构中国的权力结构，完善人大立法和修正权，实现行政与立法的对

---

① 马骏、牛美丽：《重构中国公共预算体制权力与关系——基于地方预算的调研》，载《中国发展观察》，2007 年第 2 期，第 13—16 页。

接,通过有效的财政问责更好的对预算进行控制,规避后危机时代中的财政风险。

【参考文献】

马骏:《从财政危机走向财政可持续性:智利如何实现财政可持续性》,载《公共行政评论》,2014 年第 1 期。

马骏:《中国公共预算面临的最大挑战:财政可持续》,载《国家行政学院学报》,2013 年第 5 期。

马骏、牛美丽:《重构中国公共预算体制权力与关系——基于地方预算的调研》,载《中国发展观察》,2007 年第 2 期。

Newfarmer R., Nubkery B.:《促使政府角色的中期压力:危机后的东亚》,见 H. P. Brixi & 马骏:《财政风险管理:新理念与国际经验》,梅鸿译,中国财政经济出版社 2000 年版。

R. Hemming & M. Petrie:《评估财政脆弱性的框架》,见 H. P. Brixi & 马骏:《财政风险管理:新理念与国际经验》,梅鸿译,中国财政经济出版社 2000 年版。

[美] 维托·坦齐、[德] 舒克·内希特:《20 世纪的公共支出》,商务印书馆 2005 年版。

Allen Schick, "Budgeting for Fiscal Risks", in Hana Polackova Brixi & Allen Schick, (eds.), *Government at Risk: Contingent Liabilities and Fiscal Risk*, Washington D. C.: The World Bank, 2002.

D. Y. Kim & The World Bank, "Key Issues for Introducing MTEF and Top-down Budgeting in Korea", The World Bank and Korea Development Institute Conference Proceedings, 35107, 2004.

International Bank for Reconstruction and Development/The World Bank, *Transforming the Rebound into Recovery: A World bank Economic Update for the East Asia and Pacific Region*, Washington, D. C.: World Bank, 2010.

International Money Foundation (IMF), *Fiscal Monitor*, Washington D. C.: IMF, 2013.

International Money Foundation (IMF), *World Economic Outlook Database*, 2014,

Download from http://www.imf.org/external/pubs/ft/weo/2014/01/weodata/index.aspx.

J. M. Kim, "Korea's Four Major Budgetary Reforms: Catching up with A Big Bang", in J. Wanna, L. Jensen & J. de. Vries (eds), *The Reality of Budgetary Reform in OECD Nations: Trajectories and Consequences*, UK: Edward Elgar Publishing Limited, 2010.

L. L. Eskesen, Countering the Cycle – the Effectiveness of Fiscal Policy in Korea, *IMF Working Paper*, WP/09/249, 2009.

M. Eslava, "The Political Economy of Fiscal Deficits: A Survey", *Journal of Economic Surveys*, Vol. 25, No. 4, 2010, pp. 1 – 29.

Ministry of Strategy and Finance, *The budget System of Korea*, 2014, website: http://english.mosf.go.kr/.

N. Park & J. Choi, "Making Performance Budgeting Reform Work: A Case Study of Korea", Policy Research Working Paper of World Bank, WPS6353, 2013.

O. E. Williamson, "Efficiency, Power, Authority, and Economic Organization", in John Groenewegen (ed.), *Transaction Cost Economicsand Beyond*, Kluwer Academic Publishers, 1999.

Organization for Economic Co-operation and Development (OECD), *Economic Outlook No. 71*, Annex Table 28, June, Paris: OECD, 2002.

Organization for Economic Co-operation and Development (OECD), *Social issues: Government social spending/Total public social expenditure as a Percentage of GDP*, 2013, Download from http://www.oecd-ilibrary.org/social-issues-migration-health/government-social-spending_20743904-table1

Organization for Economic Co-operation and Development (OECD), *Economics: Total central government debt as a Percentage of GDP*, 2011, Download from http://www.oecd-ilibrary.org/finance-and-investment/total-central-government-debt_20758294-table1.

Park M., D. Lee, A. Abdo & G. Estrada, "Economic Impact of Eurozone Sovereign Debt Crisis on Developing Asia", Asian Development Bank Economics Working Paper Series, No. 336, January 2013.

S. Kennedy & J. Robbins, *The Role of Fiscal Rules in Determining Fiscal Performance*, Department of Finance working paper, 2001.

S. Park, *MTEF Implementation in Korea*, The World Bank and Korea Development Institute Conference Proceedings. 35107, 2004.

The Bank of Korea, Financial Stability Report. The bank of Korea, 2013 website: http://www.bok.or.kr/contents/total/eng/boardNewRptList.action.

国家中期预算规划的构建经验

危机后的击进：
韩国国家财政管理计划改革始末与启发*

石 慧 吴幸泽 毛万磊**

内容摘要： 在年度预算过程中引入中长期视角是现代预算改革的重要趋势。2003—2007 年，韩国通过一场大规模改革建起了 5 年滚动制的国家财政管理计划（NFMP）体系。这是一次由行政部门主导、总统支持、国际组织协助，通过自上而下预算机制整合了年度预算、中期计划、绩效预算和公民参与等诸多内容，并以组织重构和法律修订的形式使之制度化的剧变式改革。虽然还存在分权有限、约束不足、地方推进慢等问题，但韩国的改革经验证实了它的国家财政管理计划体系在应对经济危机、调整资源配置、促进财政稳健方面的有效性，强调了引入多元主体参与、联结计划与预算、培养部门预算能力等基本要素的重要性，更凸显了根据本国实际选择改革路径的必要性，为中国的相关改革提供了启发。

关键词： 韩国；国家财政管理计划；改革

年度性是传统公共预算的经典原则之一，但随着预算环境的日益复

---

* 该文已经发表于《公共行政评论》2016 年第 6 期。
** 石慧，复旦大学国际关系与公共事务学院，博士后；吴幸泽，复旦大学国际关系与公共事务学院，博士后；毛万磊，复旦大学国际关系与公共事务学院，博士研究生。感谢复旦大学朝鲜韩国研究中心提供的资料帮助。

杂，在年度预算过程中引入中长期视角已成为大势所趋。① 20世纪80年代以来，欧美发达国家、非洲与拉美国家以及中东欧与东亚地区次第掀起了中期支出框架（Medium—Term Expenditure Frameworks，MTEFs）的改革浪潮。至2008年，全球已有132个国家采用了不同层次的中期支出框架。② 在此过程中，各国的改革进度与改革成效参差不齐。③ 中国的改革进度明显滞后，当前仍处于中期财政规划的试点试行阶段。比邻而居的韩国被视为东亚地区的改革典范，是少数实行了更高层次的中期支出框架——中期绩效框架（Medium—Term Performance Framework，MTPF）的国家之一。虽然早在20世纪80年代，中国学者就已呼吁进行中长期财政预算改革④，近年来也就中期支出框架改革的基本要件⑤、概念异同⑥、收入预测⑦、分级

---

① Caiden, N., "Public Budgeting Amidst Uncertainty and Instability", *Public Budgeting and Finance*, Vol. 1, No. 1, 1981, pp. 6 – 19; Wildavsky, A., *Budgeting: a Comparative Theory of Budgetary Processes*, New Brunswick NJ: Transaction Books, 1986.

② World Bank, "Beyond the Annual Budget: Global Experience with Medium-Term Expenditure Frameworks", 2013, http://documents.worldbank.org/curated/en/2013/01/20138423/beyond-annual-budget-global-experience-medium-term-expenditure-frameworks-vol-1-1, Nov. 24, 2016.

③ IMF, 2008, "Manual on Fiscal Transparency" (2007 Revised Edition), http://www.imf.org/external/np/fad/trans/manual.htm, Nov. 24, 2016; Schiavo, C. S., "Potemkin Villages: The Medium-Term Expenditure Framework in Developing Countries", *Public Budgeting and Finance*, Vol. 29, No. 2, 2009, pp. 1 – 26; Vlaicu, R., Verhoeven, M., Grigoli, F. & Mills, Z., "Multiyear Budgets and Fiscal Performance: Panel Data Evidence", *Journal of Public Economics*, Vol. 111, No. 3, 2014, pp. 79 – 95.

④ 陈秉良：《关于编制中长期财政计划问题》，载《财政研究》，1981年第4期，第45—50页。

⑤ 马骏：《中国公共预算面临的最大挑战：财政可持续》，载《国家行政学院学报》，2013年第5期，第19—30页。

⑥ 邓淑莲：《跨年度预算平衡机制与中期预算框架是否是一回事?》，载《财政监督》，2015年第7期，第17—18页；李俊生、姚东旻：《中期预算框架研究中术语体系的构建、发展及其在中国应用中的流变》，载《财政研究》，2016年第1期，第9—25页。

⑦ 谢姗、汪卢俊：《中期预算框架下我国财政收入预测研究》，载《财贸研究》，2015年第4期，第64—70页。

建设①等问题展开了一些探讨。可是,与对韩国政治转型、经济发展乃至文化传播的关注相比,国内有关韩国财政预算改革,尤其中期支出框架改革的专门研究较少②,更集中于介绍澳大利亚等西方国家的相关改革经验。③

鉴于此,本文将在已有研究的基础上,尝试回应以下问题:韩国国家财政管理计划(NFMP)的主要内容是什么?具有典型东亚特色的韩国是如何将源自西方的中期支出框架(MTEFs)改革引入本国的制度土壤之中的?其改革特点有哪些?于中国又有何启示?

一、韩国政府预算与国家财政管理计划概况

(一)政府预算体系

韩国是实行总统制的单一制国家,政府结构分为中央政府和两级地方政府,政府预算亦相应地采用分税制基础上的三级预算管理体制。④

---

① 马蔡琛:《大国财政视野中的跨年度预算平衡机制》,载《地方财政研究》,2016年第1期,第32—38页。

② 叶娟丽:《韩国预算程序中的国民大会》,载《武汉大学学报》(哲学社会科学版),2006年第6期,第795—801页;杨玉霞、谢晓光:《韩国财政预算管理体制考察及启示》,载《东北亚论坛》,2012年第6期,第82—90页;郭智:《韩国推进绩效预算改革的经验做法》,载《中国财政》,2013年第15期,第70—71页;张炭:《后危机时代的韩国预算改革:通往财政可持续之路》,载《公共行政评论》,2014年第3期,第25—50页。

③ 张晋武:《欧美发达国家的多年期预算及其借鉴》,载《财政研究》,2001年第10期,第74-78页;李燕:《财政中期(多年滚动)预算:借鉴与实施》,载《财政研究》,2006年第2期,第26—28页;白彦锋:《建立中期预算框架的国际比较与借鉴》,载《中央财经大学学报》,2009年第9期,第7—11页;王雍君:《朝向中期框架的全球预算改革:近期发展与借鉴》,载《中央财经大学学报》,2010年第7期,第1—6页;张玉周:《中期财政规划编制的国际经验及启示》,载《财政研究》,2015年第6期,第111—114页;王宏武:《澳大利亚中期预算和绩效预算管理的启示》,载《财政研究》,2015年第7期,第103—106页。

④ 韩国政府网,韩国地方政府,韩国政府网:http://chinese.korea.net/Government/Constitution-and-Government/Local-Governments。2016年11月24日访问。

整体上,以 1997 年亚洲金融危机为界,韩国的政府预算可以分为两个发展阶段:

第一阶段,1948 年至 1997 年的旧预算体系。这一阶段的政府预算主要采用传统的线性预算、年度预算和自下而上预算过程,也陆续引入了计划项目预算、零基预算等预算技术。预算管理长期奉行审慎和平衡原则,预算改革则强调精简、统一、高效和可控①,着力破除大量特别预算和预算外基金所带来的预算碎片化和复杂性等问题。②

第二阶段,金融危机后,金大中和卢武铉政府开展深度改革,逐步建立现代预算制度。③ 此间的政府预算仍由一般账户、特别账户和公共基金构成(2013 年的中央预算含 1 个一般账户、18 个特别账户和 64 类基金),但预算机制和流程已然不同。比如,积极推进预算透明与参与,通过"四大财政改革"引入 5 年国家财政管理计划、支出上限机制、"三位一体"的绩效预算体系和数字预算会计系统(DBAS),等等。同时,新修《国家财政法》取代 1961 年《预算会计法》,企划预算部(Ministry of Planning and Budget,MPB)也与财政经济部(Ministry of Finance and Economy,MOFE)合并组成企划财政部(Minister of Strategy and Finance,MOSF),统一负责国家财政管理计划、年度预算与绩效管理工作。流程上,改革后的预算周期拉长、预算环节增多。从预算编制到审议、执行和决算审查与评估,一个完整的政府预算周期至少历经 3 年,涉及的预算参与者增加,参与程度也明显提高。

(二) 国家财政管理计划

国家财政管理计划改革是卢武铉政府 2003 年启动的"四大财政改

---

① Choi,K.,*Public Finance in Korea*,Seoul Korea:Seoul National University Press,1992.
② 朱伯铭:《中韩财政比较研究》,学苑出版社 1999 年版。
③ Kim,J. M.,"The Korean Budget System(& Economic Development)and Its Reform",http://www.pempal.org/data/upload/files/2015/03/session-2-kor_budget_sys_-_econ_dev_eng.pdf,Nov. 24,2016.

革"(Four Major Fiscal Reforms)中的重要内容。这场改革深受当时的国际中期支出框架(MTEFs)改革潮流影响,也参考了来自世界银行等国际组织的诸多意见。改革早期主要针对支出,围绕十余类政府支出展开讨论并制定5年支出规划;中间吸取失败教训,效仿瑞典模式引入了自上而下的支出上限机制,并将支出分配与同期进行的绩效评价结果挂钩,增强支出框架的约束力;后期修订《国家财政法》时,又在原有的支出规划与支出上限基础上进一步纳入了收支预测、赤字管理等内容①,将其正式命名为"国家财政管理计划"(NFMP)而非"中期财政计划"(MTFP),明确规定实行5年滚动制而非3年制。通过这一系列的演变,专家们最初倡导的"中期支出框架改革"(MTEFs)最终收获的其实是一套以支出为核心的中期财政管理计划。至今,以国家财政管理计划(National Fiscal Management Plan, NFMP)为名的5年期(含当前财年及其后4年)、滚动制(每年更新)中期支出框架通过自上而下预算机制与年度预算过程相结合,已成为韩国政府预算体系中不可或缺的部分。其制定过程和主要内容如下:

1. 制定过程

韩国的NFMP制定工作由企划财政部、支出部门、专项工作小组(NFMP Working Groups)、发展研究院(Korea Development Institute, KDI))、地方政府、国民大会、执政党等多方主体密切分工合作而成,但通常以副总理级的企划财政部,尤其是副部级的预算办公室(Budget Office)为主导。预算办公室下辖预算协调局、社会事务预算局、经济

---

① 韩国《国家财政法》第7条规定,国家财政管理计划必须包含以下7类信息:财政管理的基本方向和主要目标、中长期财政预测、各支出领域的资源分配计划和投资方向、财政收支增长率及依据、税收负担率和人均税负、财政赤字估计及管理计划、其他由总统法令所规定的事项。同时还需附送:有关国家财政管理计划年度变化(与变化原因)的评估分析报告、《国家财政法》第73-3条所规定的中长期基金管理计划、第91条规定的政府债务管理计划、《国家税收基本法》第20-2条规定的中长期税收政策执行计划。

事务预算局、行政和安全事务预算局,由预算协调局负责协调预算涉及的国家政策以及国家财政管理计划制定的全过程。企划财政部中的其他部门,如财政政策局和财政管理局则负责协助提供 NFMP 所需的宏观财政战略、项目绩效评估等信息。

从表 1 可知,韩国 NFMP 制定的启动时间早于年度预算。它效仿瑞典的春季财政法案,采用多年期框架和自上而下机制,强调支出上限对年度预算过程的约束与指导。制定好的 NFMP 和政府预算草案必须通过国民大会的审议投票①才能进入执行环节。财年结束后,国家财政管理计划将滚动更新,财政绩效评估(包括财政项目绩效自评估、深度评估、绩效目标管理)以及来自审计监察院(Board of Audit and Inspection,BAI)的决算审查也迅速跟进。

表 1　韩国国家财政管理计划(NFMP)的制定流程

时间	主要任务
12 月至 1 月底	企划财政部根据未来 5 年的宏观经济预测制定并下发 NFMP 指南;支出部门根据指南制定并提交部门项目成本估计和中期项目计划
2 月至 4 月	各领域专家组成多个 NFMP 专项工作小组(2013 年有财政总额、卫生和福利、就业、研发、地方财政等 15 个小组),先后召开小组讨论会和公开讨论会②,讨论公共政策和公共支出中的重要事项;企划财政部综合中期项目计划和讨论会成果,根据宏观经济展望中长期财政需求、国家政策重点、重大投资计划等信息,着手起草 NFMP

---

① 国民大会的预算审议环节主要包括:(1)总统在国会的施政演讲;(2)支出部门的预算说明与各常务委员会的质询和预评估;(3)预算会计专门委员会的全面审查(包括公开听证会、提案征集、行业专家的审查、全面质询、按部门审查、预算调整审查、一般会议投票等内容);(4)国会全体会议审查及投票。

② 公开讨论会(Open Discussion for the Public,ODP)是韩国最重要的预算参与机制之一。它通常在能容纳 300 人左右的场所召开,为期 5—6 天,每天讨论 2—3 类支出,每类支出约 90 分钟的讨论时间,至 12 类预算项目全部讨论完成。会议流程提前对外公布,且全程电视转播,以保证公开和透明。

(续表)

时间	主要任务
4月底5月初	总统主持召开所有内阁成员（和部分专家）参加的年度财政战略会议（又称财政资源分配会议、国家财政政策会议等）。经激烈讨论后，就5年内的财政管理战略，支出上限（含总支出上限、部门上限、各类支出的上限）以及其他重要事项达成基本共识
6月至9月	经内阁批准、总统签字后，企划财政部下发预算编制指南和支出上限；各支出部门在支出上限内提出部门预算申请并提交给企划财政部审查；企划财政部与支出部门就NFMP和预算细节展开讨价还价，并通过财政政策咨询会（Advisory Council）和地方讨论会等形式广泛征求意见，不断完善政府预算草案和国家财政管理计划。
9月底10月初	经内阁和总统批准后，企划财政部将年度政府预算草案、国家财政管理计划以及基金管理计划、性别预算报告等材料一并提交国民大会审议
10月至12月	国民大会审议、批准政府预算；次年1月至12月为执行预算的新财年

注：本表基于2013年的NFMP流程制作。但《国家财政法》修订后要求政府预算提交国会的时间从2013年起改为下财年开始前90天，2014年是100天前，2015年是110天前，2016年是120天前，其他预算环节也要据此相应提前。

资料来源：韩国企划财政部官方网站（MOSF，2014）。

2. 主要内容

完整的NFMP报告通常包括国家财政管理目标与现状、主体规划（介绍5年内的宏观经济、国家愿景、财政环境、收支规模、预算重点、支出规划）、未来财政改革方向等大量内容。[①]《国家财政法》也对政府提交国民大会审议的国家财政管理计划所含信息做了详细规定。企划财政部每年9月对外发布的政府预算草案中的"国家财政管理计划"内容

---

① MOSF, 2014, "The Budget System of Korea", http://english.mosf.go.kr/, Nov.24, 2016.

相对简洁①,但中期目标和要求清晰明了(见表2),5年内的财政收支、赤字和债务目标都在报告中以表格一一明示,财政收支管理也以"总支出增长率必须低于总收入增长""现收现付"②等具体原则加以约束。

表2 韩国国家财政管理计划(NFMP)的内容概要

	2013—2017年 NFMP	2014—2018年 NFMP	2015—2019年 NFMP
核心政策	短期:刺激经济复苏 中长期:重建财政平衡,降低潜在财政风险;服务政府的执政计划	短期:扩张性财政政策,刺激经济复苏 中长期:促进经济增长与财政稳健;财政重建改革,提高支出效率	短期:促进经济复苏 中长期:关注公共部门、劳动就业、教育和金融4大领域改革和3年经济创新计划,提高财政增长潜力
中期财政目标	收入:年均增长5% 支出:年均增长3.5% 赤字:从GDP的-1.8%降到-0.4% 债务:GDP的30%左右	收入:年均增长5.1% 支出:年均增长4.5% 赤字:短期增加,到2018年逐步降到1.0% 债务:35%左右	收入:年均增长4.0% 支出:年均增长2.6% 赤字:逐步提高(0.4%-1.6%) 债务:40%左右
财政收支管理	提高财政支出效率;拓宽税基;增强财政风险管理;提升财政管理系统	财政管理系统改革;拓宽税基;增强财政风险管理	收紧支出总额管理;提高财政支出效率;拓宽税基

---

① 例如,企划财政部官网2015年9月8日发布的"2016年政府预算草案"由"2016年预算草案""2015—2019年国家财政管理计划"和简短的"下一步安排"组成,而"2015—2019年国家财政管理计划"又依次分为核心政策、中期财政展望与目标、财政收支管理、各领域预算分配4个部分。

② 现收现付(Pay-As-You-Go),要求政府增加大笔开支时,削减其他项目开支或增税,以保持收支平衡。

(续表)

	2013—2017 年 NFMP	2014—2018 年 NFMP	2015—2019 年 NFMP
预算分配计划	福利：增加投资、提高效率、减少浪费；高等教育和教育体系重构 经济：精简财政投资，促进民间投资；开辟海外市场，推动产业融合和软件产业 农村：支持食品工业发展，改善农村创收基础	福利：构建福利政策框架，提高支出效率和收入再分配力度；构建工作友好型福利项目和基本社保体系；优化高教和科研环境；加强职业培训和终身学习计划 经济：短期内增加投资以刺激经济复苏，中长期提高财政投资效率，继续投资在建的 SOC 项目，增强企业投资、出口和中小企业支持力度，培育新产业和市场 农村：完善社会安全网，提升行业竞争力，改善创收	福利：增加基本社保投入，提高支出效率；促进青年就业，增加就业培训，构建工作友好型社保，改善市民文化休闲条件 经济：投资未来增长引擎，提高投资效率；增加基础研究和新兴经济增长研究投入，撤销低效研发项目；优化创业环境；投资防疫、环保等公共安全项目并构建相应的教育培训体系 农村：加大农业产业的出口支持

资料来源：韩国企划财政部官方网站（MOSF, 2016）。

二、改革背景与动力

（一）历史背景

任何国家的改革都植根于其政治、经济、文化、社会等历史[1]，韩国的中期支出框架改革同样如此。从古老神秘的"隐士之国"，举世瞩目的"汉江奇迹"，再到时下风靡的"韩流文化"，韩国向外界呈现的风

---

[1] Kim, S. & Han, C., "Administrative Reform in South Korea: New Public Management and the Bureaucracy", *International Review of Administrative Sciences*, Vol. 81, No. 4, 2015, pp. 694 - 712.

貌越来越多元化,其漫长激宕的历史演变不仅在改革中投射下了各种影响,也共同塑造了韩国 NFMP 制度的现有特征。

1. 统一而封闭的封建王朝与殖民统治时期

自公元 668 年新罗借中国唐朝之力统一全境后,朝鲜半岛又经历了王氏高丽(918—1392 年)、李氏朝鲜(1392—1910 年)等封建王朝时期。① 尽管高丽兴佛,李朝尊儒,但岛内的民族、语言和文化构成同质性一直很高。此时的朝鲜半岛以传统农业经济为主,实行士农二元体制,因其偏安一隅,紧闭门户,仅与中国等少数国家保持着有限往来,而被西方国家视为神秘的"隐士之国"②。1876 年,明治维新后的日本入侵汉江,朝鲜被迫开放门户。③ 甲午中日战争和日俄战争后,日本与"大韩帝国"签订《日韩合并条约》④,朝鲜进入日本殖民时期(1910—1945 年)。

2. 战后政治动荡和经济高速发展时期

"二战"后不久,朝鲜战争(1950—1953 年)爆发,朝鲜半岛以"三八线"为界分裂为朝鲜和韩国两个国家。当时的韩国是世界上最贫穷的国家之一,虽然它在美国的协助下建立了形式上的民主体制,但国内政局依然动荡不安,国防和经济压力巨大。⑤ 继李承晚独裁政权、张勉民主政府后,以朴正熙"5·16"军事政变为标志,韩国进入"军事威权时代"(1963—1987 年),以军政府为主导的国民经济随五年计划的有序实施而迅速成长⑥,小政府、强政府和财政平衡的传统渐成雏形⑦,"汉

---

① 宋丙洛:《韩国经济的崛起》,商务印书馆 1994 年版。
② 郭定平:《韩国政治转型研究》,中国社会科学出版社 2000 年版。
③ 尹保云:《民主与本土化:韩国威权主义时期的政治发展》,人民出版社 2010 年版。
④ 李细珠:《日韩合并与清末宪政改革》,载《近代史研究》,2011 年第 4 期,第 105—119 页。
⑤ 尹保云:《民主与本土化:韩国威权主义时期的政治发展》,人民出版社 2010 年版。
⑥ 宋丙洛:《韩国经济的崛起》,商务印书馆 1994 年版。
⑦ Choi, K., *Public Finance in Korea*, Seoul Korea: Seoul National University Press, 1992.

江奇迹"也由此诞生。至 1987 年,长期的威权积弊和福利缺失引发了大规模的社会抗争运动。在学生、教师、宗教组织(基督教为主)、新闻媒体等政治活跃群体的压力下,韩国政府被迫发布"6·29 宣言",开启民主化转型。①

3. 向政治民主化和经济自由化转型的后危机时代

20 世纪 90 年代开始,韩国加速转向政治民主化、经济自由化、文化多元化和国际邦交正常化。② 亚洲金融危机重创了韩国国民经济和民族自尊③,也唤起了金大中和卢武铉政府的改革决心④。经济上,增强市场导向,向创新和知识经济转型。⑤ 政治上,强调行政效率、社会公平和公民参与⑥,以 NFMP 为首的四大财政改革也相继开展。同时,萨满、佛教、儒家等传统文化与基督新教文化交汇融合形成"新儒

---

① 尹保云:《民主与本土化:韩国威权主义时期的政治发展》,人民出版社 2010 年版。

② 李晓瑞:《韩国 1960 年代以来政治发展道路特点及启示》,载《人民论坛》,2015 年第 23 期,第 53—255 页。

③ Kim, J. M., "The Korean Budget System (& Economic Development) and Its Reform", http://www.pempal.org/data/upload/files/2015/03/session - 2 - kor_budget_sys_-_econ_dev_eng.pdf, Nov. 24, 2016.

④ Yoo, I - H., "Public Finance in Korea since the Economic Crisis", *The Journal of the Korean Economy*, Vol. 9, No. 1, 2008, pp. 141 - 177; Kim, S. & Han, C., "Administrative Reform in South Korea: New Public Management and the Bureaucracy", *International Review of Administrative Sciences*, Vol. 81, No. 4, 2015, pp. 694 - 712.

⑤ Ha, Y - S., "Budgetary and Financial Management Reforms in Korea: Financial Crisis, New Public Management and Fiscal Administration", *International Review of Administrative Sciences*, Vol. 70, No. 3, 2004, pp. 511 - 525; Koh, Y., "Reforming the Fiscal Management System in Korea", in Ito, T. & Rose, A. K., (eds) *Fiscal Policy and Management in East Asia*, Chicago: University of Chicago Press, 2007; Kim, J. M., "Korea's Four Major Budgetary Reforms: Catching Up with A Big Bang", in Wanna, J., Jensen, L. & de Vries, J., (eds) *The Reality of Budgetary Reform in OECD Nations: Trajectories and Consequences*, UK: Edward Elgar Publishing Limited, 2010.

⑥ 李秀峰:《韩国行政改革研究》,国家行政学院出版社 2008 年版。

家思想",以影视、音乐等休闲娱乐为代表的"韩流文化"也异军突起,成为彰显韩国国际形象的另一面旗帜①。2007 年,全球性经济危机再度来袭,韩国的 NFMP 发挥了良好的调节效果,引起了世人关注。②

(二)改革动力

若结合韩国的历史背景来观察中期支出框架改革的启动,会发现它很符合金登(John W. Kingdon)的多源流政策议程机制,也是问题溪流、政策溪流和政治溪流三股溪流共同作用的结果。

问题溪流:到 20 世纪 80 年代末 90 年代初,持续了 30 多年的高速经济增长后,韩国传统的威权政治体制、政府主导的经济发展模式和"增长第一"的政策导向开始屡遭质疑。紧张的半岛局势导致防务支出居高不下,政治民主化和人口老龄化又使得长期压抑的公共服务和社会福利需求猛然释放③,经济危机则重挫了韩国出口导向型的经济。种种问题之下,韩国的财政平衡被打破,赤字和债务陡升,财政收支压力增加。

政策溪流:改革进入政策议程还需要吸引人的备选方案和政策建议。④ 韩国政府历来重视专家学者的作用,而且其精英阶层和决策机构有很强的外向性⑤,与美国、世界银行、IMF 等往来密切⑥,能够获得大

---

① 朴光海:《韩流的文化启示——兼论韩流对现代社会生活方式的影响及其文化根源》,载《国外社会科学》,2011 年第 4 期,第 98—104 页。
② 金度允:《全球金融危机背景下的韩国财政政策分析》,复旦大学硕士学位论文,2011 年。
③ Koh, Y., "Reforming the Fiscal Management System in Korea", in Ito, T. & Rose, A. K. (eds), *Fiscal Policy and Management in East Asia*, Chicago: University of Chicago Press, 2007.
④ 曾令发:《政策溪流:议程设立的多源流分析——约翰·W. 金登的政策理论述评》,载《理论探讨》,2007 年第 3 期,第 136—139 页。
⑤ 尹保云:《民主与本土化:韩国威权主义时期的政治发展》,人民出版社 2010 年版。
⑥ 宋丙洛:《韩国经济的崛起》,商务印书馆 1994 年版。

量有关 NFMF 改革规划的技术指导和经验参考。①

政治溪流：2003 年政府换届，新总统的执政重点从危机重建转向了社会政策和分权，亟需与之配套的财政体系。以往频发的权钱交易和腐败事件也引发了民众对传统财政预算体制的低效、短视和封闭性的不满。② 在亚洲金融危机的催化下，韩国上下的改革接受度明显提升。彼时，从总统、学界、公民社会组织，乃至企划预算部的官员都认为，韩国需要一场彻底的公共财政管理改革。

当三股溪流汇聚，经济危机、政府换届等偶然事件将机会之窗打开时，对 NFMP 抱有极大热情的企划预算部副部长等"政策企业家"成功地将改革推进了新总统的政策议程之中。在总统的政治支持、国际组织的技术援助和企划预算部的行政主导下，韩国在短短 5 年内由上至下开展了一场以 NFMP 为核心的"大爆炸"式综合财政改革。

三、改革历程与成效

虽然韩国现有的国家财政管理计划体系主要建成于卢武铉执政时

---

① Kim, D. Y., 2003, "MTEF/Top – Down Budgeting for Korea", http://www.powershow.com/view/3b3835 – NTE2M/MTEF_Top – down_Budgeting_for_Korea_Dong_Yeon_Kim_The_World_Bank_powerpoint_ppt_presentation, Nov. 24, 2016; Nam, Y. S. & Jones, R. S., 2003, "*Reforming the Public Expenditure System in Korea*", http://dx.doi.org/10.1787/866056726747, Nov. 24, 2016; Cho, J – H., 2004, "Information Flow Successful MTEF Operation and Its Implication to the Korean Government", http://www.kdi.re.kr/upload/7266/3_3_1.pdf, Nov. 24, 2016; Hur, S. K., 2004, "Successful Installation of MTEF to the Korean Fiscal System", https://www.kdi.re.kr/data/download/attach/7923_1.pdf, Nov. 24, 2016; Min, D., 2005, *Introduction to MTEF in Korea*, http://www.powershow.com/view1/e1beb – ZDc1Z/Introduction_to_MTEF_in_Korea_powerpoint_ppt_presentation, Nov. 24, 2016; Kim, J. M. & Park, C – K., 2006, "Top – down Budgeting as A Tool for Central Resource Management", http://dx.doi.org/10.1787/budget – v6 – art4 – en, Nov. 24, 2016。

② 周建军：《经济增长作为不稳定力量：基于韩国财阀模式的考察》，载《经济社会体制比较》，2011 年第 2 期，第 174—182 页。

期,但朴正熙和金大中政府也展开了不少探索。其改革历程可大致分为早期探索(1961—2003年)、全面建立(2003—2007年)、后续改进(2007年至今)等三个阶段。

(一)早期探索(1961—2003年)

其实,韩国政府在早期的五年经济发展计划的实施中就已意识到联结计划与预算的必要性,但这一时期探索制定的中期财政计划由于缺少对年度预算的强力约束,多被束之高阁。

1961年,朴正熙合并财政部的预算局、内务部的统计局和建设部的规划机构,组建经济企划院,统筹预算和计划职能。1967年和1978年,经济企划院为提高年度预算与五年计划之间的协调性,先后引入了 ORB(Overall Resource Budget)和 EMP(Economic Management Plan)。得益于韩国经济的快速发展和财政收入的持续增长,此间的五年计划基本能获得政府预算的优先保障。但到20世纪70年代末,经济增速放缓,财政管理日益复杂,计划和预算也开始失调,政府和学界于是对中长期财政管理问题展开了激烈讨论。[1] 至1979年,预算办公室重组升级后新增了中期财政计划职能,并于1981年首次制定5年滚动更新的中期财政计划(Medium-Term Fiscal Plan),但该计划最终仅用作了内部参考。

1998年,金大中总统临危上任。当时,尽快恢复国内的财政稳健、脱离 IMF 的经济接管是一件事关民族尊严的大事。[2] 在财政经济部和企划预算部的积极推动下,新政府成立专门机构制订了一份包括5年财政

---

[1] Nam, C-H., Comment on "Reforming the Fiscal Management System in Korea", in Ito, T. & Andrew, K. R., (eds), *Fiscal Policy and Management in EastAsia*, Chicago: University of Chicago Press, 2007.

[2] Choi, J-Y. & Park, N., 2013, "Achieving Medium Term Expenditure Framework Reform: A Case Study of Korea", World Bank Policy Research Working Paper, No. 6342, http://www-wds.worldbank.org/external/default/WDSContentServer/IW3P/IB/2013/01/30/000158349_20130130165645/Rendered/PDF/wps6342.pdf, Nov. 24, 2016.

总额目标和12类支出优先排序的中期财政计划。① 但是，该计划更像一份参考性的五年财政平衡计划而非真正的中期支出框架，随着财政平衡目标的达成，它也迅速淡出了。2001年前后，企划预算部的财政规划局局长向国际组织寻求技术指导，并派考察团赴瑞典和英国学习自上而下预算，但他并未获得总统和部长的有力支持。

（二）全面建立（2003—2006年）

1. 启动规划（2003年）

卢武铉2003年上台后立刻确立了新的施政纲领，面对重新开启的机会之窗，企划预算部要么主动发起一场真正的大变革，要么被动地实施一场敷衍的改革。在企划预算部副部长②的坚持下，企划预算部最后决定采取主动、彻底的改革态度。

在韩国，总统上任首年的权力往往最大。因此，企划预算部不仅将MTEFS改革列入了部门2003年度工作计划中，还早在2003年1月就向总统改革委员会提出诉求，以更好地服务新政府的执政纲领为由，请求开展一场彻底的财政预算改革。7月，总统的政府革新与分权委员会（Committee for Government Reforms and Local Decentralization）初步拟定了公共财政改革路径。10月，总统交接团队在企划预算部会议上发声：何不进行一次彻底的公共财政改革，使其既能满足国内财政决策者的需求，又符合世界银行等国际组织设定的标准？至此，公共财政改革成功地从企划预算部的部门计划变成了总统意向。

在总统的支持下，企划预算部副部长牵头成立了改革领导小组，由一名中层官员任组长（部门高层官员不愿冒险涉入改革）。根据改革部署，新设的财政计划办公室（Fiscal Planning Office）负责制定首个

---

① Nam, Y. S. & Jones, R. S., 2003, "Reforming the Public Expenditure System in Korea", http://dx.doi.org/10.1787/866056726747, Nov. 24, 2016.

② 原财政规划局局长，后升任企划预算部副部长和部长，并被调入总统办公室担任要职。

NFMP。2003年12月份,将政府支出划分为13类并纳入了大量讨论意见的5年支出框架——国家财政管理计划(2004—2008年)正式出炉。由于企划预算部不能调和部门内分歧(财政计划办公室、预算办公室和公共基金局无法就支出分类达成共识),也未与支出部门进行充分沟通,所以2003年的国家财政管理计划仅在政府内部试点实施(政府采购厅、国税厅、关税厅、公平贸易委员会),未正式对外公开。①

2. 初步执行(2004年)

2004年是国家财政管理计划(2004—2008年)执行的首年,NFMP工作全面扩展至所有支出部门,绩效预算等配套财政改革也有了大幅推进。

首先,企划预算部从2003年的"失败"中意识到,必须将NFMP整合进年度预算过程中。比较了美国、荷兰等国家的经验后,改革小组效仿瑞典模式引入了财政战略会议和自上而下的支出上限机制②。财政计划办公室也改变了全程包揽的工作方式,转由预算办公室负责每类支出的政策议程,并增强与支出部门的沟通合作。

其次,总统下令成立了预算和会计革新小组③,绩效预算、项目预算、财政信息化等相关改革取得明显进展。尤为突出的是绩效预算。它在1999—2002年的改革试点不太成功,2003年参照美国《政府绩效和结果法案》(GPRA)进行的绩效目标管理改革也收效甚微。转机在于,企划预算部长官意识到NFMP必须以绩效预算为反馈机制来确保向支出部门放权后的问责,绩效信息也是驳回超限预算申请的有力工具。因

---

① World Bank, *Public Expenditure Management Handbook*, Washington, D. C., 1998.
② Kim, J. M., "Korea's Four Major Budgetary Reforms: Catching Up with A Big Bang", in Wanna, J., Jensen, L. & de Vries, J., (eds), *The Reality of Budgetary Reform in OECD Nations: Trajectories and Consequences*, UK: Edward Elgar Publishing Limited, 2010.
③ Yoon, Y. J., "Building Digital Budget & Accounting System: Focusing on Program Budgeting", Proceeding of the Winter Conference of the Korean Association for Public Administration, 2004.

此，企划预算部联手财政研究所（Korea Institute of Public Finance）引入了 PART（Program Assessment Rating Tool），开始尝试将绩效信息与预算分配挂钩。①

但是，改革在当年也遭遇了各种意外和挑战。2004 年 1 月，企划预算部新部长上任，围绕预算权下放等问题，部门内部的争议升级。3 月，卢武铉总统被国会弹劾②，4 月的内阁财政资源分配会议被迫取消，NFMP 和支出上限直到 6 月才得以补充通过。更大的挑战来自于行政官僚内部的抱怨和抵制。对预算办公室来说，改革拆解了它在传统预算模式下的主导性预算地位，加重了工作负担。③ 对支出部门而言，改革并未带来期望的自主预算空间，反而导致它们在财政计划办公室（负责NFMP）、预算办公室（负责年度预算）、公共基金管理局（负责公共基金）等多头管理部门之间重复沟通，疲于奔命。

3. 改革修正（2005 年）

2005 年可谓首次在 NFMP 基础上制定年度预算。支出部门以前 5 月才开始预算申请，如今 1 月就要提交中期项目计划。NFMP 制定也改为以预算办公室为主，计划办公室为辅，要求二者一开始就保持密切沟通。支出部门则负责为每个支出项目制定中期计划，并在预算上限内按

---

① Park, N. & Choi, J - Y., "Making Performance Budgeting Reform Work: A Case Study of Korea", World Bank Policy Research Working Paper, No. 6353, http://www-wds.worldbank.org/external/default/WDSContentServer/WDSP/IB/2013/02/05/000158349_20130205102606/Rendered/PDF/wps6353.pdf, Nov. 24, 2016.
② 2004 年 3 月 12 日，韩国总统卢武铉被国会弹劾，当天停止行使总统权力，这是韩国历史上首次总统被弹劾事件。卢武铉对在野党的弹劾采取强硬态度，韩国各地也掀起大规模集会抗议国会通过弹劾议案。5 月 14 日，韩国宪法法院（Constitutional Court）驳回了国会的总统弹劾案，卢武铉立即恢复行使总统权力。
③ 预算办公室以往都在下半年集中开展年度预算编制，上半年则比较清闲。但在改革后，它不仅要继续编制年度预算，还须在上半年就开始根据支出上限制定 MTEF，并审查政府支出项目的绩效。工作负担加重的同时，部门人手却没有增加，因为在有着小政府传统的韩国，人事增加申请难以获批。

对部门项目进行整合排序和资源配置（最低绩效等级的预算项目将被削减至少 10% 的预算）。为了减少支出部门的工作负担并提高预算审查效率，预算办公室还将部门项目分为了金额大、变动大、政策敏感性高的"必须详细审查"项目和"无需过多审查"的常规性项目两类。但是，改革仍然缺少实质突破。预算办公室和计划办公室长期对立，前者缺少中长期视角且参与积极性不足，后者则不善于做预算项目成本估计；改革强调向支出部门放权，支出部门却缺少足够的政策分析、项目排序和绩效管理能力；改革主要在行政机关内部进行，但政府之外的立法机关、公民和社会组织也希望参与进来。

2005 年 5 月，当支出部门上限下达工作结束后，企划预算部突然宣布撤销预算办公室，此举震惊政府内外。事实上，企划预算部早就开始谋划机构重组。2004 年 9 月，企划预算部设立机构改革小组，期望通过减少官僚层级来促进部门的扁平化和合作，但因受到《政府组织法》的约束和行政自治部的反对而作罢。4 个月后，将部门拆解为 7 个协调小组（Coordinating Teams）和 16 个部门小组（Sectoral Teams），试行"财政管理创新任务小组制"（Fiscal Management Innovation Task Force Structure）。由于小组结构制的不稳定性，该方案也很快搁浅。至 2005 年 4 月，行政自治部授权各职能部门自行决定部门组织结构，企划预算部借机重启机构改革。预算办公室被撤销，与公共基金局合并成立财政管理办公室（Fiscal Management Office），新设财政战略办公室（Fiscal Strategy Office）和绩效管理局（Performance Management Bureau）。重组后的企划预算部新增了 NFMP、绩效管理和政策规划等职能，组织结构也从传统的直线职能制转向"11 + 3"的矩阵管理制，不仅解决了预算办公室推诿懈怠的问题，也缓解了支出部门多头沟通的困扰。

支出部门的角色也经由机构变革而强化。2005 年，经企划预算部与总统办公室、行政自治部的多方协商后，各支出部门的"计划预算课"（Division）或"计划预算组"（Team）成功升级为"财政计划局"（Bureau），人手也获得增配。同时，支出部门获允列席国会预算调整会，在国会预算审议中有了更多发言权。总之，支出部门在规定上限之下自主拟定部门预算的权力增加了（包括对支出申请进行排序、按政策优先性进行资源配置等），如果上限遵循情况较好，企划预算部还会给予快速批准基础运营费用、基本不更改部门预算方案等非正式激励（超出预算上限的支出部门则会被施以更严格的预算审查），其预算机构似乎成为"真正的预算办公室"。①

4. 法律修订（2006 年）

为了避免改革成果随现任政府的下台而下台，企划预算部与国民大会（299 人的一院制立法机构）合作②，推动《国家财政法》全面修订，将 NFMP 工作纳入了法制化渠道。2004 年 6 月，企划预算部在源自 1961 年的《预算会计法》的基础上制定了《国家财政法》草案（*National Finance Act*）。10 月，将修改后的《国家财政法》草案提交至国民大会。12 月，反对党也提交了一份草案（*National Sound Finance Act*）。

在耗时一年多的草案审议过程中，围绕 NFMP 的争议相对简单③，主要包括：（1）应该命名为"国家财政管理计划"（企划预算部）还是"中期财政计划"（反对党）？（2）时间范围应是 3 年（企划预算部）还是 5 年（反对党）？（3）企划预算部是否需要向国民大会汇报上年 NFMP 的执行情况？2006 年 9 月，《国家财政法》以 0 票反对、1 票弃权获得通过。以上争议的最终协商结果是：采纳"国家财政管理计划"之

---

① Park, N. & Choi, J-Y., "Making Performance Budgeting Reform Work: A Case Study of Korea", *World Bank Policy Research Working Paper*, No. 6353, http://www-wds.worldbank.org/external/default/WDSContentServer/WDSP/IB/2013/02/05/000158349_20130205102606/Rendered/PDF/wps6353.pdf, Nov. 24, 2016.

② 企划预算部侧重行政视角（Administrative），视 NFMP 为内部管理工具，强调运用上的灵活性。国民大会侧重法律视角（Legislative），视 NFMP 为政府问责工具，要求它规范且有约束力。

③ 当时的分歧更多地在于政府债务的涵盖范围。

名、实施5年滚动更新制、汇报上年NFMP的执行情况。

（三）后续改进（2007年至今）

《国家财政法》出台后屡经修订（至2015年已有45次调整），国内政治、经济和社会形势也发生了重大改变，但NFMP却得到持续重视和改进。

比如，2008年的李明博政府实施大部制改革，企划预算部和财政经济部再次合并组成企划财政部（MOSF）①，恢复预算办公室，NFMP成为应对新一轮经济危机的有效工具。2010年，引入"支出增长率必须低于收入增长率"等原则，《国家财政法》中新增"必须向国会报送NFMP的年度比较分析报告、中长期基金管理计划、政府债务管理计划等材料（2014年增加了中长期税收计划）"与"及时汇报政府预算调整对NFMP的影响、事先向国会报备NFMP规划导引"等要求。2014年，企划财政部终于同意"在3月31日之前随预算制定指南向国会汇报各中央部门支出上限计划"②，《地方财政法》第33条也细化并新增了地方中期财政计划的时间范围、提交日期、涵盖内容、附送材料等内容。

（四）改革成效

尽管仍有争议③，但中期支出框架制度（MTEFS）已被许多研究证实有助于改善财政总额控制、分配效率和运行效率，而且层次越高，效果越显著。④ 2003年至2016年，韩国的国家财政管理计划（被认为是

---

① 1948年至今，韩国的企划预算部门和财政经济部门一直分分合合。1961年多部门合并成立的经济企划院和1994年由经济企划院与财务部合并成立的财政经济院，以及2008年再次由企划预算部与财政经济部合并而成的企划财政部，都是中央部委中的超级部门。
② 见韩国《国家财政法》第29条。
③ Schiavo, C. S., "Potemkin Villages: The Medium-Term Expenditure Framework in Developing Countries", *Public Budgeting and Finance*, Vol. 29, No. 2, 2009, pp. 1 – 26.
④ World Bank, 2013, "Beyond the Annual Budget: Global Experience with Medium-Term Expenditure Frameworks", http://documents.worldbank.org/curated/en/2013/01/20138423/beyond-annual-budget-global-experience-medium-term-expenditure-frameworks-vol-1-1, Nov. 24, 2016; Vlaicu, R., Verhoeven, M., Grigoli, F. & Mills, Z., "Multiyear Budgets and Fiscal Performance: Panel Data Evidence", *Journal of Public Economics*, Vol. 111, No. 3, 2014, pp. 79 – 95.

"中期绩效框架"层级的中期支出框架)已施行十余年,无论是在国际还是国内,或是在增强预算平衡、改善预算分配等方面,改革都带来了诸多利好。

国际上,它进一步密切了韩国和 IMF 等国际组织之间的联系,提高了韩国财政预算体制的国际关注度,改革中引入的绩效评估、预算透明和公民参与成为新的亮点。

在国内,国家财政管理计划的多年施行,首先有利于培育战略性和宏观性思维,为跨年度决策和跨部门合作提供了土壤。其次,它是韩国应对经济危机的有效工具,有助于帮助重建危机后的财政平衡、缓和危机震荡并刺激经济复苏等。更重要的是,它将支出上限机制与年度预算过程紧密结合,显著增强了总额控制,NFMP 中的总额上限基本能在各年度预算中落实(经济危机时期除外),赤字和债务等财政平衡目标也与预算执行数差异不大。在严格的上限约束下,支出部门的预算行为也明显转变,其预算申请增长率从 2005 年开始呈断崖式下降(见图 1),上限遵从率则逐步提高。最后,韩国 NFMP 非常注重引导财政资源分配向社会福利和农村建设等领域倾斜,加之绩效预算、大项目可行性研究和项目成本管理系统等相关改革的实施①,政府预算的配置效率与运行效率都有所提高。

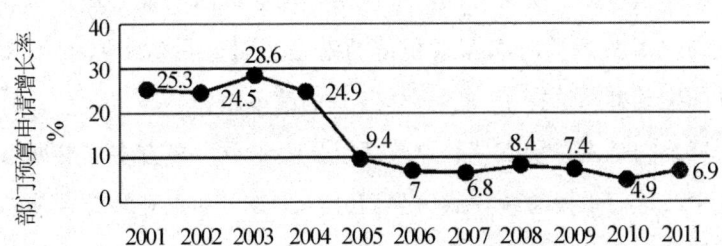

图 1　韩国支出部门预算申请增长率变化

数据来源:Choi & Park,2013。

---

① MOSF, 2014, "The Budget System of Korea", http://english.mosf.go.kr/, Nov. 24, 2016.

四、总结与讨论

在周边大国林立和南北紧张对峙的夹缝中,韩国艰难而快速地成长,以经济上的高速发展、政治上的民主转型、文化上的多元融合不断刷新世人对它的认识。突如其来的金融危机打破了"汉江奇迹"的迷思,也催生了韩国的国家财政管理计划等改革。尽管还存在诸多不足,但韩国这场颇具个性的改革仍然能为中国的相关制度建设提供不少启发。

(一)改革特点

首先,它是系统性财政改革中的重要部分,与韩国"四大财政改革"中的其他内容密不可分。比如,绩效预算信息是对支出部门问责和驳回超限支出申请的有力工具;自上而下预算机制是连接多期计划和年度预算的关键环节;数字预算会计系统(DBAS)在权责发生制会计和新预算科目分类的基础上,整合财政信息并应用于 NFMP 制定等预算环节中。

其次,它是剧变式而非渐进式改革。五年一任且不得连任的总统任期制、长期军事威权统治下的决策风格、预算部门的强势地位、经济危机催生的改革共识、前期探索积蓄的潜在力量、相对丰富的国际协助等,共同推动韩国选择了"大爆炸"式的改革路径。

第三,它是由总统支持、财政部门强势主导、多方主体共同参与的自上而下改革。平民总统卢武铉强调分权、参与和福利转型,能够引导资源配置和向下分权的 NFMP 制度不难获得他的支持。企划预算部的主导不仅源自部门长官的改革热情与政治雄心,也因为它本身就是最了解原有预算体制弊端的权势中央部门。国会的预算权力有限①,但它协助

---

① 韩国 1987 年《宪法》第 54 条赋予了国民大会预算审议和批准权,但第 57 条限制了国民大会未经政府同意的预算增加或新增预算项目的权力。

完成了 NFMP 工作的法制化，并在《国家财政法》的后续修订中不断增加有关 NFMP 的内容。公民经济正义联盟、韩国发展研究院、公共财政研究所、世界银行等各种组织积极介入 NFMP 议题，公开讨论会、预算浪费举报中心等机制也丰富了公民预算参与的渠道。①

第四，它强调计划与预算的结合，但约束力和授权程度不如预期。韩国的计划与预算职能长期集中在一个部门手中，改革中又通过引入自上而下预算机制、重组部门架构等方式进一步整合计划和预算。可是，韩国 NFMP 的实际约束力依然不如它所效仿的瑞典模式，内阁财政分配会议上拟定的国家财政管理计划不需国会审议批准，支出上限计划也不对外公开（2014 年以前甚至无需提交国会）。NFMP 中的宏观预测往往偏于乐观，各项指标可以每年调整，并没有得到完全落实。另外，韩国财政部门对于放松预算控制、加大授权也存在犹疑，设置了高达 200 多项支出上限来细化控制（一般应控制在 30—60 项之间）。

第五，它主要发生在中央政府层面，地方改革进度相对缓慢。韩国早在建国之初就颁布了《地方自治法》，但朴正熙 1961 年军事政变上台后立刻终止了地方自治。近 30 年后，民主政府重修《地方自治法》（1998 年），在全国范围内实行地方议会选举（1991 年）和地方政府长官选举（1995 年），地方自治才逐渐恢复。此前的《地方财政法》虽然也要求地方政府制定"地方财政计划"（Local Financial Plan）并向地方议会和中央行政自治部汇报，但直到 2014 年才明确了"地方中期财政计划"（Medium-Term Local Government Finance Plan）的具体要求与详细内容（该计划第 33 条），地方改革的实践和理论研究也刚刚起步。

---

① 牛美丽：《政府预算信息公开的国际经验》，载《中国行政管理》，2014 年第 7 期，第 110—117 页。

(二) 改革启发

中韩地理接近,文化同源,经济发展有诸多相似[①],对于正寻求"建立跨年度预算平衡机制""实行中期财政规划管理"的中国政府来说,韩国的改革经验也许能够提供一些启发。

首先,韩国的改革证实了源自西方的中期支出框架也能在东亚的政治文化土壤中扎根。它对国内外改革经验的兼收并蓄也意味着,于中国而言,在中期支出框架国际改革潮流中的相对滞后反而可能成为后发优势,博采众长以构建更完善的制度。

其次,政治上的改革热情易于消退,与常规年度预算的结合、多元利益相关者的共同参与以及法律法规的有效保障才是改革持续推进的动力来源。比如,韩国于改革之初就明确了 NFMP 是对年度预算的补充、优化而非取代,强调 NFMP 必须与年度预算过程相结合。不仅如此,为了降低韩国政坛经常性波动的影响,它还将政治、行政、立法和社会等各种力量都动员起来,借由机构改革和法律修订等契机巩固了改革成果。

再次,它凸显了调整财政部门和支出部门角色与权力关系的重要性。支出上限的引入要求同时加大授权,但财政部门不舍让权,也不信任支出部门的预算能力;支出部门期望获得更大的预算自主权,但又不愿或难以承担更复杂的预算职责。这种矛盾最终导致财政部门设置众多支出上限,支出部门则使出浑身解数来突破这些上限。过多的灵活性和过少的约束容易导致支出控制乏力,腐败滋生;反之则会使得机制僵化、催生消极预算行为。中国的相关改革同样需要在约束性和灵活性之间谨慎权衡,着力提升财政部门的宏观规划和预测能力的同时,也要加

[①] 比如,两国都有着中央集权和政府主导经济发展、实施五年经济发展计划的长期传统,都经历了以经济建设为中心到强调社会公平与福利的转型,以及为协调城乡发展而发起的"新农村运动",等等。

快开展支出部门预算能力建设。①

最后，国际上采用中期支出框架或中期财政规划的国家虽多，但改革动机、改革方式、改革效果各不相同。韩国的经验再次说明，这些框架与规划只是支撑良好政治决策的工具之一，也并没有某种普遍适用的改革模式②。中国虽然已有财政可持续性的明显压力，但《预算法》刚修订完成。在滚动预算试点效果一般、核心预算机构地位不突出、无经济危机等外在刺激，又缺少发动大规模财政改革的迫切政治需求的情况下，中国当前并不适宜采用激进的改革方式③，而应该"更加关注基础性的要素"④，"谨慎考虑 MTEFs 和其他公共财政管理改革的关系"⑤，⑥ 逐步探索更公平、可持续的财政分配和更好的财政治理。

---

① 这项工作在前期更适合由中央政府自上而下地组织。因为中央政府可动员的资源更多，而且中期支出框架涉及宏观政策制定和多部门合作，更适合由高层政府统一协调。国际交流、集中培训、地方试点、专题研究，乃至机构变革、人事调整等多种方式都可相机选用于部门预算能力建设中。

② Kim, J. M., 2015, "The Korean Budget System (& Economic Development) and Its Reform", http://www.pempal.org/data/upload/files/2015/03/session-2-kor_budget_sys_-_econ_dev_eng.pdf, Nov. 24, 2016.

③ 在有些情况下，如果盲目采用大爆炸式的方法来引入 MTEFs，尤其当伴随着复杂的公共财政管理改革时，可能会破坏预算制度，损害公共服务提供（World Bank, 2013）。

④ World Bank, *Public Expenditure Management Handbook*, Washington, D. C., 1998; IMF, 2008, "Manual on Fiscal Transparency" (2007 Revised Edition), http://www.imf.org/external/np/fad/trans/manual.htm, Nov. 24, 2016; 王雍君：《朝向中期框架的全球预算改革：近期发展与借鉴》，载《中央财经大学学报》，2010 年第 7 期，第 1—6 页。

⑤ MTEFs 的建立与实施需要以预算结构、预算参与、会计制度和绩效考核等多项改革为基础，但同时进行太多项改革又会削弱政府的关注焦点和应变能力，最终延误并危及 MTEFs 的实施。

⑥ World Bank, 2013, "Beyond the Annual Budget: Global Experience with Medium-Term Expenditure Frameworks", http://documents.worldbank.org/curated/en/2013/01/20138423/beyond-annual-budget-global-experience-medium-term-expenditure-frameworks-vol-1-1, Nov. 24, 2016.

【参考文献】

白彦锋:《建立中期预算框架的国际比较与借鉴》,载《中央财经大学学报》,2009年第9期,第7—11页。

陈秉良:《关于编制中长期财政计划问题》,载《财政研究》,1981年第4期,第45—50页。

崔兴硕、苗爱民、杨晋:《基于信息技术的韩国财政管理改革》,载《公共管理与政策评论》,2014年第2期,第86—96页。

邓淑莲:《跨年度预算平衡机制与中期预算框架是否是一回事?》,载《财政监督》,2015年第7期,第17—18页。

郭定平:《韩国政治转型研究》,中国社会科学出版社2000年版。

郭智:《韩国推进绩效预算改革的经验做法》,载《中国财政》,2013年第15期,第70—71页。

韩国宪法(Constitution of the Republic of Korea)(1987),电子文献网址:http://elaw.klri.re.kr/eng_service/lawView.do?hseq=1&lang=ENG,2016年11月24日访问。

韩国地方财政法(Local Finance Act)(2014),电子文献网址:http://elaw.klri.re.kr/eng_service/lawView.do?hseq=32767&lang=ENG,2016年11月24日访问。

韩国国家财政法(National Finance Act)(2015),电子文献网址:http://elaw.klri.re.kr/eng_service/lawView.do?hseq=35051&lang=ENG,2016年11月24日访问。

韩国政府网:http://chinese.korea.net/Government/Constitution-and-Government/Local-Governments,2016年11月24日访问。

金登:《议程、备选方案与公共政策》,中国人民大学出版社2004年版。

金度允:《全球金融危机背景下的韩国财政政策分析》,复旦大学硕士学位论文,2011年。

李俊生、姚东旻:《中期预算框架研究中术语体系的构建、发展及其在中国应用中的流变》,载《财政研究》,2016年第1期,第9—25页。

李细珠:《日韩合并与清末宪政改革》,载《近代史研究》,2011年第4期,第

105—119 页。

李晓瑞：《韩国 1960 年代以来政治发展道路特点及启示》，载《人民论坛》，2015 年第 23 期，第 253—255 页。

李秀峰：《韩国行政改革研究》，国家行政学院出版社 2008 年版。

李燕：《财政中期（多年滚动）预算：借鉴与实施》，载《财政研究》，2006 年第 2 期，第 26—28 页。

马蔡琛：《大国财政视野中的跨年度预算平衡机制》，载《地方财政研究》，2016 年第 1 期，第 32—38 页。

马骏：《中国公共预算面临的最大挑战：财政可持续》，载《国家行政学院学报》，2013 年第 5 期，第 19—30 页。

牛美丽：《政府预算信息公开的国际经验》，载《中国行政管理》，2014 年第 7 期，第 110—117 页。

朴光海：《韩流的文化启示——兼论韩流对现代社会生活方式的影响及其文化根源》，载《国外社会科学》，2011 年第 4 期，第 98—104 页。

宋丙洛：《韩国经济的崛起》，商务印书馆 1994 年版。

王宏武：《澳大利亚中期预算和绩效预算管理的启示》，载《财政研究》，2015 年第 7 期，第 103—106 页。

王雍君：《朝向中期框架的全球预算改革：近期发展与借鉴》，载《中央财经大学学报》，2010 年第 7 期，第 1—6 页。

王雍君：《中期基础预算改革：我国应汲取的经验与教训》，载《地方财政研究》，2015 年第 3 期，第 4—12 页。

谢姗、汪卢俊：《中期预算框架下我国财政收入预测研究》，载《财贸研究》，2015 年第 4 期，第 64—70 页。

杨玉霞、谢晓光：《韩国财政预算管理体制考察及启示》，载《东北亚论坛》，2012 年第 6 期，第 82—90 页。

叶娟丽：《韩国预算程序中的国民大会》，载《武汉大学学报》（哲学社会科学版），2006 年第 6 期，第 795—801 页。

曾令发：《政策溪流：议程设立的多源流分析——约翰·W. 金登的政策理论述评》，载《理论探讨》，2007 年第 3 期，第 136—139 页。

尹保云:《民主与本土化:韩国威权主义时期的政治发展》,人民出版社 2010 年版。

张岌:《后危机时代的韩国预算改革:通往财政可持续之路》,载《公共行政评论》,2014 年第 3 期,第 25—50 页。

张晋武:《欧美发达国家的多年期预算及其借鉴》,载《财政研究》,2001 年第 10 期,第 74—78 页。

张玉周:《中期财政规划编制的国际经验及启示》,载《财政研究》,2015 年第 6 期,第 111—114 页。

周建军:《经济增长作为不稳定力量:基于韩国财阀模式的考察》,载《经济社会体制比较》,2011 年第 2 期,第 174—182 页。

朱伯铭:《中韩财政比较研究》,学苑出版社 1999 年版。

Caiden, N., "Public Budgeting Amidst Uncertainty and Instability", *Public Budgeting and Finance*, Vol. 1, No. 1, 1981, pp. 6 – 19.

Cho, J – H., 2004, "Information Flow Successful MTEF Operation and Its Implication to the Korean Government", http://www.kdi.re.kr/upload/7266/3_3_1.pdf, Nov. 24, 2016.

Choi, K., *Public Finance in Korea*, Seoul Korea: Seoul National University Press, 1992.

Choi, J – Y. & Park, N., 2013, "Achieving Medium Term Expenditure Framework Reform: A Case Study of Korea", World Bank Policy Research Working Paper, No. 6342, http://www-wds.worldbank.org/external/default/WDSContentServer/IW3P/IB/2013/01/30/000158349_20130130165645/Rendered/PDF/wps6342.pdf, Nov. 24, 2016.

Ha, Y – S., "Budgetary and Financial Management Reforms in Korea: Financial Crisis, New Public Management and Fiscal Administration", *International Review of Administrative Sciences*, Vol. 70, No. 3, 2004, pp. 511 – 525.

Hur, S. K., 2004, "Successful Installation of MTEF to the Korean Fiscal System", https://www.kdi.re.kr/data/download/attach/7923_1.pdf, Nov. 24, 2016.

IMF, 2008, "Manual on Fiscal Transparency" (2007 Revised Edition), http://www.imf.org/external/np/fad/trans/manual.htm, Nov. 24, 2016.

Kim, D. Y. , 2003, "MTEF/Top-Down Budgeting for Korea", http://www.powershow.com/view/3b3835 - NTE2M/MTEF_Top - down_Budgeting_for_Korea_Dong_Yeon_Kim_The_World_Bank_powerpoint_ppt_presentation, Nov. 24, 2016.

Kim, J. M. , 2015, "The Korean Budget System (& Economic Development) and Its Reform", http://www.pempal.org/data/upload/files/2015/03/session-2-kor_budget_sys_-_econ_dev_eng.pdf, Nov. 24, 2016.

Kim, J. M. & Park, C-K. , 2006, "Top-down Budgeting as A Tool for Central Resource Management", http://dx.doi.org/10.1787/budget-v6-art4-en, Nov. 24, 2016,

Kim, J. M. , "Korea's Four Major Budgetary Reforms: Catching Up with A Big Bang", in Wanna, J. , Jensen, L. & de Vries, J. , (eds), *The Reality of Budgetary Reform in OECD Nations: Trajectories and Consequences*, UK: Edward Elgar Publishing Limited, 2010.

Kim, S. & Han, C. , "Administrative Reform in South Korea: New Public Management and the Bureaucracy", *International Review of Administrative Sciences*, Vol. 81, No. 4, 2015, pp. 694 – 712.

Koh, Y. , "Reforming the Fiscal Management System in Korea", in Ito, T. & Rose, A. K. , (eds), *Fiscal Policy and Management in East Asia*, Chicago: University of Chicago Press, 2007.

Min, D. , 2005, *Introduction to MTEF in Korea*, http://www.powershow.com/view1/e1beb-ZDc1Z/Introduction_to_MTEF_in_Korea_powerpoint_ppt_presentation, Nov. 24, 2016.

MOSF, 2014, "The Budget System of Korea", http://english.mosf.go.kr/, Nov. 24, 2016.

MOSF, " 2016 Budget Proposal", http://english.mosf.go.kr/, Nov. 24, 2016.

Nam, C-H. , Comment on "Reforming the Fiscal Management System in Korea", in Ito, T. & Andrew, K. R. , (eds), *Fiscal Policy and Management in EastAsia*, Chicago: University of Chicago Press, 2007.

Nam, Y. S. & Jones, R. S. , 2003, "Reforming the Public Expenditure System in Korea", http://dx.doi.org/10.1787/866056726747, Nov. 24, 2016.

Park, N. & Choi, J-Y., 2013, "Making Performance Budgeting Reform Work: A Case Study of Korea", World Bank Policy Research Working Paper, No. 6353, http://www-wds.worldbank.org/external/default/WDSContentServer/WDSP/IB/2013/02/05/000158349_20130205102606/Rendered/PDF/wps6353.pdf, Nov. 24, 2016.

Schiavo, C. S., "Potemkin Villages: The Medium-Term Expenditure Framework in Developing Countries", *Public Budgeting and Finance*, Vol. 29, No. 2, 2009, pp. 1 – 26.

Vlaicu, R., Verhoeven, M., Grigoli, F. & Mills, Z., "Multiyear Budgets and Fiscal Performance: Panel Data Evidence", *Journal of Public Economics*, Vol. 111, No. 3, 2014, pp. 79 – 95.

Wildavsky, A., *Budgeting: a Comparative Theory of Budgetary Processes*, New Brunswick NJ: Transaction Books, 1986.

World Bank, 2013, "Beyond the Annual Budget: Global Experience with Medium-Term Expenditure Frameworks", http://documents.worldbank.org/curated/en/2013/01/20138423/beyond-annual-budget-global-experience-medium-term-expenditure-frameworks-vol-1-1, Nov. 24, 2016.

World Bank, *Public Expenditure Management Handbook*, Washington, D. C., 1998.

Yoo, I – H., "Public Finance in Korea since the Economic Crisis", *The Journal of the Korean Economy*, Vol. 9, No. 1, 2008, pp. 141 – 177.

Yoon, Y. J., "Building Digital Budget & Accounting System: Focusing on Program Budgeting", Proceeding of the Winter Conference of the Korean Association for Public Administration, 2004.

英国中期财政规划：公共政策转型下的预算改革[*]

牛美丽　崔学昭[**]

内容摘要：中期财政规划是提升财政可持续性的重要制度，并且在很多国家已经推行。英国是最早编制中期公共支出规划的国家。20 世纪 50 年代，英国面临着复杂的国内外政治、经济和社会发展的压力，政府管理亟待变革。伴随着福利国家建设和政府现代化改革，建立跨年度的公共支出规划，加强预算与政策的整合成为财政预算管理的首要目标。这项改革一方面有助于实现政府对经济的干预，刺激经济增长；另一方面有利于测算公共政策成本，尤其是维持福利政策的可持续。文章梳理了英国中期财政规划编制的历程，介绍了其编制主体、内容、方法和程序，并且总结了成效与面临的挑战。最后，文章从预算与政策整合、立法和制度建设、支出上限控制以及组织能力提升四个方面阐述了英国中期财政规划对中国的借鉴意义。

关键词：中期财政规划；福利国家；中期支出规划；公共支出调查；普洛登报告；财政可持续；英国

---

[*] 该文已经发表于《公共行政评论》2016 年第 6 期。

[**] 牛美丽（niumeili@mail.sysu.edu.cn），中山大学中国公共管理研究中心/政治与公共事务管理学院教授；崔学昭（1034267911@qq.com），中山大学政治与公共事务管理学院硕士研究生。基金项目：教育部哲学社会科学研究后期资助项目一般项目"中国预算改革的政治：权力与理性的角逐"（12JHQ058）。

一、引言

中期财政规划在整合预算分配与政策决策以及提升财政可持续性的积极作用,在20世纪60年代就已开始被重视,但直到90年代才真正获得比较广泛的应用。世界银行的报告显示,截至2008年底,全世界超过三分之二的国家采用了中期支出框架。① 不过,在这三分之二的国家中,各自启动改革的背景、编制范围和方法都不尽相同。发达国家通常是主动发起的改革,而大多数发展中国家主要是迫于对外援助国的压力,不得不启动中期财政规划以便持续获得国际援助。②

虽然中国尚未步入发达国家的行列,但过去20年,财政预算管理一直在参考发达国家经验的基础上,推动各方面的预算改革。中国2014年预算法的修改首次提出了跨年度预算平衡的要求。在此之前,财政部也曾派遣团队到其他国家学习编制中期财政规划的经验。学术界在此方面的探讨也不断涌现,如马骏③对中期财政规划对财政可持续的贡献进行了深入的阐述。与此同时,各国的经验研究也在不断推进,如白彦锋④、王雍君⑤、马蔡琛、袁娇⑥、王

---

① World Bank, *Beyond de Annual Budget: Global Experience with Medium-Term Expenditure Frameworks*, Washington, D.C.: World Bank Publications, 2013.

② World Bank, *Beyond de Annual Budget: Global Experience with Medium-Term Expenditure Frameworks*, Washington, D.C.: World Bank Publications, 2013.

③ 马骏:《中国公共预算面临的最大挑战:财政可持续》,载《国家行政学院学报》,2013年第5期,第19—30页。

④ 白彦锋:《中期预算的实证分析:以美国联邦预算为例》,载《西安财经学院学报》,2009年第6期,第70—72页。

⑤ 王雍君:《朝向中期框架的全球预算改革:近期发展与借鉴》,载《中央财经大学学报》,2010年第7期,第1—6页。

⑥ 马蔡琛、袁娇:《中期预算改革的国际经验与中国现实》,载《经济纵横》,2016年第4期,第114—120页。

朝才等①。然而，因为研究的视角和发表杂志的篇幅所限，这些国别的研究对改革启动的背景、具体的做法、取得的成就以及所面临的挑战的分析还不够深入。在新预算法实施后，国务院发布了《关于实行中期财政规划管理的意见》（国发〔2015〕3号文）明确了中期预算编制的时间表和内容框架，各地的财政部门已经启动了中期财政规划的编制。但是，从目前的实践来看，效果并不理想。主要是两个原因：一是各级财政部门和支出部门对中期财政框架的了解有限，缺乏具体的方法指导；二是编制中期财政规划的一些配套条件（如真实完整的政府财务信息、精细的财政收入预测方法、成熟的公共政策分析工具等）还不具备。但是，即便从发达国家中期财政规划编制的经验来看，这项改革也非一蹴而就的。即是说，中期财政规划的编制并非要所有的配套条件都具备才能启动。因此，梳理其他国家中期财政规划编制的历程，深入分析其产生的历史背景和演进规律，并在此基础上分析各国具体的编制方法、内容和程序，对于推进我国的中期财政规划改革十分必要。

英国是最早编制中期财政支出框架的国家之一。英国的中长期预算分析的经验起源于它的项目预算的编制。在20世纪50年代，英国建立了比较成熟的项目预算；20世纪60年代开始尝试在预算编制中引入中期财政收支预测。② 因为项目预算通常是针对中长期的项目规划，使得英国公共部门建立了中长期规划的理念，并且积累了宝贵的经验。本文首先梳理了英国中期财政支出规划编制的历程，然后介绍了英国现行的中期财政支出规划的编制内容、主体、方法和程序。在此基础上剖析了中期财政支出规划对英国的财政预算管理带来的影响。文章的最后一部

---

① 王朝才、张晓云、马洪范等：《中期预算制度的国际经验及其启示》，载《财政科学》，2016年第5期，第91—102页；王朝才、张晓云、马洪范等：《部分国家中期预算制度》，中国财政经济出版2016年版。

② World Bank, *Beyond de Annual Budget: Global Experience with Medium-Term Expenditure Frameworks*, Washington, D. C.: World Bank Publications, 2013.

分阐述了英国的经验对于中国编制中长期财政规划的借鉴意义。

二、英国中期财政规划编制的改革历程

（一）英国中期财政规划背景

中期财政支出规划是中期财政规划的最核心的内容。只有对公共支出的规模和变化趋势进行准确的测算，才能有效降低财政风险[①]。英国的中财政支出规划起源于公共支出的中长期测算。而英国之所以要建立公共支出的跨年度分析与其在20世纪二战后所面临的国际环境和国内的政治、经济、社会环境密不可分。

从国际环境上看，1956年爆发的苏伊士运河危机（第二次中东战争）使得英国的国际形象大跌，影响力不复从前。且因放弃核武器的要求，英国不能再依靠军事力量称霸世界，其国际影响力的重塑转为依赖经济和文化影响[②]。从国内环境来看，社会支出需求不断增加。在1957年前，朝鲜战争的结束导致英国军费开支缩减，所以社会支出的增加带给政府支出压力并不大。但是，自20世纪50年代后期，英国的经济一路衰退，随着社会福利需求的持续增长，政府面临的支出压力越来越大。[③]

为了解决这个问题，英国政府陆续采取了一系列措施。首先，财政部倡导5年期的社会福利政策分析，并且于1955年任命了内阁社会服务委员会（Cabinet Social Services Committee），意图利用该委员会来裁减支出。然而，委员会论证的结果却与财政部的初衷相反，委员会强烈支持扩大福

---

① Brixi, H. P. & Schick, A., (eds), *Government at Risk: Contingent Liabilities and Fiscal Risk*, Washington D. C.: The World Bank, 2002.

② Lowe, R., "Milestone or Millstone? The 1959 – 1961 Plowden Committee and its Impact on British Welfare Policy", *The Historical Journal*, Vol. 40, No. 2, 1997, pp. 463 – 481.

③ Lowe, R., "Milestone or Millstone? The 1959 – 1961 Plowden Committee and its Impact on British Welfare Policy", *The Historical Journal*, Vol. 40, No. 2, 1997, pp. 463 – 481.

利支出的政策动议①，更加大了收支矛盾。虽然首相麦克米伦（Maurice H. Macmillan）提出了冻薪的政策，但是遭到了广泛的反对，也使得他本人的支持率下降。当时的财政大臣霍尼戈夫（Peter Thorneycroft）力主通过积极的货币政策来改善财政经济状况，但是首相麦克米伦并不认同。最后，霍尼戈夫和他的两名副手同时辞职，成为当时英国政坛的轰动事件。与此同时，公众对福利国家建设的呼声也越来越高。行政部门意识到，如果不主动改革，自己将成为被改革的对象。② 最终，经过多轮政治上的讨价还价，保守党主政的内阁和行政部门最终接受了建立福利国家的主张。

为了推进福利国家建设，首当其冲的问题就是改变日益恶化的经济环境，促进经济好转。财政部和工业主义者意识到必须放弃当时的根据经济发展状况被动调整财政政策的策略（Stop‐Go），而应通过建立中长期的规划来主动调整公共政策，以刺激经济增长。为了实施这一战略，英国创立了国家经济发展委员会（National Economic Development Council，NEDC），吸纳贸易工会成员、实业家和独立的专业顾问三方，该委员会也成为英国政策制定的核心。

此外，为了适应一系列的改革举措，英国财政部也重组了内部机构，重新划分团队，分为金融组（负责货币政策和国际金融）、公共部门组（负责政府支出）和国家经济组（负责需求管理）。同时，三个重要的行政领导职位（文官长、财政部常任秘书、内阁秘书）也进行了更换。

英国在 20 世纪 50 年代启动的一系列改革也被称为政府现代化（Modernization of Government）③。福利国家的建设是这个现代化进程要解决的核心问题。因而，公共支出，主要是福利项目支出的分析成为改革的核心内容。当时政府现代化的目标就是：（1）根据经济发展的预期，建立

---

① Lowe, R., "Milestone or Millstone? The 1959–1961 Plowden Committee and its Impact on British Welfare Policy", *The Historical Journal*, Vol. 40, No. 2, 1997, pp. 463–481.

② Lowe, R., "Milestone or Millstone? The 1959–1961 Plowden Committee and its Impact on British Welfare Policy", *The Historical Journal*, Vol. 40, No. 2, 1997, pp. 463–481.

③ Lowe, R., "Milestone or Millstone? The 1959–1961 Plowden Committee and its Impact on British Welfare Policy", *The Historical Journal*, Vol. 40, No. 2, 1997, pp. 463–481.

公共支出的五年规划；（2）建立现代化的制度和手段加强对规划执行的控制。① 为了实现这两个目标，普洛登委员会（Plowden Committee）应运而生。普洛登委员会被认为是英国向凯恩斯主义倡导的政府干预转型的里程碑。该委员会最重要的行动就是成立了公共支出调查委员会（Public Expenditure Survey Committee，PESC），并且发布年度《公共支出调查报告》。

（二）英国中期财政规划改革的历程

1. 改革初期（20 世纪 50 年代—1997 年）：以编制中期支出规划为主

如上所述，英国在 20 世纪 50 年代末建设福利国家的设想获得共识。公共支出的中期规划作为具体推动的技术手段也在该时期被应用。出于对社会福利项目的关注，此时的公共支出围绕特定的社会福利支出展开。因此，计划项目预算（Program Budgeting）成为该时期编制 5 年公共支出规划的主要方法。起初，计划项目预算在国防和基本建设方面积累了一些经验，编制了 5 年支出计划。但是，大部分的政府支出仍然只是编制年度预算。②

英国的项目预算（Program Budgeting）实际上主要包括三个部分：公共支出整体分析、单个项目的分析与评估，以及独立的政策分析。为了开展这三方面的分析，英国分别成立了公共支出调查委员会（Public Expenditure Survey Committee，PESC）、项目分析审查委员会（Programme Analysis and Review，PAR）和中央政策审查小组（Central Policy Review Staff，CPRS）。1970 年英国政府颁布《中央政府重组白皮书》（*White Paper on the Reorganization of Central Government*），白皮书确定了 PESC-PAR-CPRS 决策体系，这一体系成为英国的中期支出规划三大支点。③ 这一体

---

① Lowe, R., "Milestone or Millstone? The 1959 – 1961 Plowden Committee and its Impact on British Welfare Policy", *The Historical Journal*, Vol. 40, No. 2, 1997, pp. 463 – 481.

② 张晋武：《欧美发达国家的多年期预算及其借鉴》，载《财政研究》，2001 年第 10 期，第 74—78 页。

③ Galnoor, I., "Reforms of Public Expenditure in Great Britain", *Canadian Public Administration*, Vol. 17, No. 2, 1974, pp. 289 – 320; Hirsch, W. Z., "Program Budgeting in the United Kingdom", *Public Administration Review*, Vol. 33, No. 2, 1973, pp. 120 – 128.

系旨在将基于国民经济运行所做的公共支出总体水平测算、微观的具体项目分析以及跨部门的政策优先性调整三部分整合起来，为政府决策提供强有力的技术分析。这个三位一体的分析体系实现了政治决策和系统化并有利于实施后续管理控制。① 同时，在 20 世纪 70 年代，英国也开始采用初步的自下而上的基线（Baseline）② 规划技术。每年的 2 月底之前，各个支出部门在假定现有政策不变的情况下，以不变价格测算出所有项目在未来 4 至 5 年的支出水平。③ 基线分析为评估现行政策的中期财政影响提供了一个有用的起点，并且为支出部门和机构提供了强烈的背景性信息：现行规划已经在预算中覆盖了所有未来的资源，采纳任何新的支出项目都没有资金余地，这对控制成本增长至关重要。

把中期财政规划当作确定新规划以及在未来预算中分配资源的工具是当时预算改革的重要目标。但是，实施中并未取得预期的效果，主要原因有二：一是高估经济增长情况的倾向和高估预测期可获得资源的倾向；二是支出机构将中期支出预测视为其未来权利的倾向，这使得随后的向下调整支出很困难。④ 加努尔（Itzhak Galnoor）和罗德尼·洛（Rodney Lowe）认为，中期支出规划的编制和实施不仅依赖技术方法的改进，更要植根于英国政府的治理环境。⑤ 罗德尼·洛甚至认为，1959—1961 年普洛登委

---

① Galnoor, I., "Reforms of Public Expenditure in Great Britain", *Canadian Public Administration*, Vol. 17, No. 2, 1974, pp. 289 – 320; Hirsch, W. Z., "Program Budgeting in the United Kingdom", *Public Administration Review*, Vol. 33, No. 2, 1973, pp. 120 – 128.

② 基线分析是目前各国编制中期财政规划普遍采用的技术分析方法。

③ Hirsch, W. Z., "Program Budgeting in the United Kingdom", *Public Administration Review*, Vol. 33, No. 2, 1973, pp. 120 – 128.

④ 王雍君：《朝向中期框架的全球预算改革：近期发展与借鉴》，载《中央财经大学学报》，2010 年第 7 期, 第 1—6 页。

⑤ Galnoor, I., "Reforms of Public Expenditure in Great Britain", *Canadian Public Administration*, Vol. 17, No. 2, 1974, pp. 289 – 320; Lowe, R., "Milestone or Millstone? The 1959 – 1961 Plowden Committee and its Impact on British Welfare Policy", *The Historical Journal*, Vol. 40, No. 2, 1997, pp. 463 – 481.

员会的努力是失败的,因为没有建立起足够的政治支持。①

2. 改革成熟期(1998—2010 年):建立中期预算框架

虽然英国建立了 PESC – PAR – CPRS 为三大支点的决策分析体系,但是其中期财政框架在 20 世纪 90 年代才真正建立起来。② 为了规范中期预算的编制,加强中期支出规划的约束力,《1998 年财政法案》对中期预算编制的主体、程序和内容等做出明确规定。英国《1998 年财政法案》第 156 条规定,英国的财政部需提交《预算展望报告》和《债务管理报告》。此外,财政部通常还要发布年度财政与预算报告以及年度财经战略报告,虽然这些并不是《财政法案》所必需的。③ 英国的中期财政规划预算涵盖中央政府的所有开支,对地方政府债务控制非常严格,一般对通过的财政收支预算很少予以调整。

《1998 年财政法案》还确定建立部门限额支出(Departmental Expenditure Limit,DEL)和年度变动支出(Annual Management Expenditure,AME)。DEL 是对各政府部门稳定的、跨度为 3 年(中期)的支出限制,包括了各部门的全部运作成本和所有投资项目的支出,这类支出比较稳定,具有非短期性,可以合理地确定它在 3 年内的限额,并在 3 年内受到严格控制。DEL 适用于特定的资源预算和资本预算。与部门支出限额配套的管理机制还有 3 年期的"公共服务协议"(Public Service Agreement,PSA)制度,主要用于设定目标和绩效测量方法。④ AME 主要包括那些具有年度变动特性,需要根据年度经济状况进行调整、不适

---

① Lowe, R., "Milestone or Millstone? The 1959 – 1961 Plowden Committee and its Impact on British Welfare Policy", *The Historical Journal*, Vol. 40, No. 2, 1997, pp. 463 – 481.

② Keynes, S. & Tetlow, G., *Survey of Public Spending in the UK*, London: The Institute for Fiscal Studies, 2014.

③ OECD, *The Legal Framework for Budget Systems: An International Comparison*, Paris: OECD Publishing, 2004.

④ 英国的公共服务协议制度包括了 30 项内容。这项制度在 2010 年 6 月被废除。

宜进行硬性限制和管理的各种其他支出，如社会保障、税收扣免、住房补贴、共同农业政策支出等。年度变动支出通常结合初预算和正式预算报告过程，一年进行两次评价检查和调整。① 这样做是为了使各部委"优先考虑资源和计划，为管理公共服务提供更稳定的基础"。②

此外，英国为控制经常性支出和资本性支出分别建立了"黄金规则"和"可持续规则"。"黄金规则"应用于经常项目，具体要求是，在一个经济周期内，公共债务收入仅用于公共投资支出，不允许用于增加经常项目支出。"可持续规则"适用于资本项目，要求政府举债占GDP 的比重在整个经济周期内维持在一个市场可以接受的水平，使公共部门的净债务在 1999—2005 年这一时期内控制在 GDP 的 40% 以内。③

3. 改革修正（2010 年至今）：全球经济危机下的选择

2008 年爆发的全球经济危机对各国的财政管理带来了巨大的冲击。英国也不例外。由于经济发展不确定性增加，保障部门支出的中期预算与实现财政收支平衡的目标存在潜在冲突。近年来，收入不足给英国固定的中期支出限额带来了巨大压力。2009 年经济危机使得英国 2010 年的 GDP 下降了大约 5%，财政赤字达到 GDP 的 9.7%④，为了降低政府债务水平，2010 年英国对部门支出限额做了大幅下调。⑤ 为了更好地开展宏观经济和财政预测，尤其是财政风险分析，英国于 2010 年 5 月成立了预算责任办公室（The Office for Budget Responsibility，OBR）。OBR 依据《预算责任和国家审计法案2011》（*The Budget Responsibility and Na-*

---

① 焦建国：《英国公共财政制度变迁分析》，经济科学出版社2009 年版。
② Robinson, M., "Budget Reform before and after the Global Financial Crisis", *OECD Journal on Budgeting*, Vol. 16, No. 12, 2016, pp. 47 – 48.
③ 焦建国：《英国公共财政制度变迁分析》，经济科学出版社2009 年版。
④ Shaw, T., "Performance Budgeting Practices and Procedures", *OECD Journal on Budgeting*, Vol. 15, No. 8, 2015, pp. 65 – 138.
⑤ NAO, *Managing Budgeting in Government*, London: National Audit Office, 2012.

tional Audit Act 2011）行使职责，2014 年修订的《预算责任章程》（The Charter for Budget Responsibility）给 OBR 新增了设立福利限额的责任并强化了对财政政策的控制。①

2010 年以来英国的中期财政规划修正措施主要包括以下几点：

（1）调整财政目标和规则，加强支出控制

英国政府在 2010 年提出了一系列新的财政规则，包括：周期性调整公共部门经常性项目平衡和净债务；政府在中期预算框架下推进财政政策；将 2015—2016 年的跨年支出上限设定为约社会保障支出的一半左右；对公私合作的财政投资项目的成本设置上限；等等。②

（2）改革财务审计报告：提高信息质量和透明度

英国于 2011 年第一次出版了全政府账户（Whole of Government Accounts，WGA）审计报告。WGA 合并了 1500 多个公共部门机构的账户，并提供了有关整个公共部门面临的或有负债和准备金的全面信息。WGA 由英国独立的国家审计局（National Audit Office，NAO）审计。同时，清晰视线项目（Clear Line of Sight Project）也提高了财政报告的透明度和可比性，更好地调整了财政部设置的部门预算。以前的财务审计报告是基于不同的支出措施设计的，使得议会核准的支出控制与政府内部使用的支出控制有很大的差异。改革后，NAO 审计的部门账户使用的报告概念和支出估计必须提交议会批准，从而大大加强了审计监督的影响力。

（3）绩效预算向放权性转移

英国是较早在公共部门中采用绩效管理的国家之一，并且建立了一套系统的方法，其中政府范围的一套绩效目标是根据一揽子指标集中监测的。但是英国于 2010 年取消了这一制度，将绩效预算管理转向分权型。这个转变要求各部门、机构和地方政府公布其支出情况和广泛的产出指

---

① 王朝才、张晓云、马洪范等：《部分国家中期预算制度》，中国财政经济出版社 2016 年版。
② IMF，*Budget Institutions in G20 Countries – Country Evaluations*，Washington，D. C.：International Monetary Fund，2014.

标。中央政府部门必须在年度报告中每年根据其政策目标,对进度做出评估。① 这项措施一方面有利于调动部门和地方政府的积极性,另一方面有利于将宏观的政策目标和微观的项目产出目标更好地整合起来。

三、中期财政规划的编制

英国的中期财政规划经过了漫长的演进过程。目前实行的财政规划是20世纪90年代形成的。② 这部分主要介绍英国中期财政规划是如何编制的。

（一）中期财政规划的形式

从存在形式看,英国的中期财政规划起源于20世纪50年代末的中期支出规划,但是到了90年代末期,已经建立起多年期滚动预算,融入预算周期并与年度预算联系紧密。英国的中期财政规划每年编制两份,分别与财政大臣的预算报告（通常每年3月）和秋季预算声明（通常每年11月）一起提交国会。这种形式的多年期预算属于对财政发展情况进行考察的报告性文件,其主要目的是试图对政府今后若干年的财政支出和收入做出预测,并纳入预算过程,作为编制年度预算的重要参考和依据。以英国的5年期公共支出计划为例,其要依次编列现行预算年度的公共支出概算和以后4个年度的公共支出预测。前三年列出政府支出的预定额,后两年为估计数。与此同时,还要对同期内的财政收入情况进行评估。而年度预算中的议定支出就是以此为基础编制的。③

英国中期财政规划中对公共支出的预测并未用总支出的绝对额,而

---

① IMF, *Budget Institutions in G20 Countries – Country Evaluations*, Washington, D. C.: International Monetary Fund, 2014.
② Keynes, S. & Tetlow, G., *Survey of Public Spending in the UK*, London: The Institute for Fiscal Studies, 2014.
③ 张晋武:《欧美发达国家的多年期预算及其借鉴》,载《财政研究》,2001年第10期,第74—78页。

是用政府支出占国家收入的一定比例作为中期财政支出规划的核心指标。因而，每份《公共支出调查》都会设定每个政策领域的支出占政府总支出的比重。除此之外，类似我国对支出部门的控制数，每个支出部门也面临一个支出上限，通常多年保持不变，而且把经常性支出和资本性支出分开考虑。① 部门支出之外的称之为年度变动支出（Annually Managed Expenditure，AME）。DELs 和 AME 通常占总支出的一半左右。在 2013 年，英国政府声称将对年度变动支出的部分项目也设置支出上限，目的是避免让政策决策者对支出的持续增长加以控制。②

（二）编制主体

在中期财政规划建立初期，英国的公共支出计划由财政部的公共支出调查委员会（PESC）负责每年进行一次公共支出调查并编制公共支出计划。③

2010 年 5 月，英国成立了第一个独立的财政委员会——预算责任办公室（OBR），承担监督和报告公共财政可持续性的责任。预算责任办公室组织结构如图 1 所示。OBR 由预算责任委员会（Budget Responsibility Committee，BRC）的三名成员领导，他们对 OBR 的核心职能负有执行责任；预算责任委员会（BRC）的工作由 OBR 的 27 名公务员中的常任工作人员负责，工作人员的工作包括经济财政预测和分析、绩效评估、可持续性和资产负债表分析、财政风险评估、税收和福利政策成本审查等五大类。OBR 的经济财政专家顾问小组定期对其工作程序和分析方法提供建议。

---

① Keynes, S. & Tetlow, G., *Survey of Public Spending in the UK*, London：The Institute for Fiscal Studies, 2014.

② Keynes, S. & Tetlow, G., *Survey of Public Spending in the UK*, London：The Institute for Fiscal Studies, 2014.

③ Hirsch, W. Z., "Program Budgeting in the United Kingdom", *Public Administration Review*, Vol. 33, No. 2, 1973, pp. 120 - 128.

英国中期财政规划：公共政策转型下的预算改革 | 251

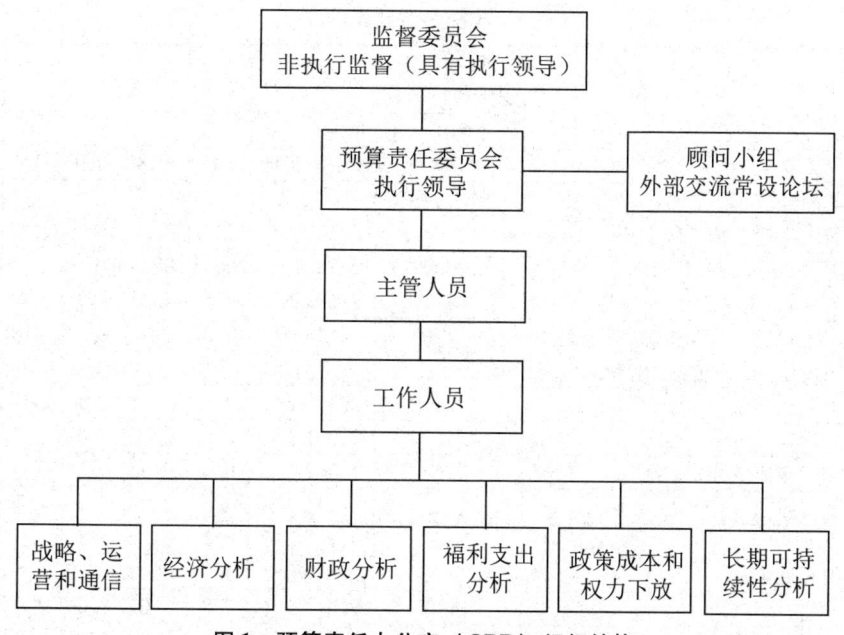

图 1 预算责任办公室（OBR）组织结构

资料来源：OBR 官网（http://budgetresponsibility.org.uk/about-the-obr/what-we-do/）。

（三）中期财政规划的内容

OBR 为履行好监督和报告公共财政可持续性的责任，会发布多项报告作为财政部编制中期预算的重要依据，这些报告的主要内容如下[①]：

1. 经济和财政预测

OBR 通过编制经济与财经展望报告（EFO）对经济和财政状况进行五年预测，该报告每年发布两次，与春季预算声明（通常在 3 月）和秋季预算声明（通常在 11 月下旬）一同发布。同时，OBR 每年秋季出版年度预测评估报告（Forecast Evaluation Report，FER），对其预测绩效进行事后评估，详细分析了宏观经济和财政预测的结果和预测之间的差异，为下一年度的预测提供经验教训。表 1 展示了经济预测的主要内容。

---

① 资料来源：OBR 官网（http://budgetresponsibility.org.uk/about-the-obr/）。

表1　英国经济预测情况

	与前一年相比变化的百分比						
	产出	预测					
	2014	2015	2016	2017	2018	2019	2020
英国经济							
国内生产总值（GDP）	2.9	2.2	2.0	2.2	2.1	2.1	2.1
GDP水平（2014=100）	100.0	102.2	104.3	106.6	108.9	111.1	113.5
名义GDP	4.7	2.6	3.1	4.1	4.1	4.0	4.1
产出缺口（预期产出的百分比）	-1.0	-0.3	-0.2	0.0	0.0	-0.0	-0.0
国内生产总值的支出部分							
国内需求	3.2	2.7	2.2	2.3	2.2	2.0	2.0
家庭消费	2.5	2.9	2.4	2.2	2.1	2.0	1.9
一般政府支出	2.5	1.7	0.2	0.6	0.5	0.2	0.7
固定投资	7.3	4.2	2.9	4.5	4.1	4.0	4.3
企业	4.7	4.7	2.6	6.1	5.8	5.5	4.4
中央政府	5.8	2.2	0.2	1.9	-0.3	-0.2	6.5
住房	14.0	3.4	5.1	2.8	3.0	3.0	2.9
存货变动（Change in Inventories）	0.2	-0.4	0.2	-0.0	0.0	0.0	0.0
商品和服务出口	1.2	5.0	2.5	3.3	3.3	3.4	3.4
商品和服务进口	2.4	6.2	3.5	3.3	3.3	3.3	3.3
国际收支经常账户							
占GDP的百分比	-5.1	-4.3	-4.2	-3.8	-3.7	-3.5	-3.4
通货膨胀							
CPI	1.5	0.0	0.7	1.6	2.0	2.1	2.0
RPI	2.4	1.0	1.7	2.4	3.3	3.2	3.2
市场价格的GDP平减指数	1.8	0.3	1.1	1.9	2.0	1.9	2.0
劳动力市场							
就业（百万）	30.7	31.2	31.6	31.7	31.9	32.0	32.1
每小时生产率	0.1	0.8	1.0	1.7	2.0	2.0	2.0
工资和薪金	2.9	4.1	3.6	4.2	3.9	3.8	3.9
平均收入	1.4	2.3	2.6	3.6	3.5	3.4	3.6
LFS失业率	6.2	5.4	5.0	5.0	5.2	5.3	5.3
索赔人数（百万）Claimant Count	1.04	0.80	0.75	0.78	0.84	0.86	0.87
家庭部分 Household Sector							
实际家庭可支配收入	0.6	2.9	1.8	1.9	1.6	1.5	1.5
储蓄率（%）	5.4	4.2	3.3	3.6	3.7	3.9	3.9
房价	9.9	6.8	6.9	4.2	5.0	4.7	3.9

资料来源：英国财政部（HM Treasury, 2016：136）。

2. 财政绩效目标评估

OBR 运用公共财政预测，来判断财政目标和福利开支的目标下政府的绩效水平。例如，2015 年 7 月，英国政府制定了两个新的中期财政目标：第一，在 2019—2020 年实现预算盈余，然后在经济增长明显放缓的情况下维持盈余；第二，减少公共部门净债务占 2015—2016 年至 2019—2020 年每个会计年度 GDP 的份额。在经济与财经展望报告（EFO）中，OBR 会评估在当前政策下达到中期财政目标的机会是否会超过 50%。自 2014 年 3 月以来，政府还对其社会保障和税收信贷支出（"福利上限"Welfare Cap）的一部分自己设定了的现金限额。OBR 在经济与财经展望报告（EFO）中对其在每份"秋季声明"（Autumn Statement）时遵守上限的情况进行正式评估，也在每个预算的上限内预测支出。此外，年度福利趋势报告（Welfare. Trenls Report，WTR）还会分析福利支出的影响因素。

3. 财政可持续性和收支平衡表分析

OBR 负责评估公共财政的长期可持续性：财政可持续性报告（Fiscal Sustainability Report，FSR）对不同类别的支出、收入和金融交易进行了长期预测，并评估它们是否意味着公共部门债务的可持续发展。财政可持续性报告（FSR）还使用常规国民核算措施和使用商业会计原则编制的全政府账户（WGA）分析公共部门的资产负债表。从 2016 年起，财政可持续性报告（FSR）将每两年出版一次，与国家统计局更新人口预测的频率保持一致，并反映人口预测变化所带来的影响。

4. 财政风险评估

除了进行公共财政预测外，经济与财经展望报告（EFO）和财政可持续性报告（FSR）还包括对这些预测和预测的风险的讨论。全政府账户（WGA）还提供了有关特定财政风险（特别是或有负债，如政府担保）的详细信息。2017 年起，OBR 将每两年进行一次专门的财务风险报告（Fiscal Risks Report，FRR），共同进行财政风险评估。

5. 税务及福利政策成本审查

OBR 在每份财政预算案及秋季声明中仔细研究政府在个别税种及福利开支方面的成本计算。政府在发布预算声明前期向 OBR 提供成本计算草案，由 OBR 对这些草案进行详细审查。在每份经济与财经展望报告（EFO）的附件和财政部的政策成本文件中说明是否认可政府最终发布的成本测算作为合理的估计，以及是否将其用于 OBR 的预测。同时，根据支撑的数据、所涉及模型的复杂性以及政策可能的行为影响，对每项成本的不确定性进行评级。

在 OBR 提供的各项预测等文件的基础上，中期预算对整个公共部门的收支做出安排，每项有 10% 的调整空间以备经济形势发生不可预见的大幅变动，同时按优先顺序排列支出，预留 1% 的资金做储备金。如表 2 所示，反映了英国 2015—2016 财年至 2020—2021 财年的管理总支出预测及支出限额。政府设定的财政假定是：2017—2018 财年和 2018—2019 财年，管理总支出按 2011—2012 财年至 2015—2016 财年间的相同比率进行下调；在 2019—2020 财年，管理总支出的实际维持不变；在 2020—2021 财年，管理总支出将随名义 GDP 的增减同比变化。

表 2 管理总支出

单位：10 亿英镑

财年	2015—2016	2016—2017	2017—2018	2018—2019	2019—2020	2020—2021
经常性支出						
AME	345.6	356.2	358.9	373.1	382.4	394.3
DELs，不包括折旧	315.1	316.1	325.2	327.6	327.0	333.6
环围折旧（Ring-Fenced Depreciation）	20.6	21.9	21.9	21.9	21.9	21.9
公共部门经常性支出	681.2	694.2	706.0	722.6	731.4	749.8
资本性支出						
资本性年度变动支出（AME）	33.3	33.5	32.7	31.9	32.5	35.1

（续表）

财年	2015—2016	2016—2017	2017—2018	2018—2019	2019—2020	2020—2021
资本性部门支出限额（DEL）	39.4	44.2	45.9	46.5	46.6	56.2
公共部门总投资	72.7	77.8	78.6	78.4	79.1	91.3
管理总支出	753.9	771.9	784.6	801.0	810.4	841.1
管理总支出占GDP的比重	40.2%	39.7%	38.8%	38.0%	37.0%	36.9%

资料来源：英国财政部（HM Treasury，2016：90）。

（四）编制程序

英国中期财政规划采取自上而下的编制流程，议会批准政府根据《预算责任章程》制定中期财政战略。此外，在秋季预算声明及预算案中，也就整体财政政策立场展开辩论。然而，议会没有明确表决赞成这种立场。预算案中列出的开支限额并非按自上而下的顺序列出；而是国会在整个年度逐个部门批准支出①，因此不需要在财政年度开始之后很久才核准预算。一旦财政大臣向国会提交预算案或秋季预算声明，OBR就会公布对经济和公共财政的预测，并将财政大臣宣布的政策决定考虑在内。

经济与财经展望报告（Economic and Fiscal Outlook，EFO）是预算声明前夕的预测准备和漫长的政策审查的结果。其编制的主要步骤如下：

《预算责任章程》要求在正常情况下，财政部至少提前10周向OBR通知预算或秋季预算声明。一旦确定日期，OBR和财政部共同确定一个时间表，根据该时间表，交换OBR所需的信息以进行经济和财政预测。

OBR利用自上次预测后公布的数据和对经济展望的初步判断，首先

---

① IMF, *Budget Institutions in G20 Countries – Country Evaluations*, Washington, D.C.: International Monetary Fund, 2014.

准备第一轮经济预测。使用从这种预测得出的决定因素（如工资、利润、消费支出、失业和通货膨胀的展望），然后委托英国税务及海关总署（Her Majesty's Revenue and Customs, HMRC）、就业及退休保障部（Department of Work and Pensions, DWP）和其他政府部门及机构预测个人所得税和支出流。然后整理个体预测，并生成支出和收入以及公共部门借贷和债务的各种指标的总体预测。通常在声明前约5周，将第一轮经济和财政预测的结果，以及对政府很可能会在没有新的政策措施的情况下无法实现财政目标的情况的初步评估发送给总理。

预先的经济和财政预测此后会进行两轮进一步的更新，每轮更新包括新的数据加上关于经济、税收和收入预测细节的进一步判断。HMRC、DWP和其他部门的专家就各种预测要素提供了非常有用的建议，但是最终由OBR决定采用哪些模型进行最终判断、如何解释最近的数据等。总理通常在声明前2周左右收到最终的第三轮预测。这为他做出最终政策决定提供了稳定的基础，他可以借此知道需要做什么来满足或改变正式的财政目标。

在处理预测的同时，OBR审查了总理正在考虑纳入预算声明的税务和福利支出措施。首先，财政部提出一份"计分卡"草案——可能措施的初步清单。接着，基于其复杂性和与以前措施的相似性，讨论每项措施对财政部和负责部门要求的审查。然后，该部门将向OBR发送一份"成本核算"，列出该政策的详细情况，并估计每个预测年度将增加或支付的金额。OBR结合对部门和财政部的分析，建议修改和更新，直到OBR同意支持这一估计或直到财政部和OBR都同意否决该政策（尚未发生）。

在预算声明发布前1周，OBR通过修订最终预测来制定其最终的第四轮经济和财政预测，以反映总理最终决定对经济和财政的影响。次要变化可以在上述期限之后纳入预测，OBR通常在声明前的星期五结束最后的预测。这使得财政部能够微调措施，以实现每年所需的净收入和目标"底线"。在预算声明发布当天,OBR 公布最终的经济和财政展望报告,并解释记分卡和其他政策措施对预测的影响,以及政府财政绩效目标。

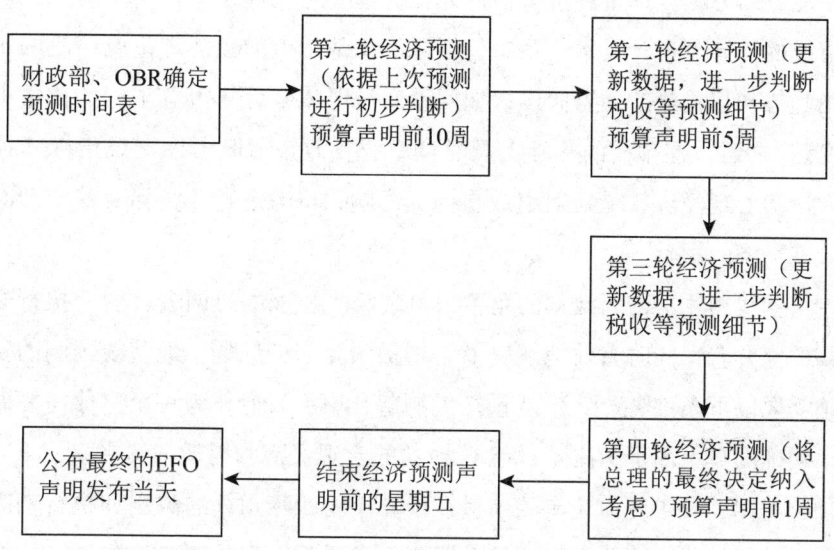

图 2　经济与财经展望报告(EFO)的编制流程

资料来源:OBR 官网(http://budgetresponsibility.org.uk/about-the-obr)。

(五)编制方法

英国以基线预测方法(Baseline Projections),即在政策不变的情况下对指标进行预测的方法,预算中的基线定义为继续执行"现行政策"需要的支出和收入,也就是预算的线下部分,由于政策变动导致的收支变化构成预算的线上。① 其次需根据宏观经济、财政收入、现有和未来的项目支出预测,确定预算编制的"天花板",即预算编制限额。通过一定的宏观模型对宏观经济进行预测,对财政收支进行展望,英国的宏

---

① 王雍君:《朝向中期框架的全球预算改革:近期发展与借鉴》,载《中央财经大学学报》,2010 年第 7 期,第 1—6 页。

观经济模型是国家统计局公布的国民经济核算中描述和记录经济活动的一种简化表现形式。该模型中的方程代表了一组不同的经济变量之间的关系。这些关系可以分解为三个部分：会计恒等式，定义国民经济核算中变量的方程；计量经济学估计方程，基于经济理论的方程和历史经济情况的统计分析；技术关系，包括标准化基础上的经济理论或广泛的历史趋势和程式化的预测假设，如假设雇员退休金计划占总工资的比重不变。① 之后，在预测的基础上及时调整收支政策，既考虑宏观指标（如人口和宏观经济状况）对财政指标的影响，也考虑财政指标及其变动对宏观经济的影响。②

基线预测法使财政部的角色由财政收入分配的协调者转变为执行规则的监督者，同时有效地解决了"增量预算"的问题。但基线预测的实施需要以下条件③：（1）从预算编制起，中央政府作为一个整体需要做出明确的自上而下的决定；（2）独立的宏观经济与财政收入预测；（3）预算纪律，要求任何超支的项目在预算年度的年预算的编制和执行期间立即补偿规则，为此，基线估计需要经常更新，至少每年四次；（4）在预算文件中公布中期财政规划和基线预测的两组协调一致的数据。

四、英国中期财政规划的成效与问题

（一）中期财政规划的成效

1. 保障了财政的长期可持续发展

预算责任办公室（OBR）的各项预测和财政风险评估以及中期财政

---

① OBR, *Brief Paper NO.5: The Macroeconomic Model*, London: Office for Budget Responsibility, 2013.
② 王朝才、张晓云、马洪范等：《中期预算制度的国际经验及其启示》，载《财政科学》，2016年第5期，第91—102页。
③ Vrolijk, J., *Medium Term Expenditure Framework and the Role of Spending Review*, 7th Annual Meeting of OECD-CESEE Senior Budget Officials. Zagreb, Croatia, 30 June-1 July 2011.

目标等为中期预算的制定提供了依据,例如政府设定管理支出的增减变动原则、预算责任办公室设定的两个中期财政目标等,这些都保证了英国财政的长期可持续发展。

2. 中期财政规划为控制政府支出提供了有效约束

中期财政规划对增长较快的社保等部门支出规定了上限,并按期对是否突破该上限进行审核,近期以来该限额都没有被突破过,能够较好地控制政府支出。此外,财政大臣提交的预算报告根据预算责任办公室编制的中期预算相关预测结果编制,对新年度预算的建议等必须经过预算责任办公室对其收支的影响进行详细审核,因此对政府扩张和支出冲动提供了强有力的约束。[1]

(二) 中期财政规划存在的问题

英国中央和地方中期预算编制内容相似,都是综合性预算,以伦敦市为例,每年需编制涵盖4年的《大伦敦管理局集团效率计划》(Greater London Authority Group Efficiency Plans),对4年内的支出和资金来源及各部门的效率计划做详细规划。[2] 但地方中期预算的涵盖年限稍少,这与地方的预算编制能力弱于中央政府有关,而且与经常性预算相比地方更重视资本预算,因为资本预算对地方发展战略、收入规划、支出重点的相关性更强,对地方的收支平衡更为重要。[3]

目前,英国中期财政规划的主要问题是中期财政规划的收入预测存在较大难度,有些收入与经济情况联系不大,与个人决定有关,例如房地产交易类税收等难以有迹可循,难以预期可能导致收入的大幅波动。为增加收入预测的可靠性,要加大对经济状况的预测水平,按现实情况

---

[1] 王朝才、张晓云、马洪范等:《部分国家中期预算制度》,中国财政经济出版社2016年版。

[2] 资料来源:伦敦市政府官网,http://www.london.gov.uk/about-us/governance-and-spending/spending-Money-wisely/mayors-budget。

[3] 王朝才、张晓云、马洪范等:《中期预算制度的国际经验及其启示》,载《财政科学》,2016年第5期,第91—102页。

和预测结果对公式和参数做必要的调整与改良。支出测算难点稍微小些，但系统性风险对财政支出的冲击很大，还需要加大预测能力。国际货币基金组织（International Monetary Fund，IMF）曾建议英国政府应对预算责任办公室的财政可持续分析做出实质性的回应，编制一份综合的财政风险报告，对中期预算的评估要在考虑财政目标如何能对财政收支更有约束力的同时，还能在处理外部风险时具有灵活性，议会在对财政战略进行背书和监督政府中期财政战略上应该发挥更积极和及时的作用。①

最后，从英国中期财政规划演进的过程来看，技术和管理上的变革至关重要。但是，改革成功与否的关键，还在于是否能够扫除政治上的障碍，是否能够赢得政党和公众的支持。② 例如，普洛登报告虽然是英国中期财政支出规划的里程碑，但是因为没有取得足够的政治支持，在改革初期是非常不成功的。③

五、对中国编制中期财政框架的借鉴与启示

中国的财政可持续虽然一直占据财政政策的核心位置，但是从未在财政预算管理过程中真正体现。主要有两个原因：首先，经济长期持续的快速增长使得财政可持续并未得到应有的重视。其次，由于预算管理改革启动比较晚，过去近二十年的改革主要聚焦在一些基础性的微观的改革，例如部门预算、国库集中支付制度、政府采购、财政支出绩效评价，以加强财政部门对支出部门的预算控制，提升支出部门的预算责

---

① IMF, *Budget Institutions in G20 Countries – Country Evaluations*, Washington, D. C.: International Monetary Fund, 2014.

② Galnoor, I., "Reforms of Public Expenditure in Great Britain", *Canadian Public Administration*, Vol. 17, No. 2, 1974, pp. 289 – 320; Lowe, R., "Milestone or Millstone? The 1959 – 1961 Plowden Committee and its Impact on British Welfare Policy", *The Historical Journal*, Vol. 40, No. 2, 1997, pp. 463 – 481.

③ Lowe, R., "Milestone or Millstone? The 1959 – 1961 Plowden Committee and its Impact on British Welfare Policy", *The Historical Journal*, Vol. 40, No. 2, 1997, pp. 463 – 481.

任。然而，随着经济增长放缓和社会政策成本不断提高，中国政府面临着巨大的财政收支压力，政府债务持续攀升，中国的预算管理环境已经发生了根本性的变化，"不差钱"的时代已经结束。① 因而，编制中期财政规划，提高预算决策的前瞻性，测算公共政策，尤其是社会政策的中长期成本，是有效降低财政风险、维持财政可持续的刻不容缓的改革。

英国的中期财政规划为中国的改革提供了很好的借鉴。主要体现在以下几个方面：

（一）自上而下，整合政策决策与预算分析

中期财政规划必须是自上而下的。英国的中期财政规划的编制源于中长期的政策优化的需求，因而成为整合政策与预算的典范。根据《关于实行中期财政规划管理的意见》（国发〔2015〕3号文）的规定，我国的中期财政规划包括两个层次：政府层面的中期财政规划和支出部门的中期财政规划。这两个层面的改革都需要自上而下的政策引导。目前部门中期财政规划编制的试点和部门预算的编制同步，仍然是自下而上为主。在目前的行政管理体制下，部门尤其是基层政府部门很难预测上级的政策变化。这种政策决策和预算过程的分离，使得政策对预算的统筹和预算对政策规划的修正作用都没有很好地发挥。因而，若要真正做好中长期财政规划，中国必须要改进政策制定，提升宏观经济分析的能力与上级政府的自我约束。中期财政规划的编制不是简单的财政规划，公共政策制定能力的提升在其中起着关键性的作用。

（二）通过立法和制度建设来推动改革实施

制定明确的规则是保证一项改革可持续的根本手段。英国从1961年编制五年公共开支规划开始，就十分注重通过立法和制度建设来加强改革的顶层设计。《普洛登报告》自从1961年开始编制就一直延续至

---

① 马骏：《中国公共预算面临的最大挑战：财政可持续》，载《国家行政学院学报》，2013年第5期，第19—30页。

今,《1998年财政法案》和《预算责任和国家审计法案2011》建立了明确的原则和具体实施规范。这些法律法规一方面解决了改革动力不足的问题;另一方面大大加强了预算对政策决策的约束。通过制定详细可操作的制度,并提供编制范本,为英国的中期财政规划改革提供行之有效的指导。

中国的制度建设的挑战主要来自于地方的差异性,因而中央政府出台的政策通常都不够细化,留下很多调试的空间,让地方政府制定因地制宜的政策。这样做的好处是可以使得地方性法规更加可行。然而,随之也带来一些问题,例如,对一些地方政府不愿意做或者不知道怎么做的改革,它们通常只是转发下中央的文件。这种做法存在很大的执行风险,相关部门或者做做表面文章,没有真正作为,或者偏离原有的政策目标。在中期财政规划的编制上,前者可能更普遍。因而,本文建议中央或者各省的财政部门应该尽快出台详细的可操作性的指南,而且尽快出台范本,指导政府财政中期规划和部门中期财政规划的编制。

(三)严格设定支出上限,重视财政风险评估

英国的中期财政规划在总额(相对值)、部门支出、年度变动支出部分子项等严格设定上限,以确保财政收入可以负担。中国也制定了控制数。但是这个控制数通常只对单个支出部门有约束。虽然从实践上看,我国也有对收入支出总额的测算,但是测算的方法是渐进的,并非基于非常精细的经济社会发展环境的测算得来的,所以才会出现非常普遍的大幅超收现象,这意味着对支出的预算也是不准确的。而且,中国目前的支出测算还有一个严重的问题,没有单独的资本预算,也没有资产负债表的信息作为预测分析的基础,因而对债务的控制和管理非常不理想。因此,为了维持财政可持续,支出上限,尤其是与经济社会发展相适应的政策的成本必须设定上限。这个上限不仅仅是对相关部门的约束,更是对政策决策者的约束。同时可以仿效英国的做法,在风险评估的基础上,定期做财政风险报告。

（四）组织能力建设

中期财政规划的编制十分复杂，除了严谨的法律制度和操作规范，还要求专业的组织机构来推动。英国在 20 世纪 50 年代开始启动公共支出调查时就成立了公共支出调查委员会（PESC）。此后又成立了专业技术团队。英国在推动中期财政规划支出时除成立公共支出调查委员会（PESC）外，还成立了国家经济发展委员会（NEDC），财政部也进行了内部重组，内阁还置换了三个重要的领导岗位。2010 年又成立了预算责任办公室（OBR）。而且，除了政府公务人员、内阁成员，部分组织还吸纳了企业和社会精英担任委员或顾问。这些组织能力建设的手段有力地保障了改革持续稳步地推进。

中国目前财政部门的政策分析能力严重不足。主要有两个原因：一是人手严重不足，使得工作人员无暇开展深入的政策分析；二是由于缺乏经验，相关的技术方法还不够成熟。如果要真正发挥中期财政规划的作用，必须具备能够编制中期财政规划的能力。我们建议在财政部门内部成立一个独立的办公室专门负责中长期的政策分析，并且在此基础上编制中期财政规划。当然，因为中期财政规划实际上把预算分析提升到政策制定的层面，一个更好的选择是在财政部门之外，成立一个独立的委员会，直属国务院。这样可以大大提升政策制定中的预算分析的角色，从而大大改善政策制定的质量，保证财政可持续性分析可以落到实处。

【参考文献】

白彦锋：《中期预算的实证分析：以美国联邦预算为例》，载《西安财经学院学报》，2009 年第 6 期，第 70—72 页。

焦建国：《英国公共财政制度变迁分析》，经济科学出版社 2009 年版。

马骏：《中国公共预算面临的最大挑战：财政可持续》，载《国家行政学院学报》，2013 年第 5 期，第 19—30 页。

马蔡琛、袁娇:《中期预算改革的国际经验与中国现实》,载《经济纵横》,2016年第4期,第114—120页。

王朝才、张晓云、马洪范等:《中期预算制度的国际经验及其启示》,载《财政科学》,2016年第5期,第91—102页。

王朝才、张晓云、马洪范等:《部分国家中期预算制度》,中国财政经济出版社2016年版。

王雍君:《朝向中期框架的全球预算改革:近期发展与借鉴》,载《中央财经大学学报》,2010年第7期,第1—6页。

张晋武:《欧美发达国家的多年期预算及其借鉴》,载《财政研究》,2001年第10期,第74—78页。

Brixi, H. P. & Schick, A. (eds), *Government at Risk: Contingent Liabilities and Fiscal Risk.*, Washington D. C.: The World Bank, 2002.

Galnoor, I., "Reforms of Public Expenditure in Great Britain", *Canadian Public Administration*, Vol. 17, No. 2, 1974, pp. 289 – 320.

Hirsch, W. Z., "Program Budgeting in the United Kingdom", *Public Administration Review*, Vol. 33, No. 2, 1973, pp. 120 – 128.

HM Treasury, "Budget 1998", https://www.gov.uk/government/uploads/system/uploads/attachment_data/file/265485/4076.pdf, Nov. 24, 2016.

HM Treasury, "Budget 2016" https://www.gov.uk/government/uploads/system/uploads/attachment_data/file/508193/HMT_Budget_2016_Web_Accessible.pdf, Nov. 24, 2016.

IMF, *Budget Institutions in G20 Countries – Country Evaluations*, Washington, D. C.: International Monetary Fund, 2014.

Keynes, S. & Tetlow, G., *Survey of Public Spending in the UK*, London: The Institute for Fiscal Studies, 2014.

Lowe, R., "Milestone or Millstone? The 1959 – 1961 Plowden Committee and its Impact on British Welfare Policy", *The Historical Journal*, Vol. 40, No. 2, 1997, pp. 463 – 481.

NAO, *Managing Budgeting in Government*, London: National Audit Office, 2012.

OECD, *The Legal Framework for Budget Systems: An International Comparison*, Paris:

OECD Publishing, 2004.

OBR, *Brief Paper NO.5: The Macroeconomic Model*, London: Office for Budget Responsibility, 2013.

OBR, *Economic and Fiscal Outlook—November* 2016, London: Office for Budget Responsibility, 2016.

Robinson, M., "Budget Reform before and after the Global Financial Crisis", *OECD Journal on Budgeting*, Vol. 16, No. 12, 2016, pp. 47 – 48.

Shaw, T., "Performance Budgeting Practices and Procedures", *OECD Journal on Budgeting*, Vol. 15, No. 8, 2015, pp. 65 – 138.

Vrolijk, J., *Medium Term Expenditure Framework and the Role of Spending Review*, 7th Annual Meeting of OECD – CESEE Senior Budget Officials. Zagreb, Croatia, 30 June – 1 July 2011.

World Bank, *Beyond de Annual Budget: Global Experience with Medium-Term Expenditure Frameworks*, Washington, D. C.: World Bank Publications, 2013.

法国中期预算规划改革:"政策导向型"预算模式*

黄 严**

内容摘要: 我国政策过程与预算过程的分离程度严重,预算"碎片化"与"项目制"特征明显,很难通过预算分配和管理实现国家战略及政府政策目标。法国通过实施新绩效预算改革和公共政策复审制度,重塑"政策导向型"预算模式并推动了中期预算规划制度的正式建立,形成了"制定国家整体战略规划—分解具体政策计划—进行预算分配与管理—进行绩效结果评价"这一"政策"与"预算"过程紧密联接的预算逻辑链条,从而通过在总额控制下理性有效地分配和管理预算收支实现了国家宏观战略与政策目标,并保持了国家财政可持续性。法国的中期预算改革经验当可为我国的相关改革提供有益的借鉴。

关键词: 法国;中期预算规划;新绩效预算;政策导向型

---

* 该文已经发表于《公共行政评论》2016 年第 6 期。
** 黄严,中山大学中国公共管理研究中心/政治与公共事务管理学院讲师。基金项目:教育部人文社科重点研究基地中山大学中国公共管理研究中心自设项目"欧洲国家现代预算制度建立与变革路径探索及其对中国的启示"(09070 - 31910023)、中山大学基本科研业务费专项资助项目(13000 - 31610133)。

我国政策过程与预算过程的分离程度严重①，公共预算分配和管理以政府各部门的海量"项目"为载体，"混乱"和"碎片化"特征明显。尽管政府在形式上完成了对预算资金的分配和管理过程，却很难从整体意义上真正实现国家战略与政策目标。而中期预算规划改革要解决的核心问题，即在预算总额控制下，使得国家政策过程与预算过程能够联接与配合。②

预算决策与编制过程具有两种复杂性，它既是一个复杂的技术过程，也是一个复杂的政治过程，因为其中掺杂着各类权力决策主体不同的行动逻辑与目标。③ 为了解决政策决策和预算分配过程的分离，打破预算编制的逐年"渐进性"，同时改善政府预算的"可理解性"，使议会的预算审批权得以实质性增强，经过五年的准备，法国于 2006 年正式实施"以结果为导向"的新绩效预算改革，并于次年建立公共政策复审制度，将"政策导向型"预算理念推向政治界、行政界并深切影响着全社会公民，最终推动了 2007 年底中期预算规划制度的正式建立，使得"政策"过程与"预算"过程紧密联接，通过在总额控制下更有效地分配和管理预算收支，实现了国家的重要战略与政策目标。

一、法国中期预算规划改革前的制度基础

"二战"后，随着国家的重建与复苏，法国政府职能范围快速扩大，政府投资规模迅速增长，但由于政府投资期限较长且预算支出过程中经常发生难以预料的变化，使得"年度性"经典预算原则不再适合投资性

---

① 马骏、侯一麟：《中国省级预算中的政策过程与预算过程：来自两省的调查》，载《经济社会体制比较》，2005 年第 5 期，第 64—72 页。

② 王雍君：《中国的预算改革：引入中期预算框架的策略与要点》，载《中央财经大学学报》，2008 年第 9 期，第 1—5 页；王雍君：《从公共预算程序到政府决策体制的改革》，载《新理财（政府理财）》，2016 年第 7 期，第 26—27 页。

③ Bouvier, M., Esclassan, M-C. & Lassale, J-P., *Finances Publiques*, Paris: L. G. D. J. 10^e edition, 2010.

预算支出领域，因此法国在 1959 年通过的《财政组织法》（*Loi organique Relative aux Lois de Finances*，LOLF①）中就已对中期预算规划制度进行了比较笼统的规定，但当时实施效果甚微。直到欧盟成立后，1997 年通过的《稳定与增长公约》规定所有成员国都必须建立中期预算规划（Programme Pluriannuels de Finances Publiques，PPFP），法国宪法委员会才开始正式重视该制度，并确定了政府中期预算规划及其目标。2001 年新绩效预算改革时，在新通过的《财政组织法》② 中明确规定政府必须制定和实施中期预算规划，其中第 50 条特别规定政府在每年向议会提交预算草案时，必须清楚解释其对未来四年政府财政收入和支出变化趋势的评估。因此，法国中期预算规划是在欧盟统一外力与内生改革动力的共同推动下，通过近五十年时间渐进式地成为一项正式的预算法律和制度。

尽管"年度性"是各国预算的经典原则，但在实际预算编制和执行过程中，以下几种公共支出是无法使用"年度性"原则进行预算的，如新公务员招聘、政府借债、政府赤字、大型投资性建设项目。由于涉及到多年期工资福利、多年期利率与本金偿还、在多年期内改善赤字，以及在多年期内进行大型项目的实施和评估，政府对这四类支出必须进行多年期间收入与支出总额及分段支出限额的分析和绩效评估，因此必须进行中期预算规划。此外，尽管议会批准的预算法案是一年期的，但许多类型的政府支出往往带有多年期性质，因而常常会结转使用，因此"年度性"原则实际已被损害。③

1959 年通过的法国旧 LOLF 已对政府投资性支出进行中期预算规划的技术性规定，半个世纪后，随着颠覆法国预算理念与文化的新绩效预算改革的全面铺开，2001 年通过的新 LOLF 继续保留并细化了此部分规

---

① 下文简称"旧 LOLF"。
② 下文简称"新 LOLF"。
③ Bouvier, M., Esclassan, M-C. & Lassale, J-P., *Finances Publiques*, Paris: L. G. D. J. 10^e edition, 2010.

定。尽管旧预算法中相应规定的实施成效不尽如人意，但仍然建立了两项关键的预算制度，成为后续法国新绩效预算和中期预算规划改革的重要制度基础。

（一）"项目准许"制度

"项目准许"制度（Autorisation de Programme，AP）是法国议会对政府某些类别的预算支出给出的具有法律效力的准许，目的是为了在总额控制的前提下将政府支出行为分解为不同阶段，为预算的"年度性"原则进行修正和完善。AP 早于 1901 年在一项关于学校建设的法案中就开始实施，并于 1947 年得到推广使用，从而应用于所有政府投资性支出。该制度为那些不适用预算"年度性"原则的支出给出了解决方案，因为 AP 在每个预算年度结束时并不失效，具有长期法律效力，且不能被快速取消。不过，尽管政府获得了经过议会审议并授权的一定总额的 AP，政府仍必须在每个预算年度内获得与 AP 相对应的"支出款项"（Crédits Paiement，CP）①，并且理论上议会在每年审议预算草案时仍有权力减少或取消每项 AP 的总额。

原则上，AP 的执行非常简单，但其在法国近年来预算制度变迁过程中的实际使用过程越来越复杂。由于近年来法国中央政府的投资性支出总额相对减少且范围越来越混杂，而地方政府的投资性支出占全部投资性支出的 3/4，使得 AP 的定义和使用范围越来越不清楚。同时，随着法国财政分权改革，特别是对"建设与设备支出拨款"的权力下放，使得大部分 AP 和 CP 被授权给地方政府，因此 AP 的管理比较混乱，慢慢形成一种 CP 支配 AP 的预算常态，而并非理论原则上规定的由 AP 支配 CP 制度。结果地方政府由于经常受到可用支出总额的限制，且大量 CP 已经存在，使得议会已经通过的 AP 相对应的 CP 都无法进行拨付，最后

---

① 在法国预算程序中，政府只有在获得了议会批准的"项目准许"（AP）基础上，才能获得国家公共会计拨付的"支出款项"（CP），最后才能使用这笔预算支出。

导致大量 AP 一直未得到实际支出使用。①

尽管不够完善，但 AP 制度使得法国政府在多年期内使用某类或某项投资性支出成为可能，出现了对预算"年度性"经典原则进行补充的多年期预算文化萌芽，为以后的中期预算改革奠定了初步思路与方向。

（二）"资金分配准许"制度的扩展

2001 年 8 月 1 日通过的新 LOLF 第 8 条规定由议会投票决定的"资金分配准许"制度（Autorisation d'Engagement，AE）代替以前的 AP 制度，并规定 AE 适用于除了人员工资以外的所有支出，既包括之前 AP 规定的投资性支出，还加入了一般公共运转支出，进一步扩大了中期支出规划范围。与此同时，新 LOLF 给予法国预算管理者更大的管理权限，除了人员工资支出以外的所有支出都可以在多个年度内进行分配，CP 仍然保留，代表国家公共会计可以在 AE 准许的年限内拨付款项的最高总额。值得注意的是，未使用的 AE 额度可以取消，也可以通过申请程序延迟使用，每个预算年度内分配的 CP 额度若未使用完毕且未使用额度在总额度的 3% 之内，也可结转下一年使用。而对于人员工资，AE 的准许数额必须等于 CP 的拨款数额，保持严格的年度性原则。②

议会投票决定是否准许某项支出并进行总额控制形成 AE，并在此基础上确定每个预算年度分配的 CP 额度，因此在这次改革中，议会的审批和监督角色变得更加重要和实质化，改善了以前由于预算草案过于复杂和专业化导致议员看不懂的问题，也回应了法国新绩效预算改革的原因之一，即"议会要求扩大其监督权利"③。

---

① Bouvier, M., Esclassan, M-C. & Lassale, J-P., *Finances Publiques*, Paris：L. G. D. J. 10^e edition, 2010.

② Bouvier, M., Esclassan, M-C. & Lassale, J-P., *Finances Publiques*, Paris：L. G. D. J. 10^e edition, 2010.

③ 黄严：《新 LOLF 框架下的法国绩效预算改革》，载《公共行政评论》，2011 年 4 期，第 101—128 页。

（三）支出规划法案

该法案渊源久远，在法国 1958 年宪法第 34 条中就已经提及，随后 1959 年通过的旧 LOLF 第 1、2 条明确了其具体制度。法案主要目的是允许政府在某些领域和行业实施一项多年期投资政策，并对该投资支出方案进行规划，并不具备财政法案性质，仅属于普通法律，是介于规定政府总体前瞻性战略的新 LOLF 和具体"项目准许"制度 AP 之间的一项中层法律制度。

虽然该制度的主要目标是进行预测与规划，但并未强制政府做出整体财政战略计划，因而对于"中期规划"的推动效果有限。法案所规划的预测性支出额度经常被削减，正如参议院财经委员会报告中指出的，该法案的效力仅仅是"风向标"。例如"五年军事支出规划法案"，由于在国家分权过程中取消了设备性支出这一类拨款，因此最后落实的实际拨款支出与该规划法案中规定的及议会最初批准的数额相去甚远。[1]

尽管如此，该法案仍然在预算支出中引入了"战略前瞻"这一意识，其在国防、科研、海外省份发展事项等支出领域做出的中期支出规划，也成为法国 2006 年新绩效预算改革中出台的《中期财政规划法案》的制度基础和前身，后者完善了政府所有类别预算支出的中期战略规划及其目标。

二、改革过程中预算理念与决策方式的转变

早在 1976 年法国高级财政官员杰尼耶（Renaud de la Geinière）就提出"中期预算规划构建并推进了现代预算制度"的理念。尽管此理念长时间以来被众多学者提及并讨论，但始终未真正实施。[2] 中期预算规

---

[1] Rapport de la Cour des Comptes, *La gestion budgétaire et la programmation au Ministère de la Défense*, 1997.

[2] Bouvier, M., Esclassan, M-C. & Lassale, J-P., *Finances Publiques*, Paris: L. G. D. J. 10e edition, 2010.

划能帮助政治家和决策者决定如何制定并实现国家三至五年内的总体战略目标，也能帮助行政和预算管理者更清楚地了解其职责、实施该中期规划内的具体政策并达到所要求的目标。但预算年度性原则将管理者的思维与行为都禁锢在一个预算年度的短时期内，使政治家、决策者和管理者都无法正确预测和评估某项预算分配决策的中长期影响。而已有的预算制度基础、行政机构与财政制度的迫切改革需要、政府债务的快速增长、欧盟经济增长速度放缓等重大且紧迫的现实问题，都使得法国开始思考如何通过完善预算制度的改革来解决这些难题。

因此，法国首先进行了新绩效预算的彻底改革并将"政策导向型"预算理念推向政策与预算决策者、管理者和参与者。经过五年的准备，法国于 2006 年正式实施"以结果为导向"的新绩效预算，2007 建立公共政策复审制度，二者构成了中期支出规划的关键制度基础，从此，"政策导向型"预算理念和"中期预算规划"思维开始在法国立法、政治与行政界蔓延，影响愈发强烈，最终推动了 2007 年底中期预算规划制度的正式建立，并在 2008 年 7 月 23 日通过的法国宪法修正案中进行了规定，使其真正具备了最高层级的宪法约束力。

此外，法国还进行了预算信息沟通方面的改革与创新，转变并完善了政策与预算决策方式。其一，通过政府预算战略辩论大会，使得行政机关与立法机关之间进行充分的信息沟通，共同确定国家战略目标和预算"任务"；其二，通过国家公共财政大会，使得中央各部门内部、中央与地政府之间以及中央/地方/社保预算之间进行完整全面的信息沟通，从而确定全口径预算总额控制限额，保持国家财政可持续，为中期预算规划的建立提供了不可或缺的完整、真实和详细的信息基础，以及在各方沟通基础上呈现出来的国家战略和预算分配的共识与期待。

(一) 改革基础："政策导向型"预算理念的转变

1. 新绩效预算改革

在 2006 年实施新绩效预算改革之前，法国公共预算分配按照支出类别进行划分，如行政费用、公共投资、国家安全等，医院认为预算文本及表格复杂、可读性和可理解性差，不利于议会审批预算权利的真正落实。改革后，政府预算整体结构转变为三个层级："任务"—"项目"—"行动"层级，"任务"对应国家重要战略，"项目"对应实现上层的战略目标所分解而成的具体政策，更细化的"行动"则是支出终点。每年编制预算草案时，政府根据国家的战略方向与目标对36个"任务"进行预算资金分配，议会据此审议每个"任务"的支出总额上限并进行投票，投票通过后由各部门在"项目管理者"的领导下执行具体"项目"并达到绩效目标，"任务"可以由单部门或多部门共同完成，而"项目"只能由单个部门完成。[1] 这种"政策导向型"预算模式将"国家战略—具体政策—绩效评估—评估反馈"这一政策过程与预算分配管理过程进行了有效的制度联接，为法国中期预算规划改革的实施提供了非常关键的预算分配制度与路径基础。

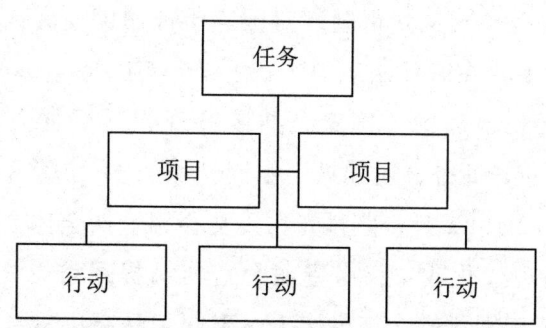

图1 法国新绩效预算改革后的三级公共预算构架

资料来源：作者自制。

---

[1] 黄严：《新LOLF框架下的法国绩效预算改革》，载《公共行政评论》，2011年4期，第101—128页。

2. "政策导向型"预算理念的转变：公共政策复审制度

新绩效预算改革后的第二年，公共政策复审制度（Révision Générale des Politiques Publiques，RGPP）于2007年7月10日正式实施，彻底改变了法国政府编制公共预算的理念与路径。该制度具体内容包括：对预算"任务"进行判断与评估，确定既能降低支出同时也能改进公共政策实施效果的所有改革方法，分析公共支出绩效结果，讨论政府债务原因和解决方法，改革预算理念与模式，简化行政结构和程序。政府不仅需要适应以结果为导向的评估方式，需要理性重组行政机构，简化行政程序，并重新培训公务员"以结果为导向的工作"使其逐步适应这种政策与预算联结模式，最为关键的根本在于将公共政策的决策与执行视角嵌入预算过程之中。

这项改革实际上是在最高层级的政治家、政策制定者与预算负责人的共同强力推动下才得以实施的，正如法国财政部长所说："从来没有如此高级别的决策者们共同推进这样一项政府现代化的重要改革，这就是公共政策复审制度对国家治理制度现代化的关键意义所在。"实际上，在时任法国总统萨科齐（Nicolas Sarkozy）的领导下，由所有部长组成的"国家公共政策现代化委员会"决定实施RGPP制度改革，此外，还选择了不同领域的12位专家辅助此项改革。2007年12月12日，萨科齐在委员会第一次全体会议上发布通告："政府的现代化改革，由爱丽舍宫与马提尼翁馆①直接发起。"说明此次改革级别之高，规模之大，引起了最高决策者们的极大重视。在第一次会议上就进行了政策决策模式转变试验，并尝试了第一次宏观战略决策讨论；在2008年4月4日第二次会议上，重构并确定了2009—2011年要达到的宏观战略与目标；随后在2009年举办的第三次会议和2010年6月30日的第四次会议中，则分别滚动

---

① 分别为法国总统官邸与法国总理官邸。

复审和确定了 2010—2012 年、2011—2013 年三年期的宏观战略目标和具体中期政策规划。①

在会议中主要讨论、复审和确定的都是法国政府预算中"任务"层级所对应的国家重要战略与目标,包括环境保护、可持续性发展、司法、文化、农业、外交、高等教育与科研等,并于 2010 年 6 月 30 日发布了第四次阶段性报告,分析了已经实施的 300 项政策措施,并说明在 2011—2013 年间会继续增加 150 项新措施。

表 1 法国 2010 年公共政策复审会议第四次阶段性报告示例

国家战略	具体政策措施
控制社保支出、实现社保机构运行成本理性化	1. 稳定医疗保障支出;2. 增强对骗取家庭房屋补贴的打击;3. 新建一个技术机构以帮助医院与社会医疗系统达到每年必须完成的 50 项绩效目标;4. 在保持公共卫生供给水平的基础上完善法国血液管理机构绩效;5. 加强对社保管理机构的监管;6. 检查社保服务机构,实现其机构一般运行成本(包括人员成本)的理性削减,加强其信息化管理
简化公共服务使用者的行政程序	1. 当使用者进入公共服务提供程序时,删减各个公共服务机构的一切不必需的附属程序;2. 简化各类社会协会(包括各类 NGO 组织)的申请程序与资料;3. 大力推广网上申请补助;4. 大力推广网上支付医疗费用

资料来源:Ministère du budget, de la fonction publique et de la réforme de l'Etat, des comptes publics, Juin 2010。

---

① Kott, S., "La RGPP et la LOLF: Consonances et Dissonance", *Revue Francaise d'Administration Publique*, Vol. 136, 2010, pp. 881 – 893; Bouvier, M., Esclassan, M - C. & Lassale, J-P., *Finances Publiques*, Paris: L. G. D. J. 10ᵉ edition, 2010.

表2 公共政策复审第三次会议确定的2010—2012年国家战略与中期政策规划示例

国家战略	具体政策	中期政策规划 2010	中期政策规划 2011	中期政策规划 2012
一、完善对公务员工作的外围支持性制度，提高公务工作绩效	（一）改善政府采购政策	1. 制定大区级采购任务；2. 实施第一批部门采购计划；3. 制定部门间合作采购新方法	将计划具体到每个部门的各个"行动"（法国预算模式中的第三个层级）的具体采购计划	1. 跟进并完善2011年的目标；2. 优化采购材料供应链；3. 优化方法全覆盖采购环节，节约10亿欧元政府采购支出
	（二）公共支出程序与组织现代化	1. 在国家公共财政管理局设置公共票据管理中心	—	—
	（三）任命负责人协调管理政府信息化支出	1. 2010年底成立信息系统办公室	该办公室统一引导建设并完善政府整体信息系统工作	—
二、优化财政管理局（DGFIP，负责法国新绩效预算改革的主要部门）的工作程序、加强其工作效率	（一）改革国家税务电子管理中心征税方法：电子化申报个人所得税与增值税，简化规则与程序	1. 增设电子化申报个税新服务；2. 继续对电子化申报与缴纳税收提出新建议	1. 与税收征管合作银行共同监管个人所得税返还工作	—
	（二）研究如何自动化处理纸质版报税单	—	—	—
	（三）理性化DGFIP的工作支持环境制度	1. 公布详细工作细章程与规则	1. 实施个性化职业培训；2. 成功建立完整互通的信息服务系统	1. 进行处室整合；2. 成功实施DLU项目
	（四）协调预算拨款人与公共会计之间的合作	1. 对预算拨款人与公共会计进行职业合作与安全培训	1. 解决合作中的制度与程序性难题	—

(续表)

国家战略	具体政策	中期政策规划		
		2010	2011	2012
三、提高对公共服务使用者的服务供给质量（针对个人与公司）	（一）改善所有个人使用者使用公共服务渠道的便利性（服务空间的物理设置合理、电话网络服务路径通畅可及等）	1. 改善三个部门的公共服务接待处；2. 进行公共服务接待评估	—	—
	（二）简化公司使用公共服务的行政流程	1. 完成75%的流程简化工作；	1. 完成100%的流程简化工作	
	（三）为行政服务机构提供关于全法国所有公司行为的一个完整信息数据系统	1. 各相关部门互相合作完成完整信息数据系统的建设	—	1. 取消申报程序
	（四）为中小型公司创建唯一账户与个性化公共服务包	1. 进行相应的网络信息系统建设	—	
	（五）简化所有与出口相关的行政程序	1. 与出口相关的部门共同确定简化程序的具体行动计划	—	1. 实施出口的电子化项目管理
	（六）改善对公共服务使用者的相关要求与投诉进行反馈的效率	—	1. 对所有公共服务机构提出进行反馈的时限与质量要求	1. 严格根据要求进行绩效评估

资料来源：Michel BOUVIER, Marie-Christine ESCLASSAN, Jean-Pierre LASSALE, 2010。

RGPP 改革的实施将法国传统按部就班的行政型政府彻底转变为"政策导向型服务+自我管理驱动型"政府,政府首脑及其各个部门负责人需要开始思考他们要将国家建设成为一个怎样的国家?需要确定哪些宏观战略方向和目标?能分解为哪些重要政策?需要哪些部门合作实施?怎样为这些政策分配和管理预算资金与人员?执行完毕能达到怎样的结果导向型的绩效目标?最终能否在花费最少公共财政资金的同时为公民提供最好且他们最需要的公共服务?

因此,为了对国家战略及其相应的公共政策和绩效目标进行有效的评估、预测与决策,使其符合"用最少的钱达到最好的公共政策效果"原则,根据《RGPP 方法指南》,在每次会议上,通常对每一项"任务"下的公共政策都会讨论以下问题①:

(1) 这项公共政策是做什么的?其具体政策目标与绩效目标是什么?需要哪些部门合作保证该政策的执行?谁是此项政策的受益者?

(2) 公民对这项公共政策的具体需要与期待是什么?此项政策现在是否仍然必要且被公民需要?

(3) 此项政策必须继续实施吗?是否需要重新考虑其政策目标与绩效指标?如何使政策目标与指标更好地适应社会变革?

(4) 谁负责此项政策的具体执行?必须由公共部门实施或可以与私人部门合作?需要哪些合作者?

(5) 谁进行支付?

(6) 怎样在保障政策实施效果和达到绩效目标的基础上,让执行此项政策的成本费用更低?

(7) 有哪些政策实施的方案与程序需要做出改变?

这种预算理念与行政文化的转变不仅仅发生在政府内部的重构过程中,深刻影响着每一位行政、预算管理者和参与者,同时也深刻影响着法国的每一位纳税人与公共服务使用者。政治家、政策决策者与专家们形成

---

① Ministère du Budget, *Guide Méthodologique du Ministère du Budget*, *Des Comptes Publics et de la Fonction Publique*, 2008.

新的联合体，共同推动了法国政府转型过程和公共预算模式的深刻转变。

新绩效预算的整体改革，加上公共政策复审制度，使得法国政府各部门和参与者在预算编制过程中不再为了抢夺预算资源各自为政，也不再在预算执行过程中互不合作难以协调，而是将政策过程与预算过程视为整体，所有利益相关者包括各部门中的项目负责人都参与到政策制定和执行过程中，同时参与到预算分配和管理过程中，通过共同讨论确定政策与目标，并通过相互合作达到绩效指标。

这种"融合"的理念和趋势，使之前并无宏观和整体战略意识的法国政府重新认识到他们在预算"任务""项目"和"行动"层面所担负的责任，所有参与者必须对自己所负责的 36 个对应着国家战略目标的预算"任务"进行实施效果评估，并在共同充分讨论的基础上，完善那些对于纳税人和公共服务使用者来说效果不好的预算"项目"和绩效指标。该改革不仅标志着法国预算分配管理过程与政策过程的结合，形成"政策导向型"新预算模式，更代表了法国政府管理理念与结构的改革，重塑了法国行政体系。因为 RGPP 不仅仅是一项政策制度，更体现了政府思维方式的关键变革，它是对国家未来前景的评估、对国家战略目标的预测与确立，也是具体政策规划路径的转变，这种转变是根本性的、变革性的。[1]

3. 具备宪法约束力的《中期财政规划法案》

2008 年 7 月 23 日通过的法国宪法修正案第 34 条规定："《中期财政规划法案》决定政府的行为目标，并确定中期财政战略方向。"尽管以前存在《支出规划法案》的类似规定，但后者对政府整体财政战略规划并不具备强力法律约束效力，然而至此，《中期财政规划法案》制度正式确立，它必须经过所有议员进行充分讨论后投票决定，除了符合欧盟《稳定与增长公约》，更代表了法国政府预算制度理念由"年度短期目标视角"转向"中期预测与管理责任"视角，并具备了宪法层面的最高法律效力。

---

[1] Woerth, E., *Ministre du Budget, des Comptes Publics set de la Fonction Publique*, Discours du 10 juillet 2007.

(二) 改革信息沟通方式：重塑预算决策模式

1. 政府预算战略辩论大会：行政机关与立法机关之间进行信息沟通，共同确定预算"任务"

政府预算战略辩论大会（Le Débat d'Orientation Budgétair, DOB）是法国预算决策中的必经程序，主要目的是经过各方充分讨论，帮助政府向国会提供国家战略方向建议，并与议会一同经过充分讨论确定国家战略方向和目标，从而确定预算"任务"。

类似的非正式制度辩论大会早在1990年就已开始，如法国地方政府早在1992年2月6日通过的预算法律中就规定了类似的辩论大会，要求地方议会必须在审议预算草案两个月之前组织和开展关于预算战略方向的决策讨论会。但直至1997年朱佩（Alain Juppé）政府时才形成正式制度，当年由于国家选举原因未能执行，因而1998年才得以正式实施，并于新LOLF通过后成为法国政府预算准备与编制过程中的必经程序。[①]

该程序相当于议会在正式审批预算草案前的咨询程序，能够让政府提出其所面临的选择、偏好和困难，从而使大部分议员能从此程序中了解政府的决策行为并权衡在其正式审批预算草案过程中的投票选择。2001年通过的新LOLF第48条规定"法国政府每年提交给众议院与参议院的关于未来一个预算年度内的预算草案和报告，必须详细列出所有'任务''项目'和相应绩效指标列表，议员们只能就列表中的所有'任务'进行讨论和投票，不能提出新的'任务'，亦不能提高分配给每个'任务'的预算总额"，因此该辩论大会赋予了法国议会参与预算草案编制过程的一项新权利，使议员们在预算编制过程中既能提出关于某项战略和政策的建议，也可以避免其在正式预算审批过程中对某些"项目"进行彻底否决，有利于预算审批和执行过程更有效率。该辩论大会一般于每

[①] Bouvier, M., Esclassan, M-C. & Lassale, J-P., *Finances Publiques*, Paris: L. G. D. J. 10ᵉ edition, 2010.

年6月中旬和下旬分别在众议院与参议院召开，而正式的预算审批则从10月开始，因此有足够的时间供议员与政府官员们进行辩论与修改。[①]

2. 国家公共财政大会：中央行政机关内部、中央与地政府之间、中央/地方/社保预算之间进行信息沟通，确定全口径预算总额控制上限

法国共有三种类型的预算法案：中央政府预算、地方政府预算和社会保障预算，三者之间互相独立，但进行国家战略决策与政策分解，进行预算总额控制、分配与管理时需要将三种预算法案的收支规模与结构结合起来进行全盘考虑，以保证财政可持续。

在新绩效预算改革过程中，2004年10月6日法国经济财政与工业部发布一则通知，向总理提议每年举行一次"公共财政大会"，并在此大会上确定以上三种类型预算草案的收支总额。因此2006年1月11日法国总理宣布每年都必须举行"国家公共财政大会"（Conférence Nationale des Finances Publiques，CNFP），主要目的是根据政府提供的具体信息与精确数据评估、讨论并确定国家三种类型预算的全部公共支出总额。根据2006年5月5日实施的法国2006—515号法令规定，该大会每年必须召集中央政府、地方政府和社会保障预算三方面的负责人和管理者对法国所有层级的全口径预算进行讨论，为预算支出总额控制和债务管理开辟了一个讨论、管理和控制的通道。

每年参加此会的代表来自各个层级、不同性质的权力机关和不同行业，人员众多，既包括行政机关也包括立法机关，既包括中央层级也包括地方层级，既包括工会机构负责人也包括社保机构负责人，具体如下：

（1）行政机关相关负责人，包括各部部长：经济与财政部部长、预算部部长、社保部部长、与地方政府管理事务相关部委的部长、与公务员管理相关部委的部长。

（2）立法机关相关负责人，包括众议院与参议院各委员会主席和议

---

① Marc，F.，*Rapport Préparatoire au Débat d'Orientation Budgétaire*，2015.

员代表：经济与社会委员会主席、财经委员会主席、社会事务委员会主席、负责中央对地方转移支付项目的特别报告人、三名众议院代表、三名参议院代表、两名一般事务委员会主席、两名地区事务委员会主席、地方财经委员会主席、非税收入评估咨询委员会主席。

（3）地方事务相关负责人，包括地方行政长官与地方事务联合会主席：两名市长、市长联合会主席、地区事务（Région）联合会主席。

（4）工会与各联合会负责人：四家不同类型的国家工会的四位秘书长、公司行动联合会主席、艺术工作联合会主席、小公司联合会主席。

（5）社保机构负责人，包括六种不同类型社会保障机构的主席和管理主任（含医疗、养老、家庭补助、失业、青年、贫困六种类型），另外还包括由总理根据大会讨论需要和根据被邀请对象的工作经验所邀请的数位参与人员。

此外，法国2006—515号法令还规定，在大会召开前，由总理牵头组成一个"公共财政战略咨询委员会"（Conseil d'Orientation des Finances Publiques，COFP），该咨询委员会由总理领导，主要成员包括经济与财政部副部长、预算部部长、社保部部长、与央地间政府关系管理事务相关部委部长、国会议员、地方议会议员代表及社会组织管理机构代表，共同对法国财政现状进行分析，评估当前经济形势，保证财政可持续，特别是必须对中央、地方与社保三类预算的收支规模进行评估和预测，形成国家财政可持续和财政良治建议，为CNFP做好准备。最后，在每年的国家公共预算草案和国家社会保障预算草案递交议会之后，在"国家公共财政大会"召开之前，该咨询委员会每年都必须向总理提交一份详细的分析报告，供CNFP讨论使用，并向全社会公开。[1]

至此，法国预算管理视角也转变为"宏观战略总体视角"，将所有

---

[1] Bouvier, M., Esclassan, M-C. & Lassale, J-P., *Finances Publiques*, Paris: L. G. D. J. 10ᵉ edition, 2010.

类别的收支通盘评估、预测与考虑。若不将政府预算有关的所有行动者、所有类别与结构的预算全部纳入进行总体评估和讨论，而将各个部分作为独立甚至对立方，对于预算决策与分配来说是非常危险的。因此政府不能只管理和控制组成财政预算体系的各个分支的支出，而必须进一步推动财政收支的真正中期预算管理。

总而言之，法国预算改革过程中的沟通与决策方式开始围绕"联接"理念进行转变：通过政府预算战略方向辩论大会和国家公共财政大会两种重要的参与制度，将政治、行政、法律与社会这四类权力主体聚集在一起，消除这四类决策者之间在预算准备、决策、编制、执行、绩效评估各阶段的隔膜，形成了一种"广泛参与＋公开辩论型"公共政策与预算决策模式。让中央行政机关之间、中央和地方政府之间以及中央、地方和社保预算之间的所有负责人参与讨论，通过充分深入的信息沟通，将预算管理与当下社会经济发展状况紧密结合，在此基础上形成理性的国家战略与政策决策共识，并进行科学的全口径预算总额控制，以保证预算分配和管理的有效性以及财政可持续。

三、法国中期预算规划改革具体内容

中期预算规划（Programmation Budgétaire Pluriannuelle，PBP）就是为了从全局出发，在一个跨度时间段内评估并预测政府整体预算状况，对各类公共账户（包括中央政府公共账户、地方政府公共账户与社会保障账户）进行整体平衡评估与预测，并在此基础上以结果为导向的新绩效预算模式进行更优政策选择、资金分配和管理。该制度实际上是政策过程与预算管理之间的衔接者，使得议会能科学决策而政府能更加理性地分配和管理公共资金，同时保持国家财政可持续。

因此，在前文提到的预算和政策制度基础建设及信息沟通方式改革的推进下，在"政策导向型"预算理念和"广泛参与＋公开辩论型"政府决策模式的影响下，法国新 LOLF 的两位创始人与推动者，参议员兰

伯特（Alain Lambert）与众议员米戈（Didier Migaud）在其对法国政府作出的关于实施新 LOLF 的报告中，就提出并强调了法国必须实施中期预算规划，随后时任国家主席萨科齐于 2007 年 12 月 12 日正式批准实行该制度，并确定了其实施程序与具体内容。

(一) 参与中期预算规划编制的主要机构

1. 总理办公室

主要负责下达编制命令并对财政部与各部门之间的沟通进行顶层协调。

2. 财政部预算办公室

在中期预算规划编制过程中，有两个作为权力中心的重要战略部门：一是国家预算办公室（La Direction du Budget）；二是国库。二者既是合作者也是竞争者，负责处理全部和政府行为相关的信息与数据。前者承担着重要的角色，因为该部门既要保持国家预算的整体平衡，还要处理各部门博弈中的各种矛盾。在预算草案编制过程中：首先，该部门必须进行详细的回顾性分析并得到准确结论，在此基础上对之前确定的各个绩效目标和指标提出问题并进行改善，以改进未来一年预算草案的编制；其次，必须准确预测政府未来一年的收支，并在中期预算框架中考虑如何逐步逐年降低支出，以遵守欧盟稳定与增长公约；最后，必须编制国家中期预算规划。以上任务要求非常准确、精细的经济数据预测和预算编制技术，若估计不准确或错误，意味着在此基础上编制出来的年度预算草案和中期预算规划也不准确，例如若经济增速估算和预测错误，则会影响预算草案和规划中对于财政收支总额走势的准确判断，从而严重影响国家战略、政策和预算决策。

3. 国库管理办公室

作为重要战略部门之一的国库管理办公室也是年度预算和中期预算规划编制中的重要参与者，主要负责对预算收支进行中长期预测、计算国家债务及特殊项目账户。中期预算规划利用经济模型预测宏观经济走势、经济增长率、利率变化幅度、价格变化幅度等,即试图预测一个非常可能出现的国家未来经济和财政形势图景。因此,政府必须将未来一年的预算草案置于中期预算规划的逻辑之下来进行编制,在此基础上确定未来一年的预算收入规模及其增减幅度,并在这些全面且准确的核心预算信息基础上,再和中央各部门负责人、地方官员及社保预算负责人、工会负责人等共同商讨来决定如何进行支出总额控制和预算分配管理。

4. 跨部门项目审计委员会

跨部门项目审计委员会(Le Comité Interministériel d'Audit des Programmes,CIAP)于 2002 年 10 月 1 日成立,共有 15 位委员,由中央独立监察员与各部门的独立监督员组成,主要由一位财经监察员领导,其主要职能是确保年度预算草案中预算的附件信息及年度绩效报告草案合法准确,并针对这些信息出具一份审计报告,对有问题的部门单独发出一份审计整改通知,同时将通知转达至众议院和参议院的财经委员会及审计法院。此外,在预算法案执行完毕后,该委员会还将对其审计过的预算项目发布审计报告,主要包括对项目执行情况的审计评估与建议。[1]

(二) 中期预算规划编制时序与程序

法国预算草案的编制一共分为四个步骤,由总理主导,财政部主要负责:(1)在中期预算规划框架下进行战略、政策、总额控制及预算分配决策;(2)通过与各部委进行沟通协调,共同定义 34 个预算"任务"并详细分析提出该任务的原因、愿景与目标;(3)通过协调合作解决该过程中的冲突;(4)根据战略、政策决策编制好预算草案,在进行议会审批前先交给宪法委员会进行审议。

编制与沟通阶段非常关键,为每年的预算草案编制打下思考、协调和互相建议的良好基础。法国每年在第 N-1 年 12 月开始编制第 N+1

---

[1] Bouvier, M., Esclassan, M-C. & Lassale, J-P., *Finances Publiques*, Paris: L. G. D. J. 10ᵉ edition, 2010.

年1—12月的年度预算草案，在9个月的编制过程中：首先，财政部预算办公室与各部委会对预算战略方向与政策进行意见收集与交换，于第N年1月底将结果统一交给预算办公室；随后，春季召开会议分析和决定中期预算规划，讨论如何进行未来三年内的支出总额控制与预算制度改革；在此基础上，5月中旬时总理给各部委发布《预算规划通知》，此《通知》中已确定第N至N+2年的中期预算规划，内容中会指出相关支出部门及其项目负责人必须遵守的标准与规则。例如，如果编制2011年1—12月预算草案，此规划会设立三年期支出限额目标，并要求政府在2011—2013年三年间必须降低10%的一般运转支出。此外，为了达到2年节约50亿欧元的财政目标，总理还会要求各部委削减相应的税收支出与社保支出。①

表3 法国年度预算编制时序与程序

时间	内容	具体步骤
第N—1年12月至第N年4月	预算编制准备阶段	第N年1月底进行国家宏观经济前景分析；3月底之前提出预算草案框架；4月中旬由总理发布预算草案编制指示
第N年5—7月	通过部门间博弈形成各"任务"支出总额上限	4—6月按照"任务"框架进行讨论，各"项目"负责人进行商讨与博弈；7月由总理发布"预算'任务'总额限额通告"
第N年8—9月	细化开支"项目"，确定"项目"限额	细化并调整"项目"支出计划与限额，最终形成"预算草案"
第N年9—12月	将预算草案提交议会审批形成本年度预算法案	议会审议预算草案，针对"任务"进行总额上限的讨论，最后投票表决

资料来源：法国财政部公共绩效网：http://www.performance-publique.budget.gouv.fr/。

---

① Le Premier Ministre, *Lettre de Cadrage du Budget Pluriannuel 2011 - 2013*, 2010.

新绩效预算改革正式实施一年后，在法国新 LOLF 之父兰伯特与米戈两位议员的力推下，法国中期预算规划于 2007 年正式出台，由时任法国总统萨科齐在 2007 年 12 月 12 日在公共政策现代化委员会第一次会议上提出："法国将实施 2009—2011 年的中期预算规划，该规划应与国家公共财政和公共政策的发展路径相匹配，并且需要从根本上改革国家公务员行政体系。"[①] 重要的是，中期预算规划制度同时被载入新《支出规划法案》。因此，自 2009 年开始，每年编制与审议年度预算草案的同时，必须编制国家中期预算规划并同时上交议会进行审议，具体编制程序如表 4。

表 4 法国中期预算规划编制时序与程序（以 2014—2016 年规划为例）

	2014 年	2015 年	2016 年
1. 2013 年编制 2014 年预算草案和 2014—2016 年中期预算规划时，确定三年期支出总额上限，三年内支出不能超过此上限，但在第 2015 年滚动编制时可根据通胀系数进行调整。政府每年必须滚动编制中期预算规划。	三年支出总额上限	三年支出总额上限（可滚动调整）	三年支出总额上限（可滚动调整）
2. 确定每个"任务"的支出总额上限，每个任务对应一个国家重要战略方向，前两年（即 2014 与 2015 年）中每个任务的支出总额上限不得变更，在不超过三年期支出总额的前提下，第三年（2016 年）各"任务"的支出总额可以变更。	对应国家战略的 34 个"任务"的支出总额上限	前两年每个"任务"的支出总额上限不能变更	第三年的"任务"支出总额上限可变更
3. 在每个"任务"的支出总额限额下，将预算资金分配给各个对应具体政策的"项目"，第一年（2014 年）的分配上限不能改变，为后续第二、三年作出参考。	确定与具体政策相对应的 170 个"项目"的支出总额	该年各"项目"支出总额可变更	该年各"项目"支出总额可变更

资料来源：Bouvier et al.，2010。

---

① Bouvier, M., Esclassan, M-C. & Lassale, J-P., *Finances Publiques*, Paris: L. G. D. J. 10^e edition, 2010.

法国中期预算规划对三年期内的支出总额在"任务"层面进行控制，也即在国家战略政策层面进行总额控制与分配，从预算分配理念和管理路径上重塑了从政策到预算的逻辑链条，将政策逻辑"国家战略目标—分解成具体政策—进行绩效评估—反馈"与预算逻辑"根据国家战略进行总额控制—根据具体政策进行预算分配—根据绩效指标进行绩效考核—反馈"紧密结合起来，更好地实现了政策过程与预算过程的连接，形成了真正意义上的"预算分配'政策导向型'+绩效目标'结果导向型'"的新预算模式。

（三）中期预算规划具体内容

完整的法国中期预算规划由以下四个部分组成：

1. 宏观经济与财政战略总体形势的报告：这份长达 200 页的《国家经济、社会与财政发展趋势报告》[①]，详细总结评估了法国国家经济与政治战略方向与面临的宏观经济发展现实状况。从国际经济形式、国内公司发展、家庭发展、外贸出口、就业前景、薪金与通胀趋势等方面分析法国的现实经济社会发展状况，同时从公共财政的角度具体探讨国家财政战略、收入结构、行政支出、中央政府、公务单位、地方政府、社保机构和政府债务方面存在的问题与出路。

2. 深入详实的政府收入评估报告：这份长达 205 页的《法国政府收入现状评估与趋势分析报告》[②] 完整详细地分析了法国一般公共预算收入，并将税收收入中所有税种现状与问题进行了逐一分析，此外，还评估了非税收入中的各项收入情况及其存在的问题，最后对税收征收监管工作也进行了评述。

3. 精确完整的政府支出分析报告：这份长达 242 页的《法国政府

---

① République Française, *Rapport économique, Social et Financier-Perspectives économiques et des Finances Publiques*, 2016a.

② République Française, *Evaluations des Voies et Moyens-Les évaluations de Recettes*, Tome1, 2016b.

支出现状评估报告》[1]准确详细地分析了法国去年的预算支出情况与存在的问题，重点讨论了关键数字和关键支出领域，并对未来的支出趋势进行了预测。

4. 总额控制下的"政策导向型"中期预算规划：法国中期预算规划实际上也是以法案形式进行组织的，整体构架分为两大章共30个条款，长达130页，第一章分为四小节共21个条款，第二章分为五小节共9个条款，每个条款规定了政府需要在该条款下进行详细陈述的内容。

表5 法国中期预算规划法案的公共支出总额控制（2014—2017年）

单位：占GDP的百分比

	2014	2015	2016	2017	2018	2019
结构性财政赤字	-2.4	-2.2	-1.9	-1.4	-0.9	-0.4
实际财政赤字	-4.4	-4.3	-3.8	-2.8	—	—
其中：中央政府赤字	-3.6	-3.7	-3.4	-2.8	—	—
地方政府赤字	-0.3	-0.3	-0.3	-0.3	—	—
社会保障体系赤字	-0.5	-0.3	0.0	-0.3	—	—
政府债务	95.3	97.2	98.0	97.3	95.6	92.9
公共支出总额控制目标（增速百分比）	1.4%	1.1%	1.9%	1.8%	—	—
社保支出总额限额（亿欧元）	—	47660	48680	49830	—	—
医疗保险支出总额限额（亿欧元）	—	18230	18600	18950	—	—

资料来源：Républiques Française, 2014。

---

[1] République Française, *Evaluations des Voies et Moyens-Dépenses Fiscales*, Tome 2, 2016c.

表 6　法国中期预算规划法案：根据国家重大战略对"任务"进行预算分配规划

单位：亿欧元

议会审议通过的对应国家战略的各"任务"分配总额	2014	2015	2016	2017
国防	296.0	291.0	296.2	301.5
外交	28.40	28.2	29.6	27.5
文化	23.9	23.9	23.8	23.9
农业、食品、森林与农村事务	29.3	26.8	25.4	25.1
生态与可持续发展	70.6	66.5	65.9	65.6
经济	16.3	15.5	15.3	15.0
地区间与家庭间公共服务平等	131.1	132.1	133.2	131.6
基础教育	463.0	474.3	476.8	480.5
高等教育	257.3	257.0	257.5	258.1
卫生系统	11.7	12.0	12.2	12.3
养老与退休系统	65.1	64.1	64.0	64.0
就业	114.1	110.7	105.3	98.4
财政与人力资源管理	87.0	85.5	83.7	81.9
社会团结、融入与机会均等	153.8	155.5	158.0	160.0

资料来源：Républiques Française，2014。

第一章主要规定政府必须对国家公共财政中期战略规划进行陈述和分析，包括确定国家一般公共财政目标、确定未来三年期间的公共支出发展趋势、细化政府未来的三年期预算、预测国家公共收入发展趋势并评估税收征管发展的可能性和问题；第二章主要由中期预算规划法案的常规性条款组成，主要是回顾与评估所有行政机关、公务机构与社会保障管理机构的行政支出与社保福利支出，深入具体讨论是否有进一步进行严格预算总额控制的可能性，以及是否存在浪费和无效现象。①

---

① Républiques Française, *Projet de loi de Programmation des Finances Publiques* (*PLPFP*) *Pour les Années 2014 à*，2019.

前三份报告使得法国"政策导向型"中期预算规划的真正实施成为可能，是后者实现的信息与制度基础。若没有公开、透明、真实、完整、精确的经济和预算数据基础，若不能详细、准确、深入地对国家宏观经济、社会和财政形势进行分析，若未能邀请所有政府层级和部门负责人及关键领域的负责人对政府收入和支出各个部分进行庖丁解牛式的评估和充分讨论，则不可能在中期预算规划中对 34 个对应国家战略目标的预算"任务"进行理性的总额控制和准确的预算资金分配；同时，当年度预算在中期预算规划的框架下执行完毕，通过执行后第二年的进一步分析、评估、讨论和预测，政府才可能真正了解预算收入与支出过程中的关键问题以及自身是否有效实现了政策目标并达到了绩效指标，在此基础上对年度预算中的资金分配方式进行改进，同时对中期预算规划进行滚动式修正，从而才能真正对民众负责。因此，法国能够从真正意义上实现"政策导向型"模式的中期预算规划和年度预算，以上四个部分缺一不可，互为基础，并形成良性循环，实现负责政府，推动国家良治。

四、总结与讨论

法国实施新绩效预算和中期预算规划制度以来，效果非常明显。以"在总额控制下共同讨论和制定国家整体战略规划—分解具体政策计划—进行预算分配与管理—进行绩效结果评价"这一逻辑链条为核心的"政策导向型"预算理念已逐步深入至每一位政治家、议员、行政人员及预算管理者的心理与行为模式中，同时也广泛且深刻地影响着每一位社会成员。国家战略规划得以实现，预算分配依据与管理过程得以更加理性化，结果为导向的绩效评价更注重公共服务使用者与纳税人对预算资金使用的真实感受与反应，议员和公民能更准确地读懂预算，进而促使政府成为负责任的政府。

我国现在处于非常关键的经济转轨时期，财政可持续发展面临诸多挑战，地方政府债务问题存在风险隐患，经济发展规划与财政规划衔接不够（国务院，2015），因此国家正在省一级政府大力推行中期财政规划改革，以期解决上述问题，实现财政可持续发展。但试点至目前为止，尚未有政府编制出一份较为完善的中期财政规划并将其公布，究其原因，政治家、行政人员尚未建立起完整的"政策—预算"理念与逻辑，尚未形成纳税人意识社会，尚未形成邀请各界人士充分讨论来确定宏观战略与具体政策的氛围，尚未专门详细分析国家或区域中期宏观经济形势及各级地方政府债务具体数额，尚未在进行预算草案编制时深入说明为何如此分配预算资金，也尚未建立起来完整透明的预算数据库及国家资产负债表，而以上皆是中期预算规划改革所必须具备的基础制度，因此可以借鉴法国改革路径，先完善前提条件，趁绩效预算改革的契机传播理念，再进行试点改革和制度扩散。

【参考文献】

《国务院关于实行中期财政规划管理的意见》（国发〔2015〕3 号），2015 年。

黄严：《新 LOLF 框架下的法国绩效预算改革》，载《公共行政评论》，2011 年第 4 期，第 101—128 页。

马骏、侯一麟：《中国省级预算中的政策过程与预算过程：来自两省的调查》，载《经济社会体制比较》，2005 年第 5 期，第 64—72 页。

王雍君：《中国的预算改革：引入中期预算框架的策略与要点》，载《中央财经大学学报》，2008 年第 9 期，第 1—5 页。

王雍君：《从公共预算程序到政府决策体制的改革》，载《新理财（政府理财）》，2016 年第 7 期，第 26—27 页。

Bouvier, M., Esclassan, M-C. & Lassale, J-P., *Finances Publiques*, Paris: L. G. D. J. 10e edition, 2010.

Kott, S., "La RGPP et la LOLF: Consonances et Dissonance", *Revue Francaise d'Administration Publique*, Vol. 136, 2010, pp. 881–893.

Le Premier Ministre, *Lettre de Cadrage du Budget Pluriannuel 2011–2013*, 2010.

Ministère du Budget, *Guide Méthodologique du Ministère du Budget, Des Comptes Publics et de la Fonction Publique*, 2008.

Marc, F., *Rapport Préparatoire au Débat d'Orientation Budgétaire*, 2015.

Ministère du Budget, *De la Fonction Publique et de la Réforme de l'Etat, des Comptes Publics*, 4e Rapport D'étape, Juin 2010.

Rapport de laCour des Comptes, *La gestion budgétaire et la programmation au Ministère de la Défense*, 1997.

République Française, *Rapport économique, Social et Financier-Perspectives économiques et des Finances Publiques*, 2016a.

République Française, *Evaluations des Voies et Moyens-Les évaluations de Recettes*, Tome1, 2016b.

République Française, *Evaluations des Voies et Moyens-Dépenses Fiscales*, Tome 2, 2016c.

Républiques Française, *Projet de loi de Programmation des Finances Publiques (PLPFP) Pour les Années 2014 à*, 2019.

Woerth, E., *Ministre du Budget, des Comptes Publics set de la Fonction Publique*, Discours du 10 juillet 2007.

德国中期财政规划改革经验及启示：
综合协同型预算模式[*]

邝艳华[**]

内容摘要：我国开始探索实行中期财政规划，在此背景下，研究德国中期财政规划的经验及教训，具有非常重要的现实意义。20世纪60年代，德国为了应对二战后的财政危机，以法律形式正式推行中期财政规划改革，在原有的预算管理框架上，加入中期财政收支预测、滚动安排长期投资项目等措施，成立了国家经济平衡发展委员会，明确联邦财政部、联邦经济部等相关部门的职责，互相协同实施中期财政规划，并且强化三级政府的财政政策联动机制，成功拉动了德国经济腾飞。但是，受到预测技术约束、会计制度改革、《马斯特里赫特条约》制度约束、迎合选民、政党斗争等各方面因素影响，德国联邦政府经常人为扭曲中期财政规划数据。有鉴于此，我国需要健全法律，明确相关部门职责，与国民经济五年规划、现有年度预算框架、会计制度改革衔接，重视中期财政收支预测与重大项目安排，弹性控制财政赤字。

关键词：中期财政规划；财政赤字；滚动安排

---

[*] 该文已经发表于《公共行政评论》2016年第6期。
[**] 邝艳华，广东财经大学财政税务学院讲师。基金项目：国家社科基金青年项目"推进生态城市建设的预算决策议程能动力模型及应用研究"（13CGL152）、广东省哲学社会科学规划项目"地方公共文化服务财政支出绩效评价、影响机制及优化路径研究"（GD14XYJ27）。

20世纪80年代以来,为改善财政绩效,接近90%的发达国家实行了中期支出框架改革。① 20世纪90年代末,很多中低收入国家为获得世界银行的减贫项目而按照其要求实施了中期支出框架。② 截至2008年年底,全球已有超过三分之二的国家实施中期支出框架。③ 此项改革是一种预算编制和现代财政管理的方法④,能够纠正年度预算短视、保守、狭隘等缺陷⑤,尤其在全球后金融危机时期,更需要制定中期财政规划来保证支持经济复苏的公共投资的优先性⑥。然而,各国改革对其预算改革及财政绩效的影响差异很大,改革的有效实施需要基本的政治经济制度和预算管理基础作为支撑。⑦

---

① World Bank, *Beyond the Annual Budget*: *Global Experience with Medium Term Expenditure Frameworks*, Washington D. C. : World Bank, 2013.

② Holmes, M. & Evans, A. , *A Review of Experience in Implementing Medium Term Expenditure Frameworks in a PRSP Context*: *A Synthesis of Eight Country Studies*, London: Overseas Development Institute, 2003.

③ World Bank, *Beyond the Annual Budget*: *Global Experience with Medium Term Expenditure Frameworks*, Washington D. C. : World Bank, 2013.

④ Francesco, M. D. & Barroso, R. , "Bottom-Up Costing Within Medium Term Expenditure Frameworks: A Survey of Practices in Selected OECD Countries", *Public Budgeting & Finance*, Vol. 35, No. 3, 2015, pp. 44 – 67.

⑤ Wildavsky, A. B. , *Budgeting*: *A Comparative Theory of the Budgeting Process*, New Brunswick, N. J. : Transaction Publishers, 1986; Blondal, J. R. , "Budget Reform in OECD Member Countries", *OECD Journal on Budgeting*, Vol. 2, No. 4, 2003, pp. 7 – 25.

⑥ Easterly, W. , Irwin, T. & Servén, L. , "Walking up the down Escalator: Public Investment and Fiscal Stability", *The World Bank Research Observer*, Vol. 23, No. 1, 2008, pp. 37 – 56; Lewis, M. & Verhoeven, M. , "Financial Crises and Social Spending: The Impact of the 2008 – 2009 Crisis", *World Economics*, Vol. 11, No. 4, 2010, pp. 79 – 110; World Bank, *Beyond the Annual Budget*: *Global Experience with Medium Term Expenditure Frameworks*, Washington D. C. : World Bank, 2013.

⑦ Schiavo-Campo, S. , "Potemkin Villages: 'The' Medium-Term Expenditure Framework in Developing Countries", *Public Budgeting & Finance*, Vol. 29, No. 2, 2009, pp. 1 – 26; World Bank, *Beyond the Annual Budget*: *Global Experience with Medium Term Expenditure Frameworks*, Washington D. C. : World Bank, 2013.

随着我国预算改革的深入发展、建立现代预算制度步伐的加快,年度预算框架的弊端日益暴露①,2014年我国新修订的《预算法》提出了建立跨年度预算平衡机制的要求,2015年国务院下发《国务院关于实行中期财政规划管理的意见》(国发〔2015〕3号),明确对各级政府实行中期财政规划进行了部署,标志着我国开始实行中期财政规划。② 在此背景下,研究西方国家中期财政规划的先进经验,发掘对我国现行改革有针对性的启示,具有非常重要的现实价值。

德国是最早实施中期财政规划的国家之一③,其财政管理水平及效果有目共睹。那么,德国是如何开展中期财政规划改革的?具体做法是怎样的?有哪些经验和教训?给我国的改革带来什么启示?这是本文所要探讨的问题。

一、德国中期财政规划的改革历程

20世纪40年代至60年代,德国深陷巨额财政赤字的泥潭之中,形成财政赤字的原因有四个。一是经历战火的洗礼,德国经济基础受到了重创,财政收入增收较为乏力。二是德国需要支付巨额赔偿款。据不完全统计,德国向战争受害国及受害者个人支付了数以百亿计的赔偿款。三是德国积极寻求国家经济的复苏,需要大量的财政投资。虽然固守预

---

① 白彦锋:《建立中期预算框架的国际比较与借鉴》,载《中央财经大学学报》,2009年第9期,第7—11页;王雍君:《朝向中期框架的全球预算改革:近期发展与借鉴》,载《中央财经大学学报》,2010年第7期,第1—6页。

② 卡斯特罗和多洛汀斯基把中期支出框架(MTEF)分成三个阶段:第一个阶段是中期财政框架(MTFF),自上而下地制定中期财政规划;第二个阶段是中期预算框架(MTBF),在自上而下的基础上结合自下而上地由各支出部门制定部门中期财政规划;第三个阶段是中期绩效框架(MTPF),在前两阶段的基础上结合绩效目标和绩效评价来组织实施中期财政规划(Castro & Dorotinsky, 2008)。我国的官方文件将其称为中期财政规划,本文沿用我国的官方称谓,而不是特指中期支出框架的第一个阶段。

③ Heinemann, F., "Planning or Propaganda? An Evaluation of Germany's Medium-Term Budgetary Planning", *Public Finance Analysis*, Vol. 62, No. 42006, pp. 551–578.

算平衡原则，但也累积了严重的财政赤字。雪上加霜的是，1966年德国发生了战后第一次生产过剩、经济全面下滑的经济危机。在周期性经济波动面前，狭隘的年度预算制度、松散的三级分立财政体制等因素让德国政府无能为力，德国迫切需要进行财政改革。

（一）早期探索（1967—1972年）

20世纪60年代，凯恩斯主义大行其道，西德政坛及社会各界转变了对财政的固有观念，形成了广泛的改革共识，认为财政不仅是财政资金分配，还可以起积极的宏观调控作用。

受英国中期预算的启发[1]，在基辛格（Kurt G. Kiesinger）总理的推动下，1967年德国联邦议院颁发了《经济稳定与增长促进法》（Act to Promote Economic Stability and Growth），宣布德国正式实施中期财政规划管理。每年的预算编制除了安排下年度的收支计划，政府还需把未来4年的情况计划在内，即编制为期5年的财政规划，提交议会审查。预测宏观经济形势，反周期安排未来的财政收支，交替实行扩张或紧缩的财政措施，改革迅速取得了成效，1968年经济开始回暖。

1969年德国联邦议院颁发了《联邦预算法》，阐述了中期财政规划的具体管理措施，明确了各部门的职责范围以及预算管理流程。

（二）改革磨合期（1973—1991年）

德国1973年和1979年受到了世界石油危机的冲击，先后出现了两次经济危机，但是德国政府都不能有效地挽救经济衰退，重拾改革之初的辉煌。1982年科尔（Helmut kohl）当选德国总理，开始对改革进行反思。中期财政规划的关键在于预判经济形势、部署反周期财政政策，但是受制于数据积累的匮乏和预测技术的落后，对宏观经济判断不准确，

---

[1] Blondal, J. R., "Budget Reform in OECD Member Countries", *OECD Journal on Budgeting*, Vol. 2, No. 4, 2003, pp. 7 – 25.

导致财政政策的出台错过最佳时机,扩张性财政政策力度过大。加上三级政府之间联系比较松散,抵消了联邦政府财政政策的效力。因此,德国联邦政府开始注重提高预测经济形势的技术,增强联邦政府的财政权力,强化三级政府财政管理的协调合作,由反周期的需求调节政策转为促进经济稳定发展的供给调节政策,适度控制政府干预力度,重视市场的资源配置作用。

(三)改革推进期(1992—2004年)

经过多年探索,德国形成了稳定的中期财政管理框架,较好地控制了财政风险,促进了经济和财政的可持续发展,并且实现了东德和西德的统一。1993年欧洲联盟正式成立,随之生效的《马斯特里赫特条约》(*Maastricht Treaty*)要求欧盟成员国必须制定中期财政规划,提交欧盟委员会监督,德国财政管理经验被推广至更多的国家。

(四)改革完善期(2005年至今)

在其他国家探索实施改革的时候,德国致力于完善中期财政规划改革。受"9·11"恐怖袭击的影响,2001年西方国家陷入"增长性衰退",德国经济低迷,赤字率和债务率均超过了《马斯特里赫特条约》3%和60%的红线。

2005年,默克尔(Angela D. Merkel)政府开展了系列财税改革,强化政府的财政能力,次年联邦议院出台《税收改革法》,大幅增税以遏制财政赤字的恶化[1],并对《经济稳定与增长促进法》进行了修正,进一步集中联邦政府的财政权力和强化其统筹协调能力。2006年德国经济强劲复苏,可是受2008年全球金融危机的冲击,经济一度陷入负增长。2013年联邦议院修正《联邦预算法》,调整生硬呆板的黄金法则,提高

---

[1] 刘兴华:《德国财政政策与货币政策的走向及其协调》,载《德国研究》,2009年第24卷第4期,第51—56页。

财政透明度,改善财政资源的分配制度,加强对预算执行的监控①,完善中期财政规划管理来配合财税改革。

二、德国中期财政规划的管理流程

德国的预算年度是历年制的,即从每年的 1 月 1 日至 12 月 31 日。联邦预算包含年度预算和中期财政规划,年度预算在中期财政规划的基础上编制。中期财政规划为五年期,逐年向前滚动,以 2015 年 10 月份公布的 2016 年联邦预算为例,里面阐述了 2015 年当前财政年度的收支执行情况、2016—2019 年财政年度的预算安排。中期财政规划由总财政规划和分项财政规划组成,总财政规划阐述了宏观经济形势、各级政府的债务规划、财政政策和目标②,分项财政规划由各部门的预算组成,包括部门的收入计划、支出计划、债务预算等内容。

表 1　德国 2016 年预算收支总表

	2015 年	2016 年	2017 年	2018 年	2019 年
	目标	政府草案	财政规划		
财政支出(亿欧元)	3016	3120	3188	3263	3331
年度变化率	2.1%	3.4%	2.2%	2.4%	2.1%
财政收入(亿欧元)	3016	3120	3188	3263	3331

资料来源:German Federal Ministry of Finance,2015。

德国中期财政规划和年度预算同步编制,整个管理流程包含前期准备、部门编制、财政部及内阁审核、提交议会及公开、执行、评估等六

---

① Baumann, E., Dönnebrink, E. & Kastrop, C., "A Concept for a New Budget Rule for Germany", *Cesifo Forum*, Vol. 9, No. 9, 2008, pp. 37 – 45.

② German Federal Ministry of Finance, 2015, *German Draft Budgetary Plan 2016*, http://www.bundesfinanzministerium.de/Content/EN/Standardartikel/Press _ Room/Publications/Brochures/2015 – 10 – 20 – german-stability-programme – 2016 – pdf. html, Nov. 24, 2016.

个阶段。

(一) 前期准备

1. 成立协调机构

德国成立了国家经济平衡发展委员会,一般以联邦经济部部长为主席,其成员包括财政部长、各地方政府代表,德意志联邦银行也有权参加会议。该委员会按照联邦经济部部长制定的《国家经济平衡发展委员会议事规程》定期开会,主要研判未来经济走向,讨论维持经济平衡发展的财政战略框架、宏观调控措施、应对财政赤字的策略等纲领性内容,为中期财政规划的编制定下总基调。

国家经济平衡发展委员会的组成成员身份比较多元化,并明确规定各自的职责,有助于多视角、全方位地预测财政收支,做出更合理的中期财政规划,增加中期财政规划的认同感和执行力;有助于多部门、各层级政府的配合协作,在合适的时间点采取合适的措施,提高相关政策的协调性,避免出现财政政策与货币政策互相排斥、抵消的情况。

2. 宏观经济预测

由国家经济平衡发展委员会牵头协调,具体由联邦财政部和联邦经济部根据当前年度的经济发展情况,预测未来四年的经济情况,报告重要的宏观经济指标,如经济增长率、就业率、通货膨胀水平等。在指标分析的基础上,制定财政政策战略。每年根据经济发展的实际情况对经济发展规划、财政政策进行动态更新。

3. 财政收入预测

财政收入预测是编制财政中期规划的重要基础[1],德国非常重视财政收入的预测。联邦财政部专门设有咨询委员会,该委员会由23名各

---

[1] Boex, L. F., Martinez-Vazquez, J. & McNab, R. M., "Multi-Year Budgeting: A Review of International Practices and Lessons for Developing and Transitional Economies", *Public Budgeting & Finance*, Vol. 20, No. 2, 2000, pp. 91–112.

领域的专家组成①，每年两次（5月和11月）开展滚动的五年期税收测算。测算工作组由联邦财政部、州财政部、联邦经济部、联邦统计局、德意志联邦银行、宏观经济发展专家鉴定委员会、经济研究所等机构组成。各机构独立开展估算工作，通过对经济发展和劳动力市场的预测，针对所有的税种进行单独估算。最后经过讨论，形成统一的税收测算结果。②

4. 制定财政平衡计划

为保持财政平衡，财政部可以制定债务计划，因应需要在财政收入中预留部分资金作为经济协调储备金，该金额在一个财政年度内不得超过联邦政府前一个财政年度税收收入的3%。③

5. 发布数据

财政部根据未来经济前景，向各部门发布财政收支数据、财政政策等文件，指导部门开展中期财政规划编制工作。

（二）部门编制

由各部门按照宏观经济目标、财政政策的需求，结合部门目标，提出中期财政支出需求，其编制比较细致，支出科目多达8000项，收入科目1200项。其中的重要内容是设计政府重点投资项目。④ 对于新增项目，各部门提出项目多年投资规划作为财政计划的说明材料，以及准备详细的财政估算材料，安排该项目分摊到各年的资金需求；对于延续性

---

① 陈祥志、王进：《德国的预算管理制度》，载《预算管理与会计》，2002年第2期，第46—48页。

② 中国财政部国际司：《德国预算收入监管》，中国财政部官网：http://www.mof.gov.cn/mofhome/guojisi/pindaoliebiao/cjgj/201406/t20140630_1106211.html，2016年11月24日访问。

③ German Bundestag, 1967, *Act to Promote Economic Stability and Growth*, http://www.bundesfinanzministerium.de/Content/EN/Gesetze/Laws/1967-06-08-act-to-promote-economic-stability-growth.html, Nov. 24, 2016.

④ Boex, L. F., Martinez-Vazquez, J. & McNab, R. M., "Multi-Year Budgeting: A Review of International Practices and Lessons for Developing and Transitional Economies", *Public Budgeting & Finance*, Vol. 20, No. 2, 2000, pp. 91–112.

项目，各部门需要提交项目的年度记录，包括当年的执行情况，预测未来年度的运行情况，说明项目的投资、回报情况，根据项目执行情况和经济形势，有必要的话对项目投资进行动态调整。比如在经济衰退时，需要缩短投资回报周期，尽快回笼资金。

（三）财政部及内阁审核

财政部在财政收入测算的基础上，汇总、审核未来预算年度各种支出的规模与构成，把各部门的投资规划按轻重缓急和实施年度加以划分，确定在最近数年内要实施的投资行为。首先，列出该预算年度继续实施的投资项目和新增的投资项目。其次，最为关键和困难的环节是审核分摊到各年度的投资额，滚动安排长期项目的资金。最后，根据预计的经济发展水平，估算未来各预算年度抵偿财政支出的可能性。如果预测收不抵支，那么财政部可选择三种措施。一是列出选择性的核算方案，决定是否需要将某些投资项目列入下一预算年度。[1] 二是列入该年度举债计划，但债务有法定限额，由联邦议院决定举债规模。三是削减支出，一般是政府运行支出和基础设施建设支出，甚至是权利性福利支出[2]，比如：1982年，财政部制定了削减福利支出的财政规划，压减前总理阿登纳（Konrad Adenauer）、艾哈德（Ludwig W. Erhard）遗留的标准过高的福利政策；2010年，受希腊债务危机的影响，财政部再次调整了福利政策，削减了失业救济金等福利支出。

联邦审计署也会参与中期财政规划的讨论，并全程监督。制定完毕后，财政部向内阁提交中期财政规划，由总理召开内阁会议研究确定，审议通过后中期财政规划正式生效。

---

[1] Boex, L. F., Martinez-Vazquez, J. & McNab, R. M., "Multi-Year Budgeting: A Review of International Practices and Lessons for Developing and Transitional Economies", *Public Budgeting & Finance*, Vol. 20, No. 2, 2000, pp. 91–112.

[2] German Bundestag, 1969, *Budget Principal Act*, http://www.bundesfinanzministerium.de/Content/EN/Gesetze/Laws/1969-08-19-budgetary-principles-act.html, Nov. 24, 2016.

(四) 议会审批及公开

一般在预算年度开始前的3个月，联邦政府向联邦议院提交预算草案，中期财政规划也一并提交，但仅向其提供参考信息，中期财政规划不需要经过议院审批。[1] 联邦议院的预算审议分为三读。一读，财政部部长介绍草案概况，提交联邦议院讨论。二读，财政部报告各项具体计划，经联邦议院各委员会逐项讨论，形成修改决议。三读，财政部根据联邦议院决议修改草案，报送联邦议院和联邦参议院征求意见，再次修改后再次报送，经由联邦议院和联邦参议院先后表决通过后正式生效。

经财政部部长、内阁总理签发后，预算案送交联邦总统签署。随后，联邦政府在政府门户网站上公布预算和中期财政规划，并公开发行预算出版物，不仅向社会公开财政预算信息，甚至联邦议院的所有讨论记录都全部公开。[2]

(五) 执行

当中期财政规划的执行出现问题时，由国家经济平衡发展委员会进行牵头协调，组织相关职能部门、联邦议员、各州代表进行商讨，确定各级政府、各联邦部门的职责[3]，综合运用计划、财政、税收、金融、投资、外贸等各方面的经济政策及经济手段，共同采取联动措施应对财政危机。

1. 财政收入计划的执行

在收入执行的过程中，与我国情况不同，德国税务部门是财政部的下属机构，没有税收任务，严格按照税法组织规范的征收管理工作，避

---

[1] Heinemann, F., "Planning or Propaganda? An Evaluation of Germany's Medium-Term Budgetary Planning", *Public Finance Analysis*, Vol. 62, No. 4, 2006, pp. 551–578.

[2] 中国财政部国际司：《德国预算收入监管》，中国财政部官网：http://www.mof.gov.cn/mofhome/guojisi/pindaoliebiao/cjgj/201406/t20140630_1106211.html. 2016年11月24日访问。

[3] Boex, L. F., Martinez-Vazquez, J. & McNab, R. M., "Multi-Year Budgeting: A Review of International Practices and Lessons for Developing and Transitional Economies", *Public Budgeting & Finance*, Vol. 20, No. 2, 2000, pp. 91–112.

免出现征收过头税、设立过渡户等损害经济稳定增长的现象，减少政治因素对税收征收过程的干扰。

如果经济形势发生逆转，出现财政收入短收，财政部可以调入经济协调储备金作为必要的补充。①

2. 财政支出计划的执行

当国家面临持续的经济衰退时，财政部和经济部协商后，提出挽救经济的刺激措施，从经济协调储备金中拨出必要的资金，在短期内迅速启动财政计划中的重大投资项目。

在预算执行的过程中，超预算的支出必须经由联邦议院审批，履行严格的法定程序，强化预算硬约束，减少随意性和短期性的开支，倒逼各部门提高对预算计划编制的重视程度。

3. 保持财政周期平衡

《联邦预算法》规定，财政赤字需要在三年内得到弥补。如果三年周期内财政赤字仍然得不到弥补的话，由联邦财政部调入经济协调储备金，或者由德意志联邦银行提供短期借款，补充偿付债务资金。②

由法律限定弥补财政赤字的周期，有助于减少执政者把弥补赤字包袱丢给继任者的机会主义行为，控制财政风险。③

（六）评估

联邦财政部和联邦经济部需要向联邦议院提交经济统计数据报表，阐述财政政策、财政资金对经济的调节效果，并以此为基础对下年度的

---

① German Bundestag, 1967, *Act to Promote Economic Stability and Growth*, http://www.bundesfinanzministerium.de/Content/EN/Gesetze/Laws/1967 - 06 - 08 - act-to-promote-economic-stability-growth.html, Nov. 24, 2016.

② German Bundestag, 1969, *Budget Principal Act*, http://www.bundesfinanzministerium.de/Content/EN/Gesetze/Laws/1969 - 08 - 19 - budgetary-principles-act.html, Nov. 24, 2016.

③ Penner, R. G., "Forecasting Budget Totals: Why Can't We Get It Right?", in Boskin, M. J. & Wildavsky, A., (eds), *The Federal Budget: Economics and Politics*, New Brunswick, N. J.: Transactions Books, 1982.

中期财政规划进行调整。①

三、德国中期财政规划的积极影响

经过多年的磨合和探索，德国中期财政规划形成了成熟的财政管理框架，产生了较好的管理效果。

（一）有助于重大投资项目的财政管理

在预算编制过程中，各联邦部门根据经济形势预测、国家财政战略，在中期财政规划的框架下编制预算计划。这样可以更合理地安排财政收支，控制额外的支出需求。各联邦部门滚动安排长期、重大投资项目，并且每年根据实际执行情况和经济形势的变化对项目安排加以动态调整。这样可以突破年度预算的限制，更好地保障重大项目的资金来源与项目管理，动态掌控多年度的投资回报情况，促使重大项目与预算年度更好地衔接，克服短期预算编制的随意性，减少重大项目的资金闲置。② 促使一系列重大项目更好地落实中期财政规划中的财政政策，保障财政政策宏观调控作用的发挥。

（二）提高财政的可持续性

德国中期财政规划较好地克服了年度预算的缺陷，让所有的预算机构在中期财政规划的框架下安排年度预算，让整体的财政政策具有更好的前瞻性和可持续性③，及早识别经济衰退、财政赤字、财政包袱等情

---

① Boex, L. F., Martinez-Vazquez, J. & McNab, R. M., "Multi-Year Budgeting: A Review of International Practices and Lessons for Developing and Transitional Economies", *Public Budgeting & Finance*, Vol. 20, No. 2, 2000, pp. 91–112.

② Hallerberg, M., Strauch, R. & Von Hagen, J., "The Design of Fiscal Rules and Forms of Governance in European Union countries", *European Journal of Political Economy*, Vol. 23, No. 2, 2007, pp. 338–359.

③ Boex, L. F., Martinez-Vazquez, J. & McNab, R. M., "Multi-Year Budgeting: A Review of International Practices and Lessons for Developing and Transitional Economies", *Public Budgeting & Finance*, Vol. 20, No. 2, 2000, pp. 91–112.

况，提前做好财政收支的相应安排，比如在经济协调储备金中调出资金用作刺激经济的投资项目，同时，安排政府投资项目提早回笼资金，增加项目回报。该改革帮助德国顺利走出了20世纪60年代的财政危机，为德国的经济稳定与增长注入了动力，拉动了战后德国经济的恢复与腾飞。

（三）增强政府行为的预见性

德国中期财政规划明确地安排了政府的中长期收支行为，昭示了政府的财政政策走向，相当于政府向公众宣告了未来的预算承诺。为企业和纳税人降低了政府行为预期的不确定性[1]，可以更好地预见自身税负，为经济行为的选择带来了更好的决策依据。从长远来说，此举能够塑造稳定、和谐的政府和市场关系，提高政府公信力。

四、德国中期财政规划存在的问题

随着德国中期财政规划改革的深入发展，问题也不断浮现。改革实践为研究积累了丰富的素材和数据，因此，很多学者运用这些数据对德国中期财政规划的问题进行了深层次挖掘。

（一）技术偏差

海因曼（Friedrich Heinemann）用1968年至2003年德国联邦政府中期财政规划的财政赤字预测值与实际值进行了比较，发现第一年、第二年的预测值比较符合实际值，短期预测较为有效，但是到了第三年、第四年、第五年，其预测值与实际值的偏差逐步扩大。[2] 随着时间的推移，宏观经济、政府财政状况会受到更多不可预见因素的冲击，导致了预测值偏差逐年拉大，降低了中期财政规划的中长期适用性。

---

[1] Heinemann, F., "Planning or Propaganda? An Evaluation of Germany's Medium-Term Budgetary Planning", *Public Finance Analysis*, Vol. 62, No. 4, 2006, pp. 551 – 578.

[2] Heinemann, F., "Planning or Propaganda? An Evaluation of Germany's Medium-Term Budgetary Planning", *Public Finance Analysis*, Vol. 62, No. 4, 2006, pp. 551 – 578.

德国中期财政规划改革经验及启示：综合协同型预算模式 | 307

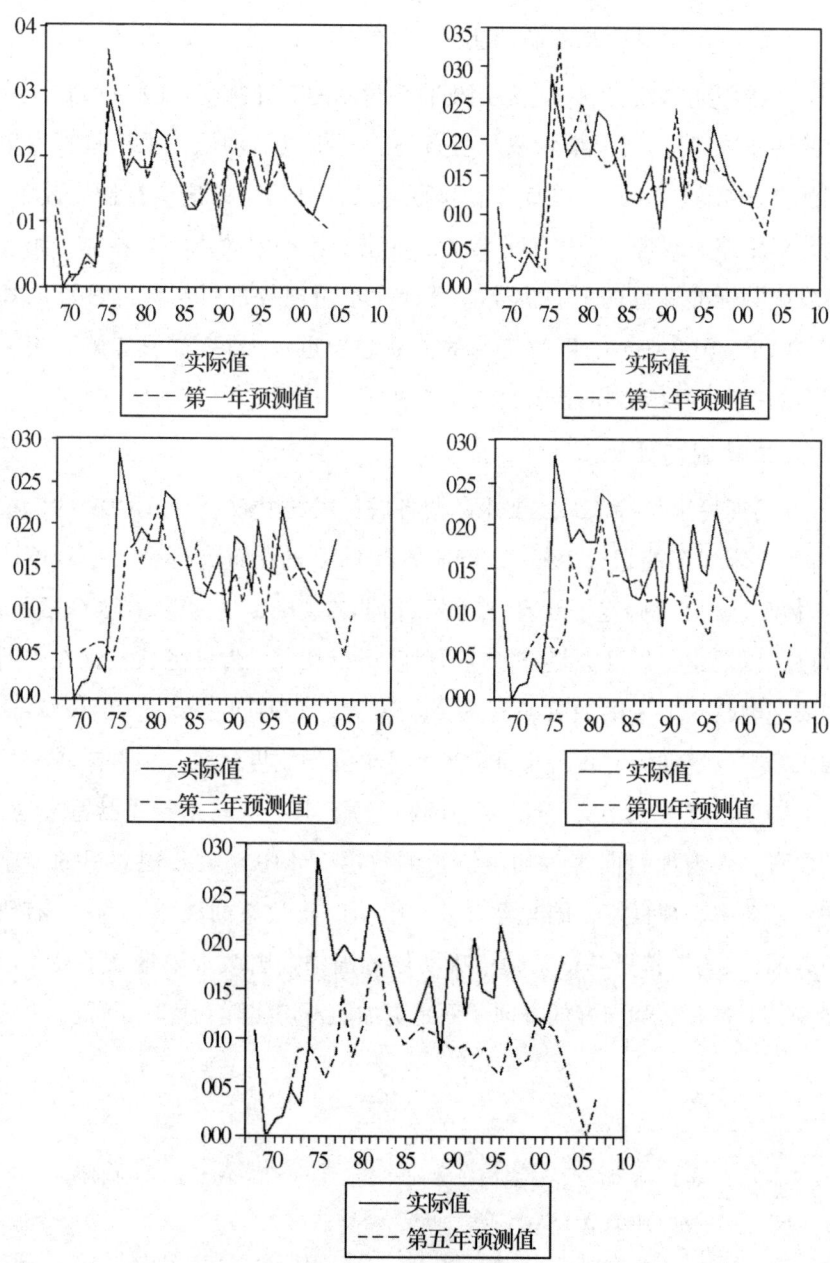

图1　德国财政赤字预测值与实际值的比较

资料来源：Heinemann，2006。

(二) 会计制度改革的冲击

德国中期财政规划一直沿用现收现付制的会计制度。1993 年 11 月 1 日欧盟正式诞生,《马斯特里赫特条约》要求成员国统一采用权责发生制的会计制度。因此,1995 年德国联邦政府开展了政府会计制度改革,当年对中期财政规划带来了非常大的冲击,比如财政赤字的核算,用权责发生制标准核算的财政赤字规模远大于用现收现付制标准核算的规模,GDP、财政收入、财政支出的前后差异也很大。① 受其影响,相关年度的中期财政规划的连贯性被迫中断。

(三) 制度性扭曲

《马斯特里赫特条约》要求欧盟各成员国的财政赤字占 GDP 的比重(即赤字率)不能超过 3%,政府债务占 GDP 的比重(即债务率)不能超过 60%。同时确定了欧盟财政政策协调的规则、过度财政赤字的惩罚程序,以及建立预警机制监督各国财政运行状况,保证各成员国在中期内实现财政基本平衡或者略有盈余。该条约 1994 年正式生效后,对德国中期财政规划的财政平衡目标产生了更强的制度约束,但并未带来显著的制度性改善,相反,德国联邦政府为了满足《马斯特里赫特条约》的要求,人为地扭曲客观的经济预测数据,让中期财政规划里的赤字率、债务率表现良好,同时也大大局限了财政政策的战略空间②。有研究表明,《马斯特里赫特条约》确实给德国中期财政规划带来了显著的转变,但是并非朝向好的方向,而是更加的不切实际和盲目乐观。③

---

① Jonung, L. & Larch, M., "Improving Fiscal Policy in the EU: The Case for Independent Forecast", *Economic Policy*, Vol. 21, 2006, pp. 491 – 534.

② Baumann, E., Dönnebrink, E. & Kastrop, C., "A Concept for a New Budget Rule for Germany", *Cesifo Forum*, Vol. 9, No. 9, 2008, pp. 37 – 45.

③ Heinemann, F., "Planning or Propaganda? An Evaluation of Germany's Medium-Term Budgetary Planning", *Public Finance Analysis*, Vol. 62, No. 4, 2006, pp. 551 – 578.

（四）为迎合选民而乐观估计前景

联邦财政部编制中期财政规划时往往会受到政治因素的干预，做出有偏差的规划。比如，执政党为了谋求连任，迎合选民的偏好，获取更多的政治支持，会倾向于描绘一个美好的经济前景，做出一份过于乐观的中期财政规划。[1] 尤其是临近大选时，执政党会制定一份更加乐观的中期财政规划，向国民阐述经济的景气和财政赤字的削减，以宣告自己执政的成效，用良好的财政绩效来获取政治支持。

一项实证研究发现，1968年至2003年的32年间，德国联邦政府做出的32个财政赤字预测值，有28次是严重低估，只有4次高估了财政赤字。[2] 与之相反的是GDP增速和财政收入的估计，大部分的预测值高于实际值。因此，虽然《联邦预算法》规定需要在三年内实现财政平衡，但是实际上，1970年至2015年的45年间，德国联邦政府仅在2015年实现了财政平衡。

（五）沦为政党斗争的工具

在大选年执政党交替时，执政理念、利益集团立场的转变，会影响中期财政规划的连贯性，也就是说，中期财政规划的剧变，不是基于经济形势的变化所造成，而是由于政党交替造成的。[3] 比如，亲劳工的社会民主党会更乐观地估计经济形势，增加福利支出；亲企业家的基督教民主联盟会更谨慎地估计经济形势，甩掉财政包袱，控制福利支出和财

---

[1] Jonung, L. & Larch, M., "Improving Fiscal Policy in the EU: The Case for Independent Forecast", *Economic Policy*, Vol. 21, 2006, pp. 491–534.

[2] Heinemann, F., "Planning or Propaganda? An Evaluation of Germany's Medium-Term Budgetary Planning", *Public Finance Analysis*, Vol. 62, No. 4, 2006, pp. 551–578.

[3] Kydland, E. F. & Prescott, E. C., "Rules Rather than Discretion: The Inconsistency of Optimal Plans", *Journal of Political Economy*, Vol. 85, 1977, pp. 473–491; Kamlet, M. S., Mowrey, D. C. & Su, T. T., "Whom Do You Trust? An Analysis of Executive and Congressional Economic Forecasts", *Journal of Policy Analysis and Management*, Vol. 6, 1987, pp. 365–384.

政赤字的增长。

不过德国要比美国情况好一点，因为德国实行议会制的政治体制，由获得联邦议院大多数席位的政党组阁，也就是，政府执政党与联邦议院的多数党是同一个政党，因此，联邦议院往往与政府保持一致意见，不会主动干扰中期财政规划的编制。与德国不同，美国实行总统制的政治体制，经常出现总统所属的党派（即政府执政党）与国会多数党党派不一致，那么，财政部制定的中期财政规划就变成了压制国会的工具。比如，如果共和党执政，就会做出更为悲观的经济预期，压低中期财政收入，压制民主党国会的民生福利等方面的支出需求。①

六、德国中期财政规划对我国的启示

（一）完善中期财政规划相关的法律法规，理顺各部门关系

德国的《经济稳定与增长促进法》和《联邦预算法》为德国中期财政规划确定了制度框架，规范了财政管理工作。两部法律出台后，因应实际需求进行了两次修改，查缺补漏，逐步完善，为中期财政规划改革的深入发展保驾护航。

2015年1月1日，我国正式实施新《预算法》，其中明确规定各级政府建立跨年度预算平衡机制，改变了以往要求各级政府保持年度预算平衡、不得列赤字的制度，允许各级政府适当赤字，以未来的盈余弥补赤字，在周期内保持预算平衡，这就为我国实行中期财政规划奠定了法律基础。2015年1月23日，国务院下发《国务院关于实行中期财政规划管理的意见》，明确对各级政府开展中期财政规划改革进行了部署，对各部门的分工进行了安排，但是并未提及政府以外的相关机构。从德国的管理经验来看，中期财政规划不仅涉及政府内部部门，还离不开外

---

① Blackley, P. R. & DeBoer, L., "Bias in OMB Economic Forecasts and Budget Proposals", *Public Choice*, Vol. 76, 1993, pp. 215-232.

部机构的协助。

下一步改革,建议进一步明确相关机构的职责,理顺各自关系。

1. 财政部门

财政部门是中期财政规划的编制主体,负责牵头制定中期财政规划和部门预算中期规划管理办法,组织中期财政规划编制,审核汇总和综合平衡各部门提交的部门财政规划,组织实施规划,开展监督检查和绩效评价工作。改革初期强化财政部门的统领作用,但是到了中后期需要重视培育各预算部门的支出规划能力,逐步发挥各预算部门的重要作用。①

2. 发展改革部门

与德国联邦经济部的职责类似,我国由发展改革部门负责宏观经济形势分析,根据国民经济和社会发展规划纲要及年度计划,分年度研判未来预算年度本地区的宏观经济形势。重视发展改革部门的作用,以此强化中期财政规划与国民经济五年规划的对接。

3. 支出部门

各支出部门是部门中期财政规划的编制主体,负责做好部门事业发展规划、行业规划与中期财政规划的衔接,并会同财政部门建立中长期重大事项论证机制;组织和汇总编制本部门管理领域的中期财政规划,研究提出未来三年涉及财政收支的重大改革和政策事项,并测算分年度收支数额;组织编制本部门及所属单位部门预算中期规划;组织实施规划;开展本部门的监督自查和绩效自评。

4. 央行

央行是中期财政规划的大数据中心,负责宏观经济形势分析,提供经济运行数据,监控中期财政规划执行与经济运行的契合情况,定期编

---

① Boex, L. F., Martinez-Vazquez, J. & McNab, R. M., "Multi-Year Budgeting: A Review of International Practices and Lessons for Developing and Transitional Economies", *Public Budgeting & Finance*, Vol. 20, No. 2, 2000, pp. 91–112.

制分析报表,为中期财政规划中财政收支的预测、宏观经济形势的研判提供决策依据。吸纳国内金融机构的专业力量,能够有效提高财政收支预测的准确性。①

5. 人大

人大是中期财政规划的监督机构,负责监督中期财政规划中的重大投资项目的实施情况,了解中期财政规划的编制情况,对相关的经济数据报表、政府财务报表进行监督。建议学习德国的经验,财政部门向本级人大提交中期财政规划,并逐步向社会公开,扩大中期财政规划的社会影响力,促使中期财政政策形成政治共识。

(二) 成立协调委员会,加强各机构联动

在中期财政规划的整体框架下、在国家经济平衡发展委员会的引导下,德国各级政府以及政府内外各机构协同行动,开展中期财政规划工作。我国同样需要发挥中期财政规划的宏观统领作用,建议成立与德国类似的协调委员会,把发展改革部门、财政部门、统计部门、央行、省政府代表吸纳在内,明确各机构职责,定期召开联席会议,共同为中期财政规划制定战略方针。通过中期财政规划的整体布局,通过协调委员会的牵线搭桥,加强各机构的紧密合作和协调联动,增强各项政策的配合程度,促使各级地方政府、各相关部门、各行业协会在合适的时间节点、迅速采取互相配合的一致行动,以更好地执行中期财政规划。

(三) 稳步推进改革,重视与现有框架的衔接

1. 与国民经济五年规划的衔接

德国联邦经济部与联邦财政部牵头编制中期财政规划,经过多年改革,中期财政规划能够对各项经济规划起较强的统领作用。中期财政规

---

① Boex, L. F., Martinez-Vazquez, J. & McNab, R. M., "Multi-Year Budgeting: A Review of International Practices and Lessons for Developing and Transitional Economies", *Public Budgeting & Finance*, Vol. 20, No. 2, 2000, pp. 91 – 112.

划能否与经济规划衔接,是决定各国改革成败的关键问题。① 建议我国强化财政部门与发展改革部门的合作,明确定位两个核心部门的职责,在相关法规制度中明确阐述中期财政规划与国民经济五年规划的关系,中期财政规划可以对国民经济五年规划进行财税政策方面的进一步补充,协助国民经济五年规划目标的顺利实现,而不是简单的重复或全面的替代。因此,在制定中期财政规划的过程中,财政部门需要在国民经济五年规划的基础上进行筹划,为其服务,并且学习国民经济五年规划海纳百川式的决策过程,吸纳更多社会精英参与中期财政规划的前期决策,提高中期财政规划的认同度和存在感。

2. 与年度预算框架的衔接

中期财政规划的成功,取决于是否具有良好的年度预算管理基础②,也取决于年度预算管理能否与其衔接③。建议学习德国的经验,在编制年度预算时,同步编制中期财政规划,在原有预算制度的基础上,加入对财政收支、财政赤字的长期预测以及滚动安排长期项目等插件,拓展年度预算的长期视野,每年结合实际执行情况对中期财政规划进行滚动调整。不允许年度预算突破中期财政支出的上限,不能在年度预算中加入没有列入中期财政规划的重大项目。研究措施,创造条件,让中期财政规划与绩效预算框架进行对接。

3. 与会计制度改革的衔接

会计制度改革打断了德国中期财政规划的连贯性,有鉴于此,建议

---

① World Bank, *Beyond the Annual Budget: Global Experience with Medium Term Expenditure Frameworks*, Washington D. C. : World Bank, 2013.

② World Bank, *Beyond the Annual Budget: Global Experience with Medium Term Expenditure Frameworks*, Washington D. C. : World Bank, 2013.

③ Boex, L. F., Martinez-Vazquez, J. & McNab, R. M., "Multi-Year Budgeting: A Review of International Practices and Lessons for Developing and Transitional Economies", *Public Budgeting & Finance*, Vol. 20, No. 2, 2000, pp. 91–112.

我国做好中期财政规划改革与会计制度改革的衔接,稳步推进改革。实行权责发生制改革的试点政府,可以率先启动中期财政规划改革;当权责发生制逐步取代现收现付制,成为各级政府、各预算单位的基本会计制度时,再全面铺开中期财政规划改革。

目前,改革曙光初现。我国新《预算法》规定,各级政府逐步编制以权责发生制为基础的政府财务报告。也就是说,法律要求各级政府逐步开展会计制度改革。可以预见,随着会计制度改革的深入发展,将会迎来全面启动中期财政规划改革的好时机。

(四) 重视客观的中期财政收支预测,强化财政赤字监控

1. 客观预测财政收支

德国的实践显示,大选年、政党更迭、政党斗争等政治因素对财政收支预测结果带来了负面影响,政治考量取代了科学客观,人为扭曲预测结果。与德国相比,我国的政治体制更具有优越性,不需要担心政治因素扭曲预测结果的问题。但是,德国预测财政收支的制度仍然值得我国学习。建议我国强化财政收支预测团队的专业力量,吸纳更多的机构参与其中,包括财政部门、发展改革部门、统计部门、中央银行、研究所、省级政府财政部门等。各税种、各种收入独立估算。积累更多的经济数据,逐步夯实数据基础。在数据公开、数据共享成为常态后,建议借鉴国内金融机构、学术机构的基础数据和预测技术,多方比对,提高财政收支预测的可靠性。[①]

2. 滚动安排重大项目

合理估计各个项目支出的规模,是准确测算中期财政支出规模的重要基础。我国处于经济转型的关键时期,政府投资起着举足轻重的作

[①] Boex, L. F., Martinez-Vazquez, J. & McNab, R. M., "Multi-Year Budgeting: A Review of International Practices and Lessons for Developing and Transitional Economies", *Public Budgeting & Finance*, Vol. 20, No. 2, 2000, pp. 91–112.

用,长期的、重大的项目数量越来越多,单年度预算制度难以满足重大项目的管理需求,需要引入中期财政规划,多年度、滚动地安排重大项目。以此为契机,进一步清理已有的专项,整合同类型专项,纳入中期财政规划框架,改变碎片化、各自为政的项目管理格局。每年根据实际执行情况,对中期财政规划进行动态调整。

对于常规性的基本支出、经常性项目支出,其中期预测比较容易,但是重大项目支出的预测非常困难,更遑论科学地结合年度进展把支出分摊到各年了,尤其是重大项目往往是政府首长钦点的项目,受到很强的政治因素影响,极大地干扰着各部门、财政部门的预测结果。比如,随着政府首长预期任期的变化,更改重大项目的实施时间,时间的调整将会剧烈地改变整个项目的进度安排、资金安排。因此,处理好重大项目中政治决策与行政执行的关系,进而科学地滚动安排重大项目,对于我国的中期财政规划来说至关重要。

3. 动态监控、弹性约束政府债务

受《马斯特里赫特条约》中赤字率、债务率的制度性约束,德国人为扭曲了中期财政数据。有鉴于此,如果将来中央政府设定了各地的法定债务上限,建议中央政府加强对各级政府财政赤字、政府债务的第三方独立监控力度,设计合理的财政平衡保障机制,如设立偿债基金、明确周期性财政平衡的具体周期等,在硬性债务约束和弹性处理之间取得平衡,确保各级政府编制客观、合理的中期财政规划。

【参考文献】

白彦锋:《建立中期预算框架的国际比较与借鉴》,载《中央财经大学学报》,2009 年第 9 期,第 7—11 页。

陈祥志、王进:《德国的预算管理制度》,载《预算管理与会计》,2002 年第 2 期,第 46—48 页。

刘兴华:《德国财政政策与货币政策的走向及其协调》,载《德国研究》,2009

年第 24 卷第 4 期,第 51—56 页。

王雍君:《朝向中期框架的全球预算改革:近期发展与借鉴》,载《中央财经大学学报》,2010 年第 7 期,第 1—6 页。

张玉周:《中期财政规划编制的国际经验及启示》,载《财政研究》,2015 年第 6 期,第 111—114 页。

中国财政部国际司:《德国预算收入监管》,中国财政部官网:http://www. mof. gov. cn/mofhome/guojisi/pindaoliebiao/cjgj/201406/t20140630_1106211. html. 2016 年 11 月 24 日访问。

Baumann, E., Dönnebrink, E. & Kastrop, C., "A Concept for a New Budget Rule for Germany", *Cesifo Forum*, Vol. 9, No. 9, 2008, pp. 37 – 45.

Blackley, P. R. & DeBoer, L., "Bias in OMB Economic Forecasts and Budget Proposals", *Public Choice*, Vol. 76, 1993, pp. 215 – 232.

Blondal, J. R., "Budget Reform in OECD Member Countries", *OECD Journal on Budgeting*, Vol. 2, No. 4, 2003, pp. 7 – 25.

Boex, L. F., Martinez-Vazquez, J. & McNab, R. M., "Multi-Year Budgeting: A Review of International Practices and Lessons for Developing and Transitional Economies", *Public Budgeting & Finance*, Vol. 20, No. 2, 2000, pp. 91 – 112.

Castro, I. & Dorotinsky, W., *Medium-Term Expenditure Frameworks: Demystifying and Unbundling the Concepts*, Washington D. C.: World Bank, 2008.

Easterly, W., Irwin, T. & Servén, L., "Walking up the down Escalator: Public Investment and Fiscal Stability", *The World Bank Research Observer*, Vol. 23, No. 1, 2008, pp. 37 – 56.

Francesco, M. D. & Barroso, R., "Bottom-Up Costing Within Medium Term Expenditure Frameworks: A Survey of Practices in Selected OECD Countries", *Public Budgeting & Finance*, Vol. 35, No. 3, 2015, pp. 44 – 67.

German Bundestag, 1967, *Act to Promote Economic Stability and Growth*, http://www. bundesfinanzministerium. de/Content/EN/Gesetze/Laws/1967 – 06 – 08 – act-to-promote-economic-stability-growth. html, Nov. 24, 2016.

German Bundestag, 1969, *Budget Principal Act*, http://www. bundesfinanzministerium. de/Content/EN/Gesetze/Laws/1969 – 08 – 19 – budgetary-principles-act. html, Nov. 24, 2016.

German Federal Ministry of Finance, 2015, *German Draft Budgetary Plan 2016*, http://www.bundesfinanzministerium.de/Content/EN/Standardartikel/Press_Room/Publications/Brochures/2015-10-20-german-stability-programme-2016-pdf.html, Nov. 24, 2016.

Hallerberg, M., Strauch, R. & Von Hagen, J., "The Design of Fiscal Rules and Forms of Governance in European Union Countries", *European Journal of Political Economy*, Vol. 23, No. 2, 2007, pp. 338–359.

Heinemann, F., "Planning or Propaganda? An Evaluation of Germany's Medium-Term Budgetary Planning", *Public Finance Analysis*, Vol. 62, No. 4 2006, pp. 551–578.

Holmes, M. & Evans, A., *A Review of Experience in Implementing Medium Term Expenditure Frameworks in a PRSP Context: A Synthesis of Eight Country Studies*, London: Overseas Development Institute, 2003.

Jonung, L. & Larch, M., "Improving Fiscal Policy in the EU: The Case for Independent Forecast", *Economic Policy*, Vol. 21, 2006, pp. 491–534.

Kamlet, M. S., Mowrey, D. C. & Su, T. T., "Whom Do You Trust? An Analysis of Executive and Congressional Economic Forecasts", *Journal of Policy Analysis and Management*, Vol. 6, 1987, pp. 365–384.

Kydland, E. F. & Prescott, E. C., "Rules Rather than Discretion: The Inconsistency of Optimal Plans", *Journal of Political Economy*, Vol. 85, 1977, pp. 473–491.

Lewis, M. & Verhoeven, M., "Financial Crises and Social Spending: The Impact of the 2008–2009 Crisis", *World Economics*, Vol. 11, No. 4, 2010, pp. 79–110.

Penner, R. G., "Forecasting Budget Totals: Why Can't We Get It Right?", in Boskin, M. J. & Wildavsky, A., (eds), *The Federal Budget: Economics and Politics*, New Brunswick, N. J.: Transactions Books, 1982.

Schiavo-Campo, S., "Potemkin Villages: 'The' Medium-Term Expenditure Framework in Developing Countries", *Public Budgeting & Finance*, Vol. 29, No. 2, 2009, pp. 1–26.

Wildavsky, A. B., *Budgeting: A Comparative Theory of the Budgeting Process*, New Brunswick, N. J.: Transaction Publishers, 1986.

World Bank, *Beyond the Annual Budget: Global Experience with Medium Term Expenditure Frameworks*, Washington D. C.: World Bank, 2013.